MAGIC CIRCLE CHRONO CANON

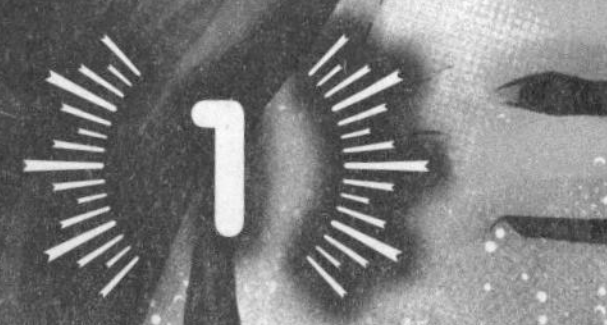

Kyoko Kumagai

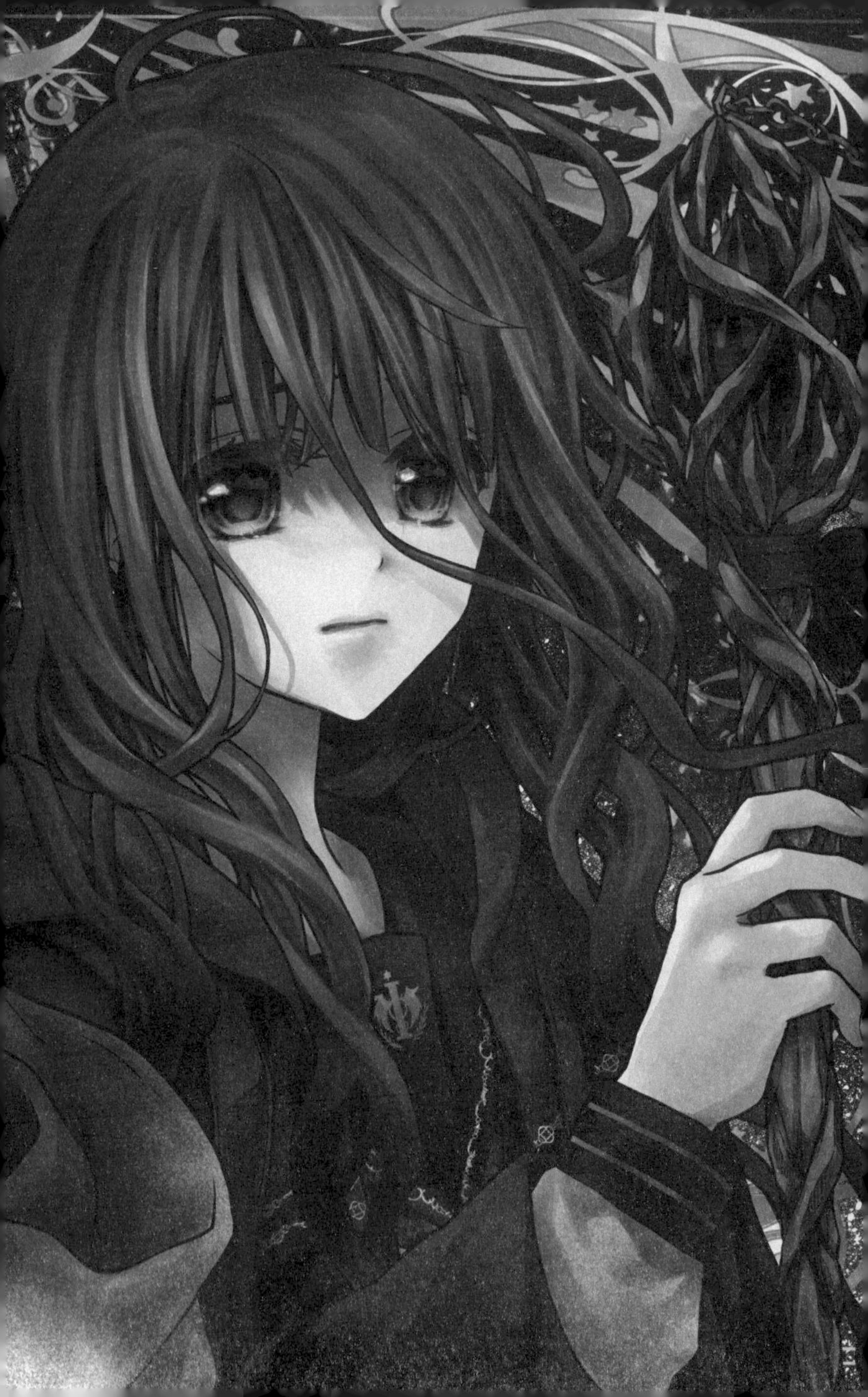

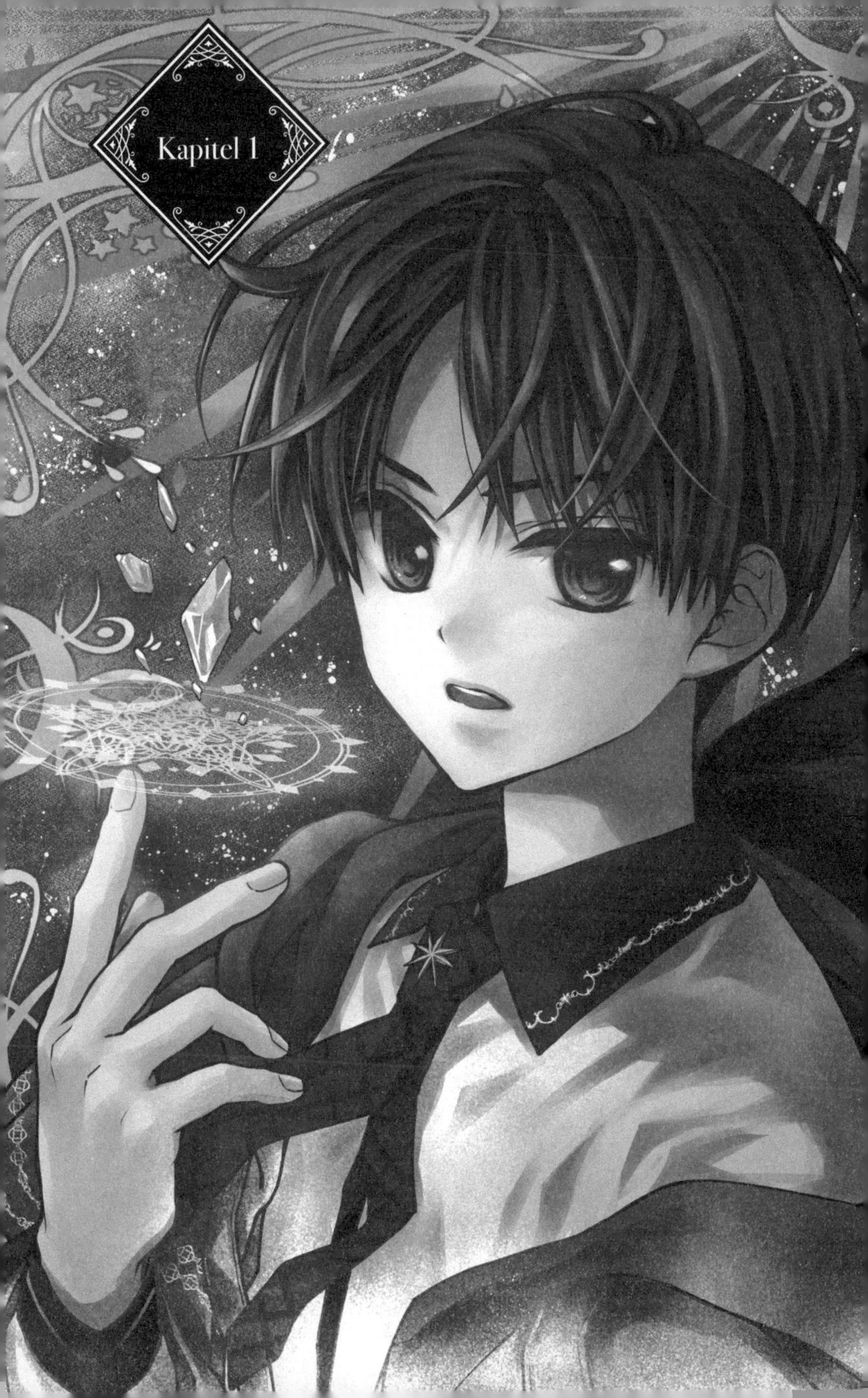
Kapitel 1

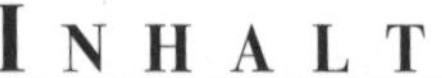

INHALT

MAGIC CIRCLE CHRONO CANON

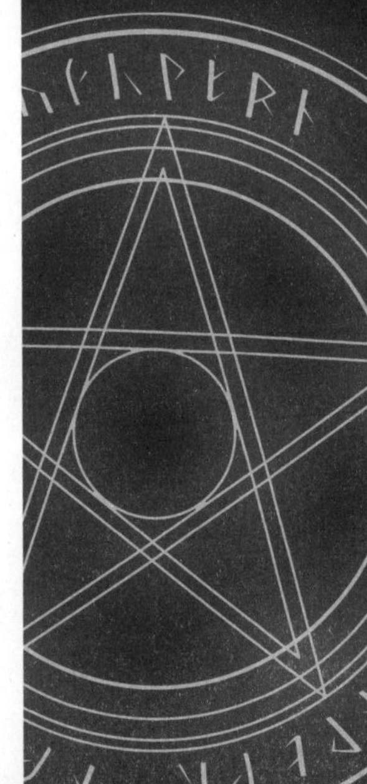

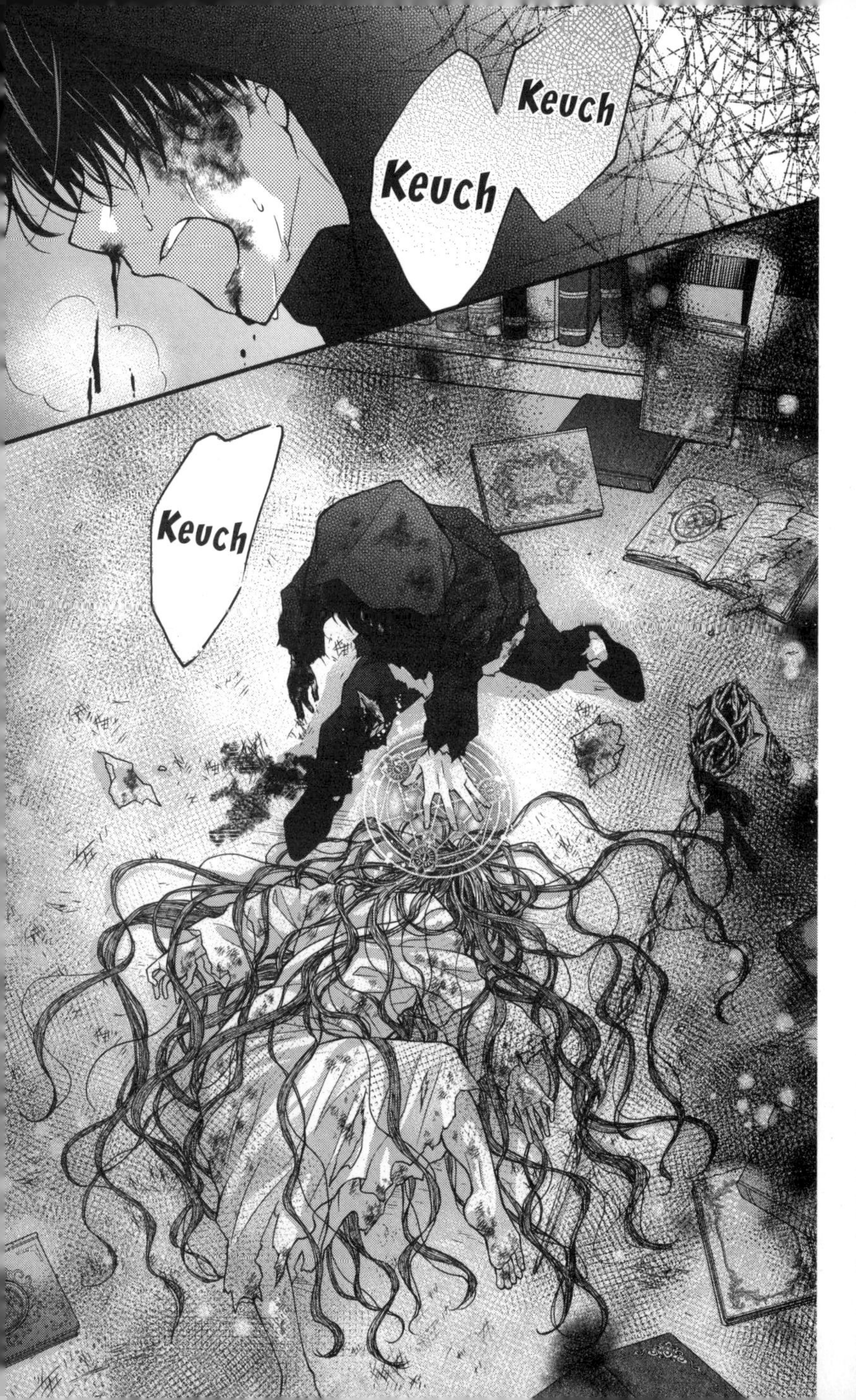

Keuch
Keuch
Keuch

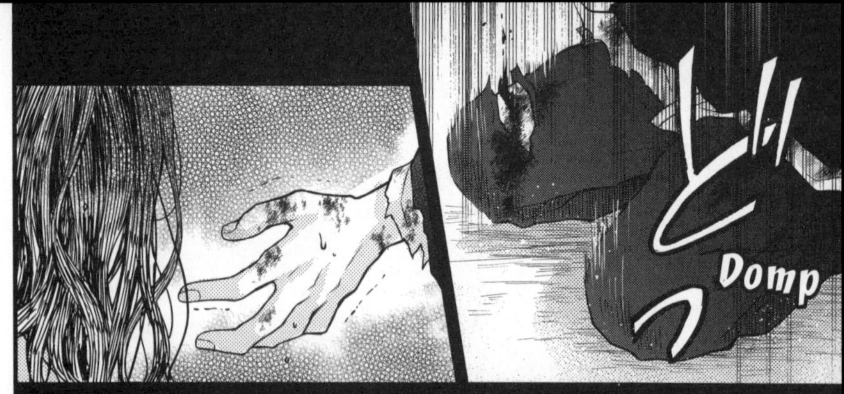

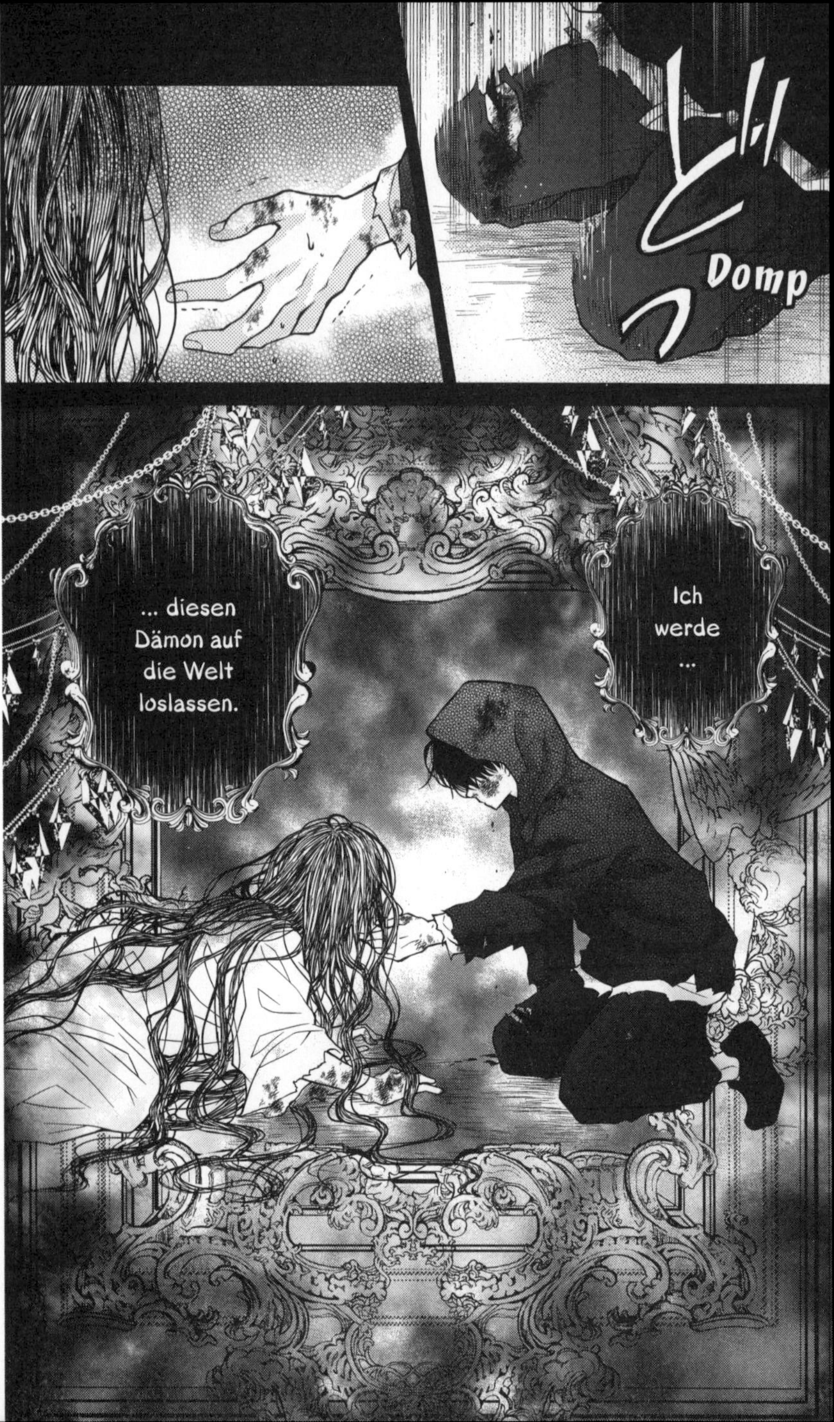

Ich werde ...

... diesen Dämon auf die Welt loslassen.

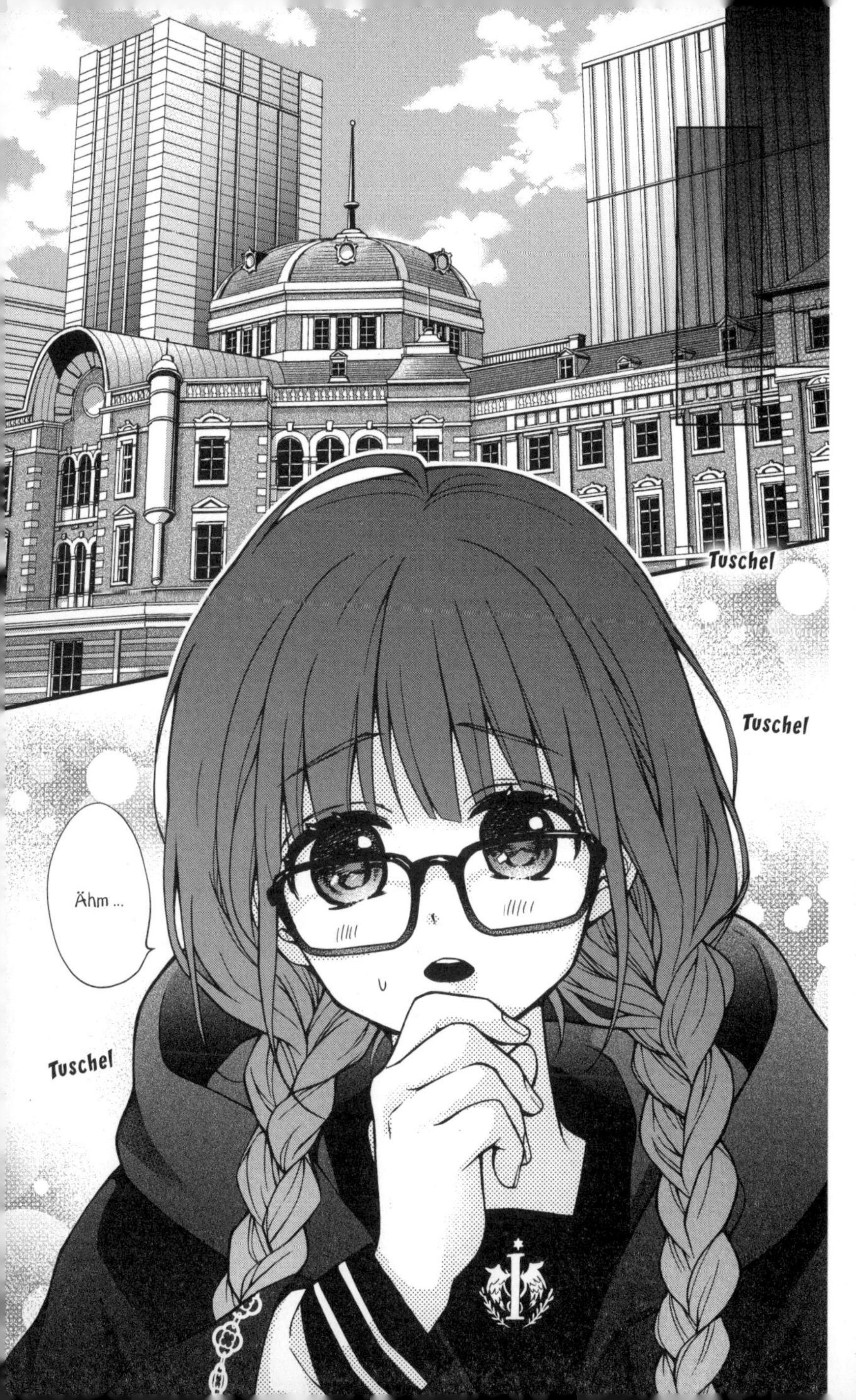
Tuschel
Tuschel
Ähm ...
Tuschel

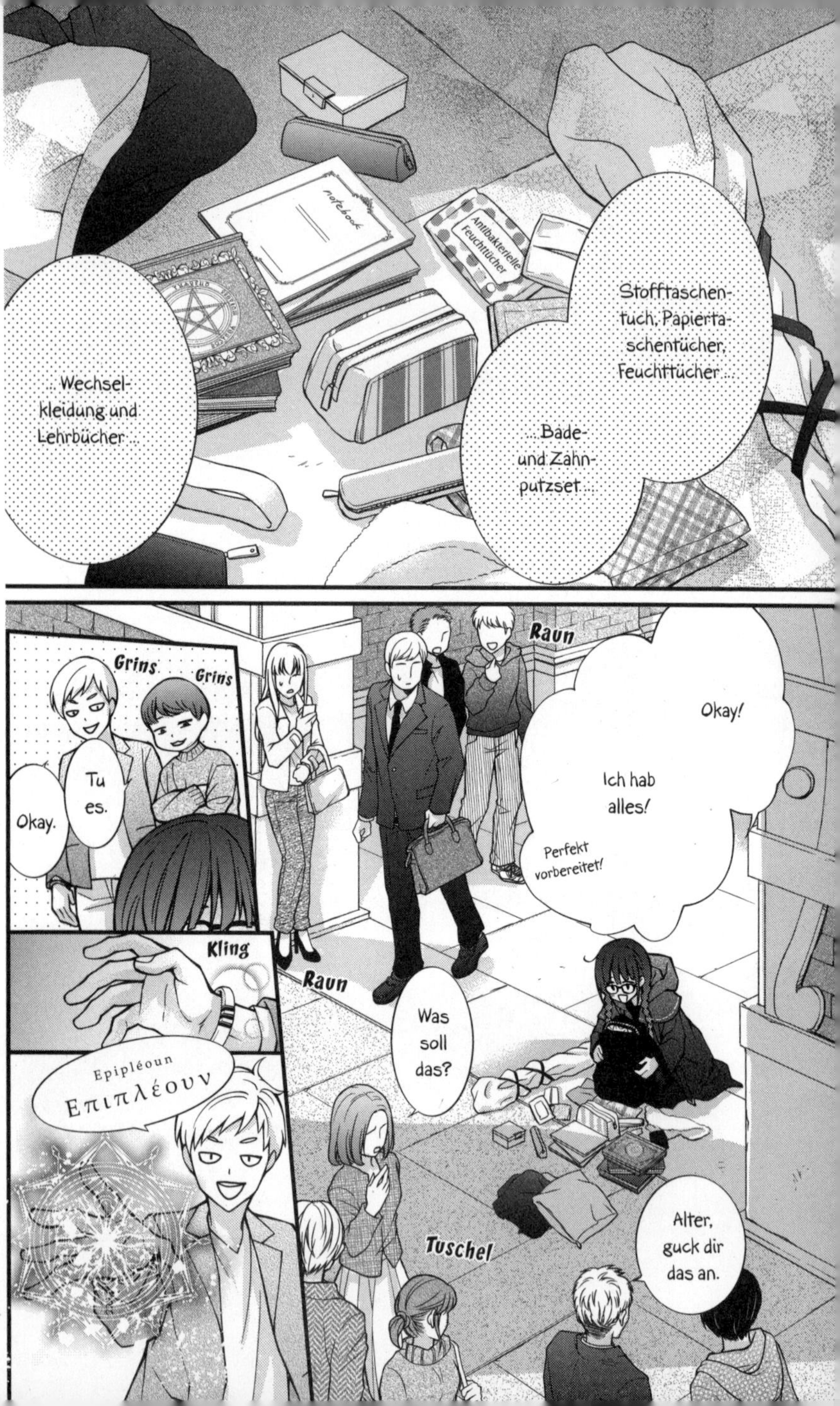

notebook

Antibakterielle Feuchttücher

Stofftaschentuch, Papiertaschentücher, Feuchttücher ...

... Bade- und Zahnputzset ...

... Wechselkleidung und Lehrbücher ...

Raun

Okay! Ich hab alles!

Perfekt vorbereitet!

Grins

Grins

Tu es.

Okay.

Raun

Was soll das?

Kling

Epipléoun Επιπλέουν

Tuschel

Alter, guck dir das an.

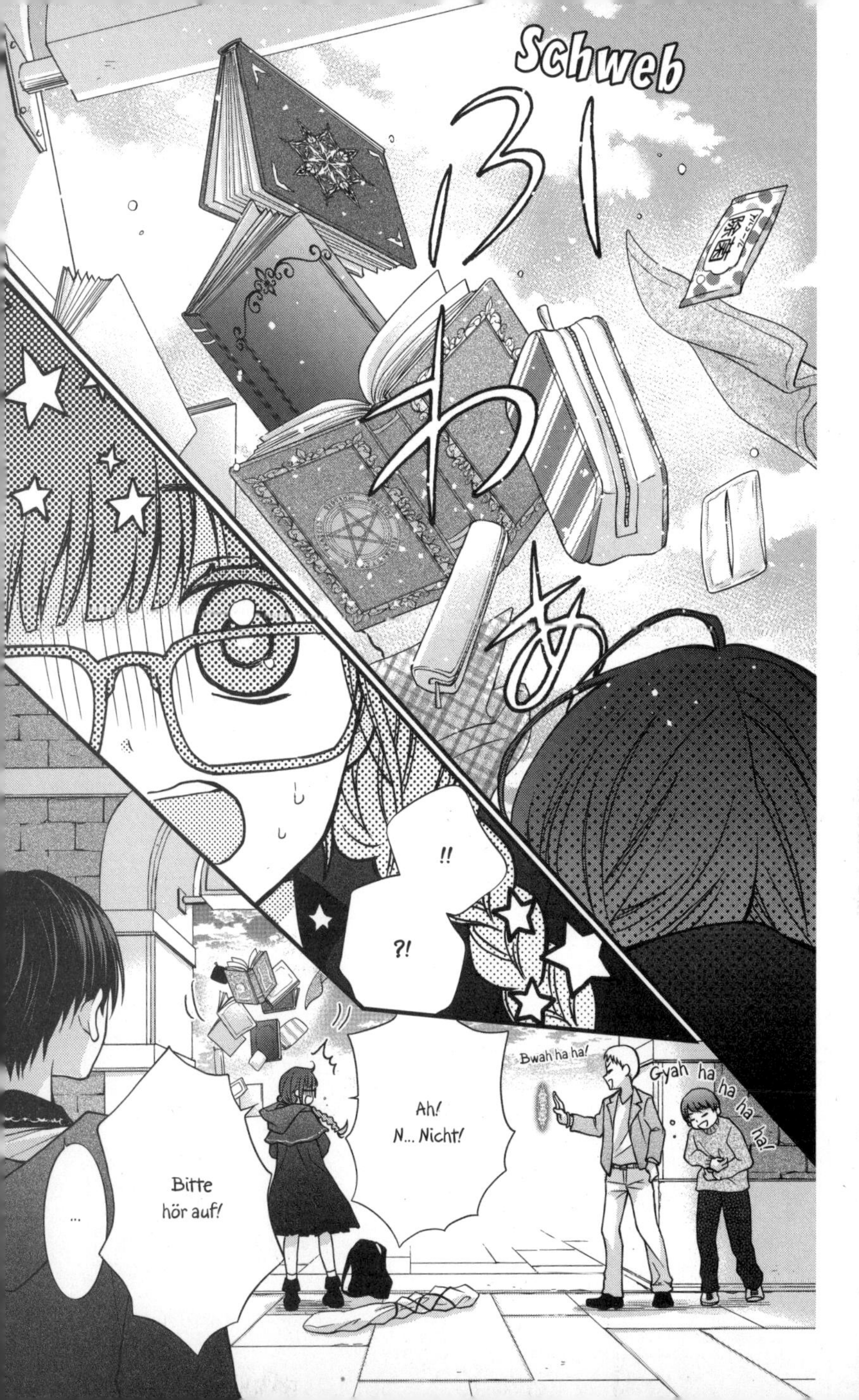
Schweb
!!
?!
Gyah ha ha ha ha!
Bwah ha ha!
Ah!
N... Nicht!
Bitte
hör auf!
...

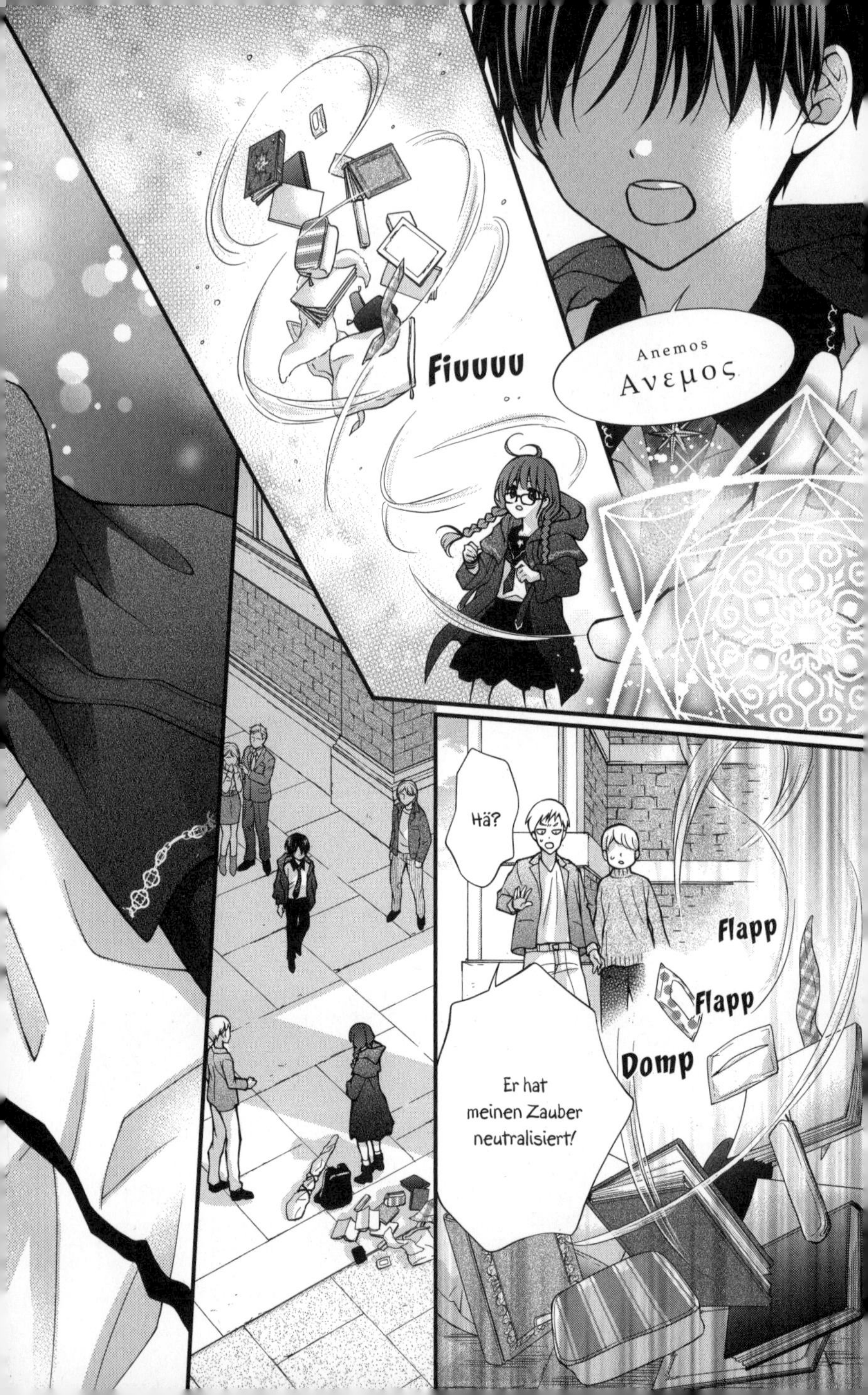
Anemos
Ανεμος
Fiuuuu
Hä?
Flapp
Flapp
Domp
Er hat meinen Zauber neutralisiert!

Toma-
kun*!
*Anrede für Jungen
und jüngere Männer

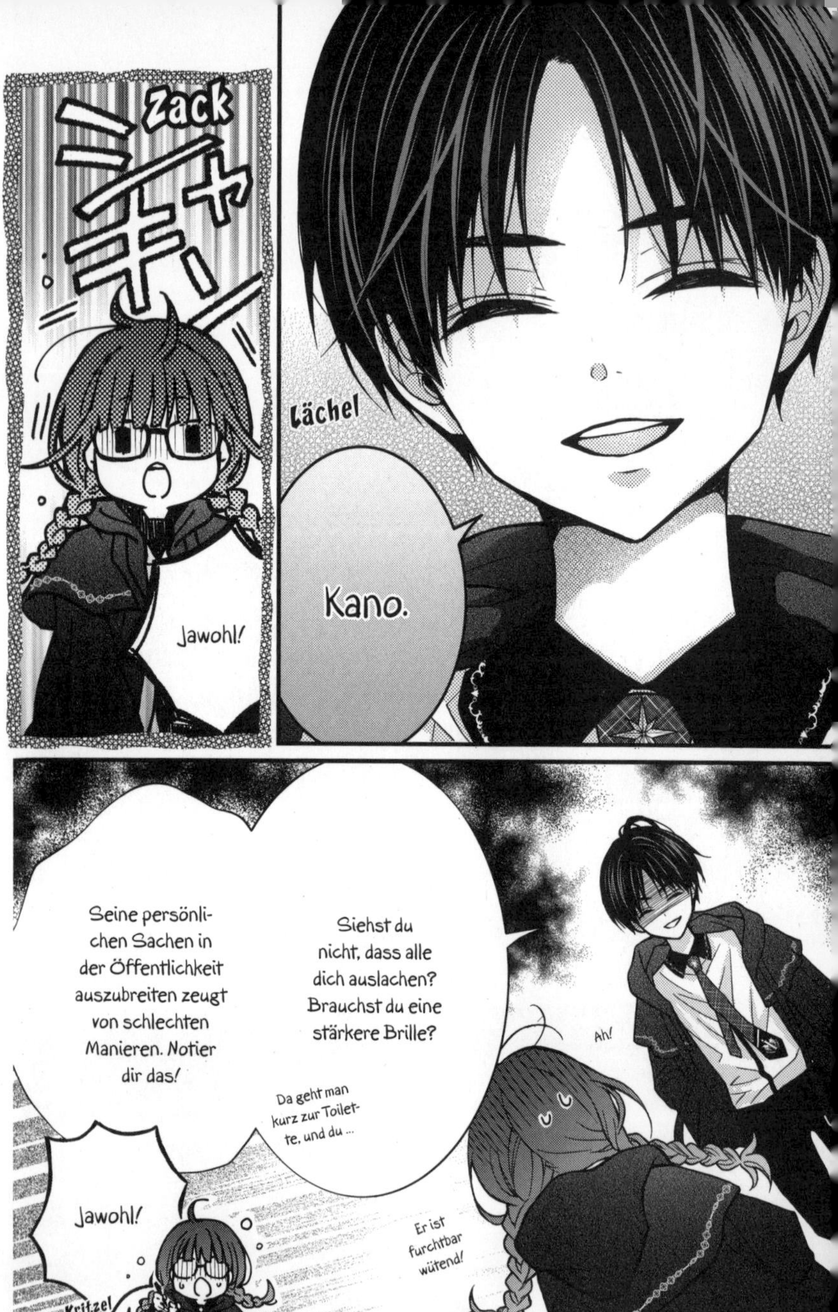

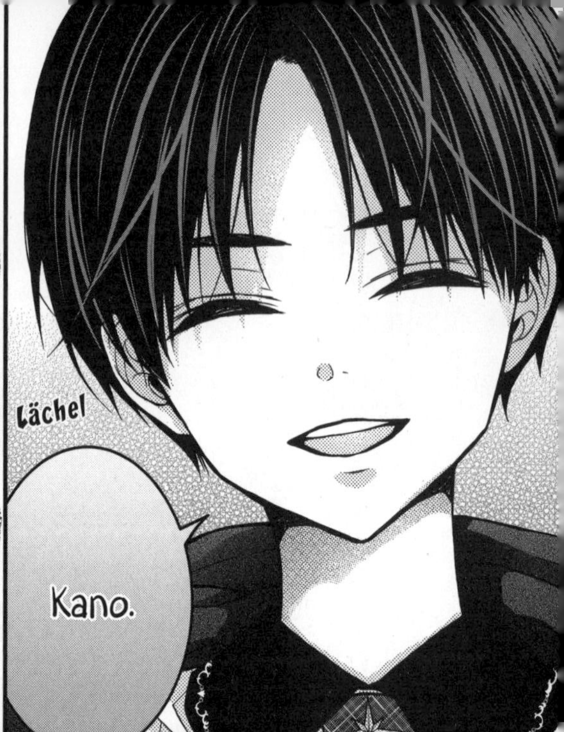

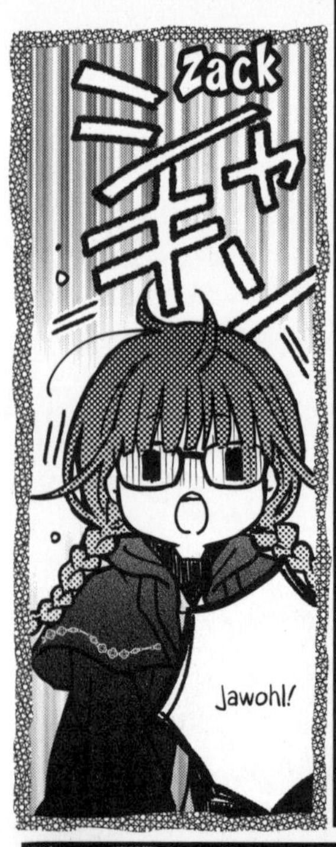

Ah!

Siehst du nicht, dass alle dich auslachen? Brauchst du eine stärkere Brille?

Da geht man kurz zur Toilette, und du ...

Er ist furchtbar wütend!

Seine persönlichen Sachen in der Öffentlichkeit auszubreiten zeugt von schlechten Manieren. Notier dir das!

Jawohl!

Kritzel Kritzel

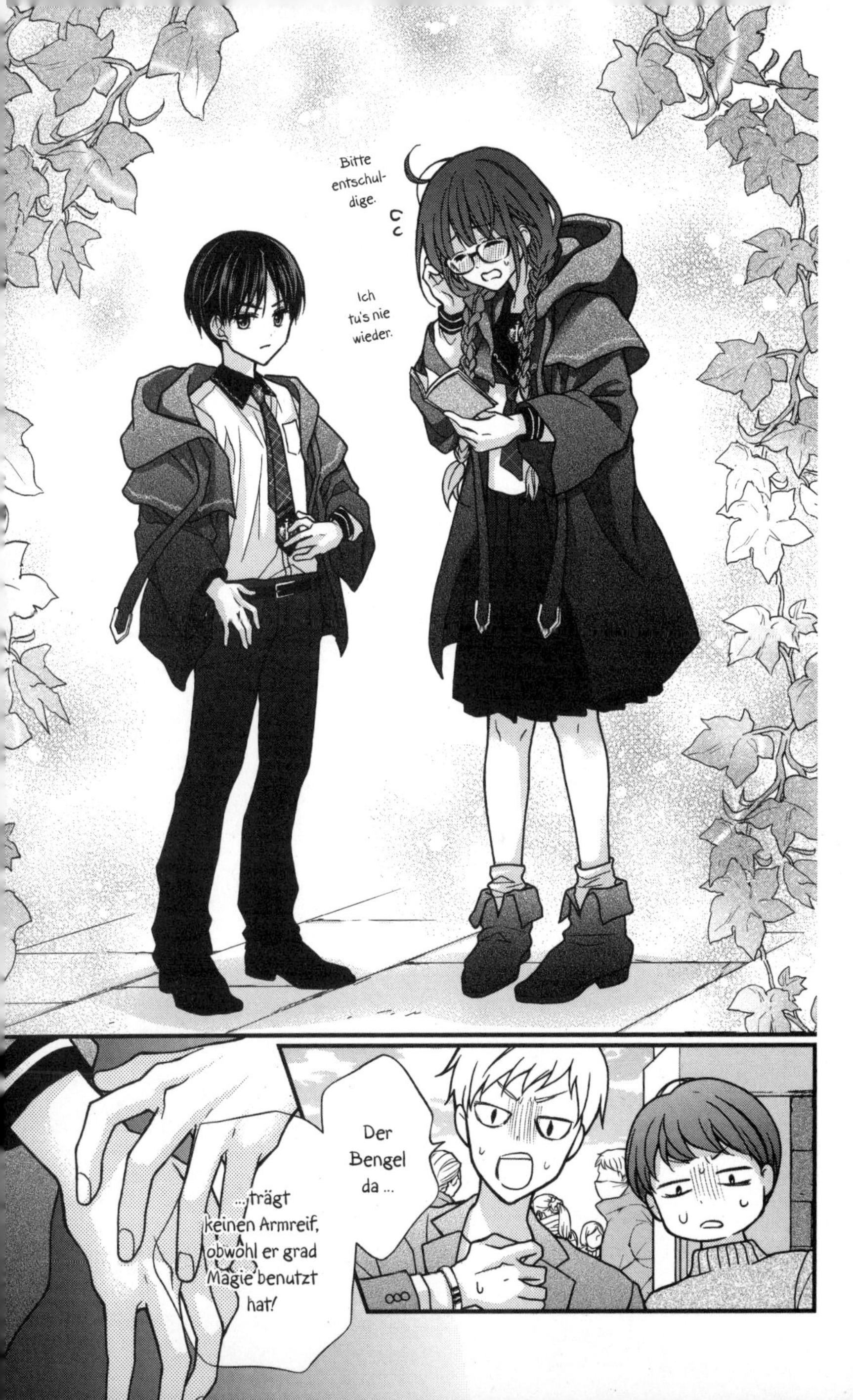
Bitte entschuldige.
Ich tu's nie wieder.
Der Bengel da ...
... trägt keinen Armreif, obwohl er grad Magie benutzt hat!

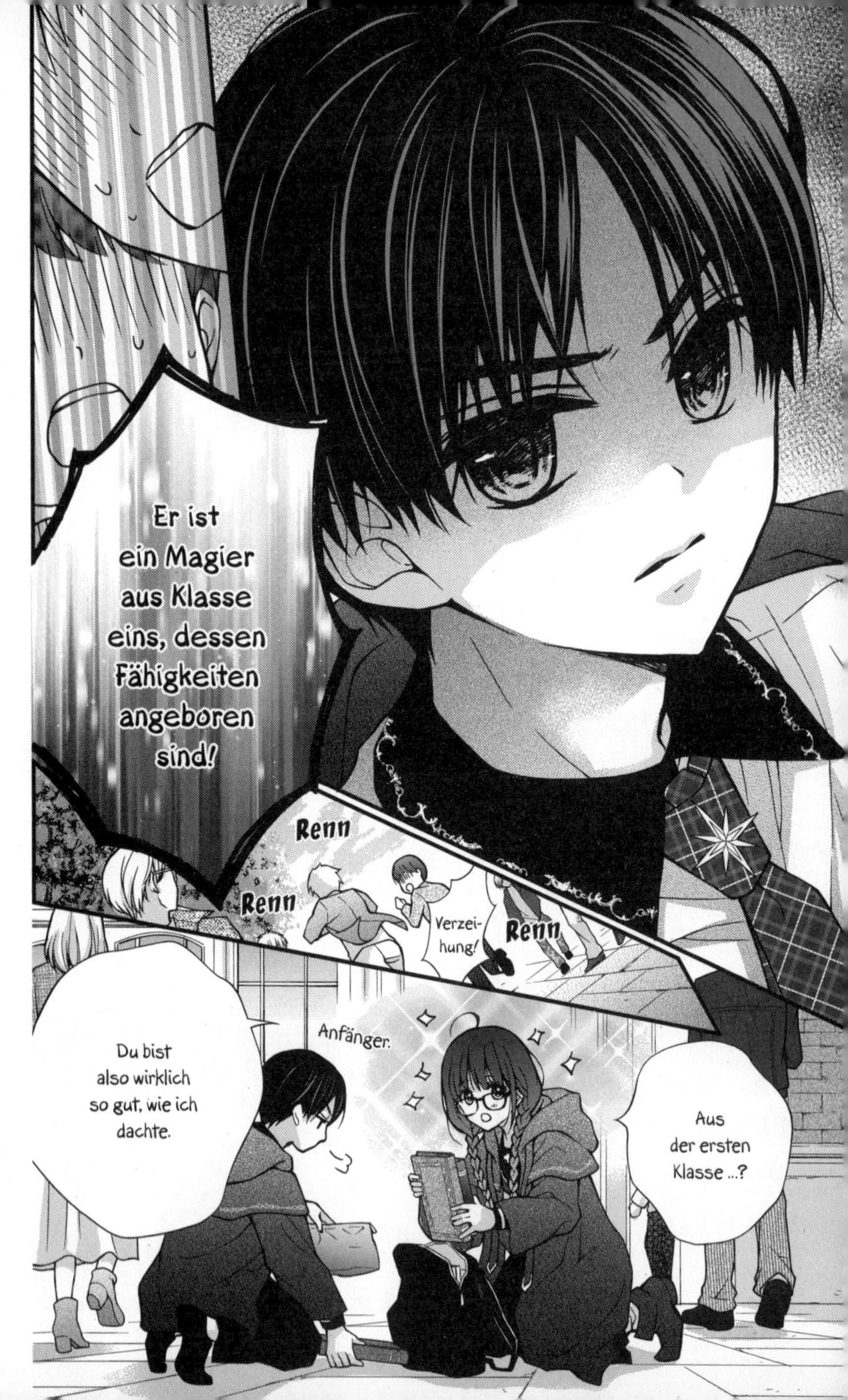

Er ist ein Magier aus Klasse eins, dessen Fähigkeiten angeboren sind!
Renn
Renn
Verzeihung!
Renn
Aus der ersten Klasse ...?
Anfänger.
Du bist also wirklich so gut, wie ich dachte.

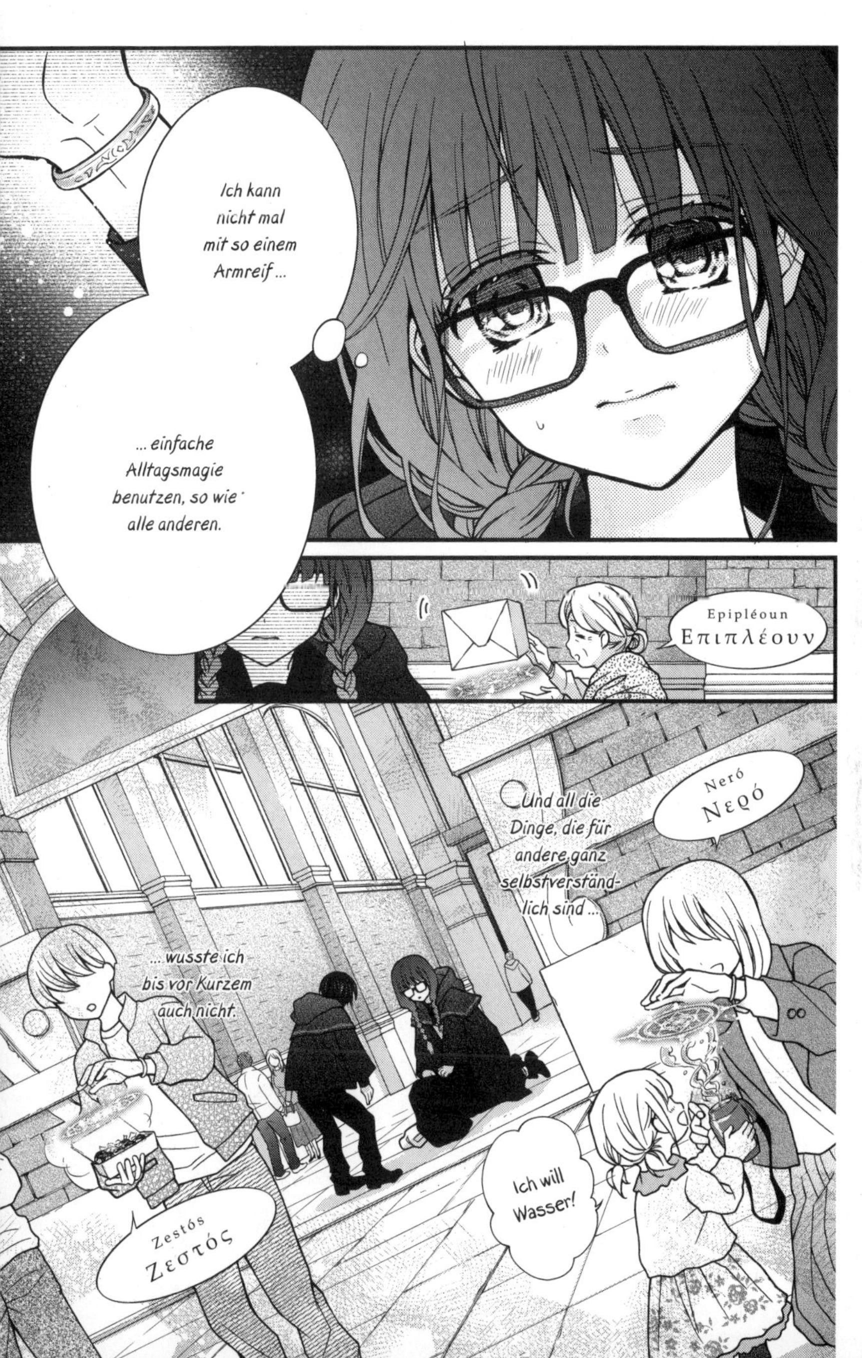

Ich kann nicht mal mit so einem Armreif ...
... einfache Alltagsmagie benutzen, so wie alle anderen.
Epipléoun Επιπλέουν
Neró Νερό
Und all die Dinge, die für andere ganz selbstverständlich sind ...
... wusste ich bis vor Kurzem auch nicht.
Ich will Wasser!
Zestós Ζεστός

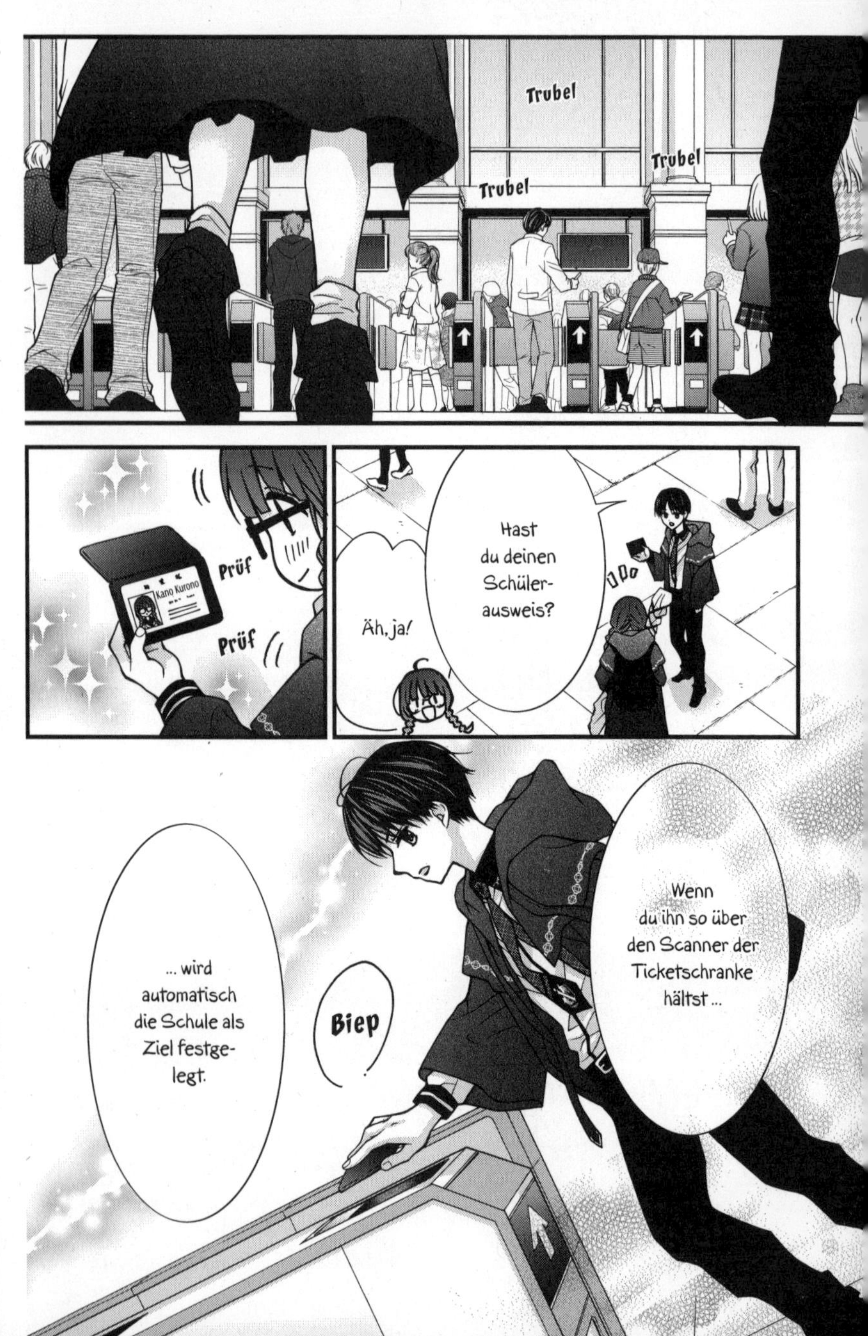
Trubel
Trubel
Trubel
Hast du deinen Schüler-ausweis?
Äh, ja!
Prüf
Prüf
Kano Kurono
Wenn du ihn so über den Scanner der Ticketschranke hältst ...
Biep
... wird automatisch die Schule als Ziel festgelegt.

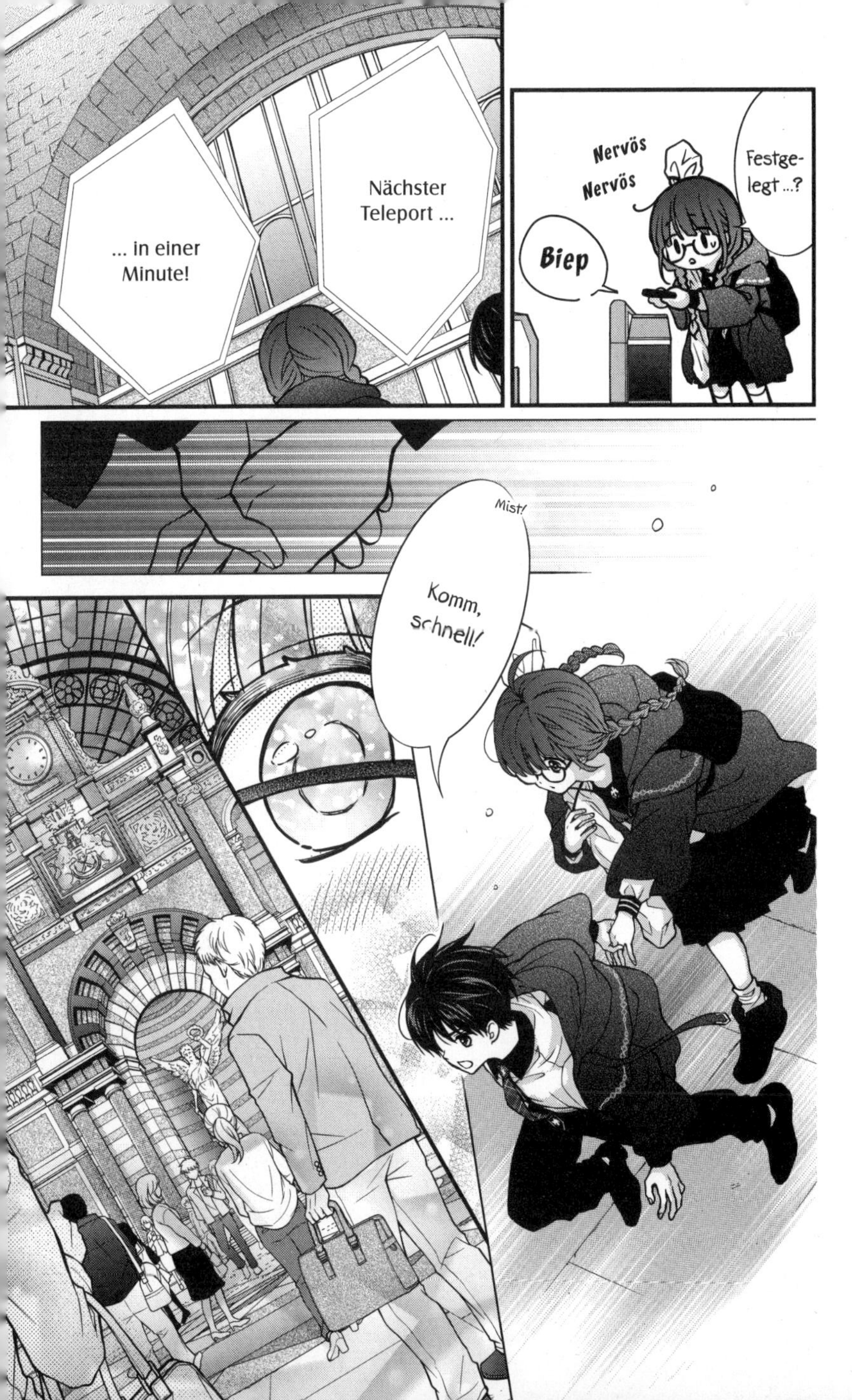
Festge-
legt ...?
Nervös
Nervös
Biep
Nächster
Teleport ...
... in einer
Minute!
Mist!
Komm,
schnell!

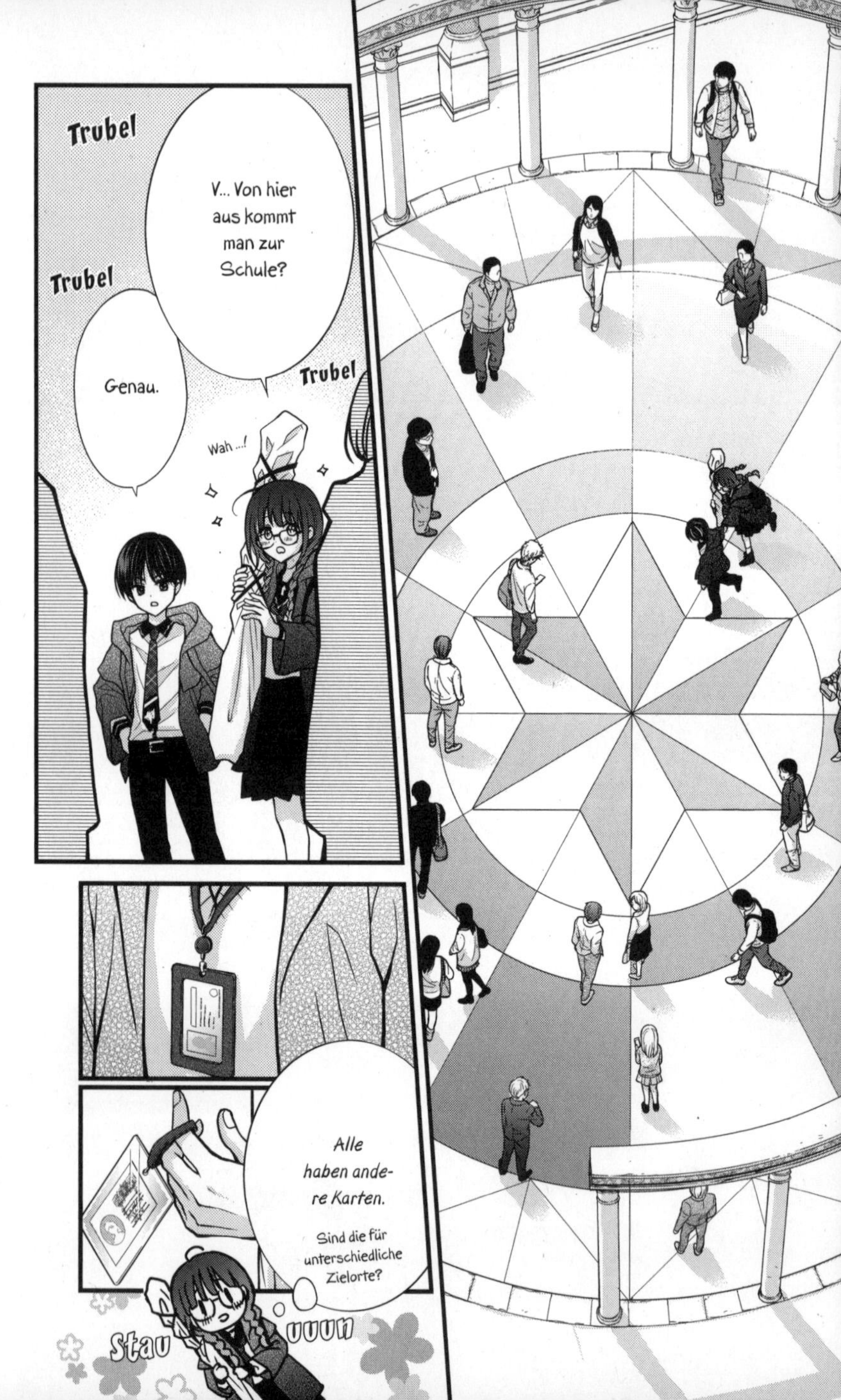

Trubel
V... Von hier aus kommt man zur Schule?
Genau.
Trubel
Trubel
Wah ...!
Alle haben andere Karten.
Sind die für unterschiedliche Zielorte?
Stau
uuun

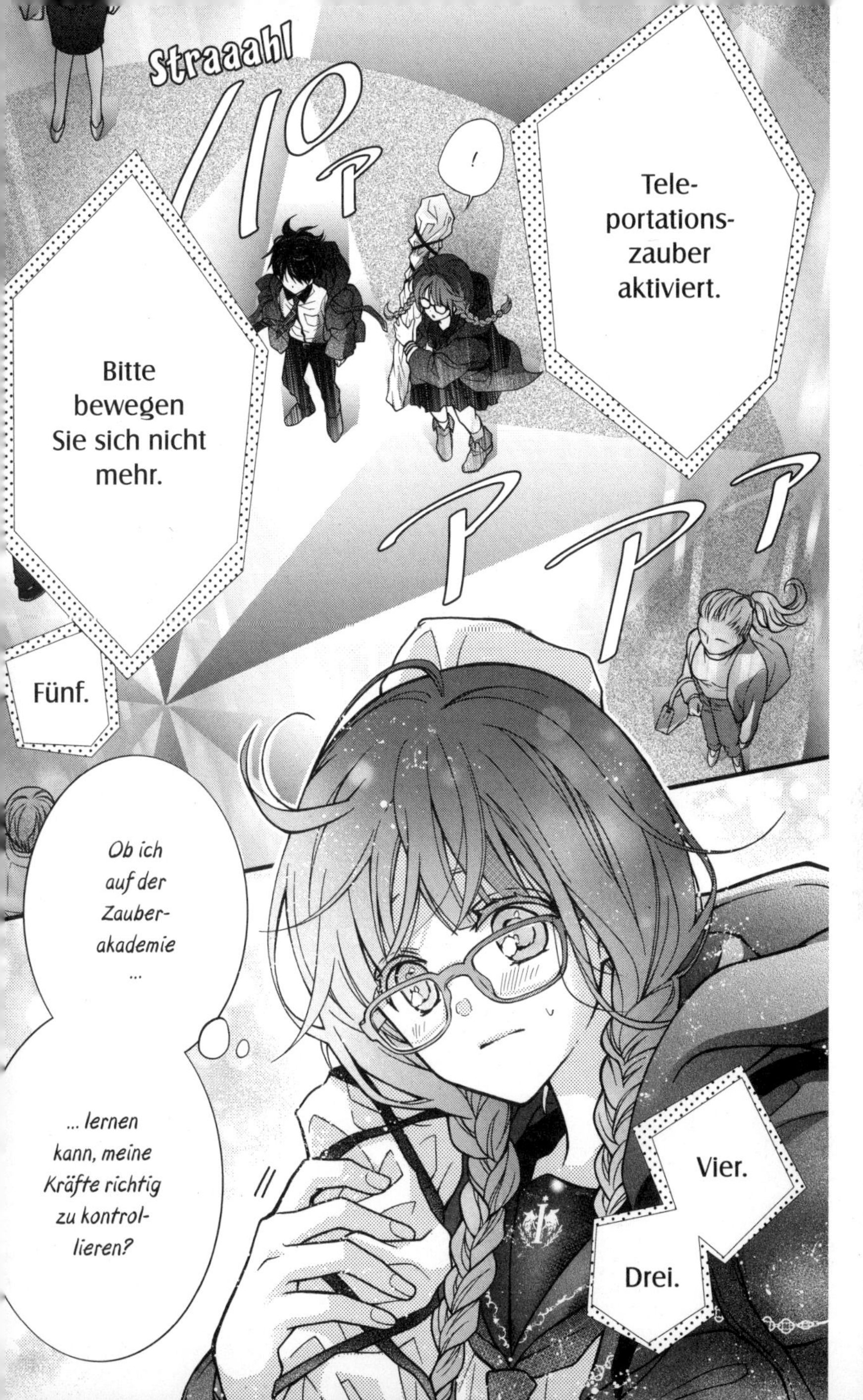
Straaahl
!
Tele-portations-zauber aktiviert.
Bitte bewegen Sie sich nicht mehr.
Fünf.
Ob ich auf der Zauber-akademie ...
... lernen kann, meine Kräfte richtig zu kontrol-lieren?
Vier.
Drei.

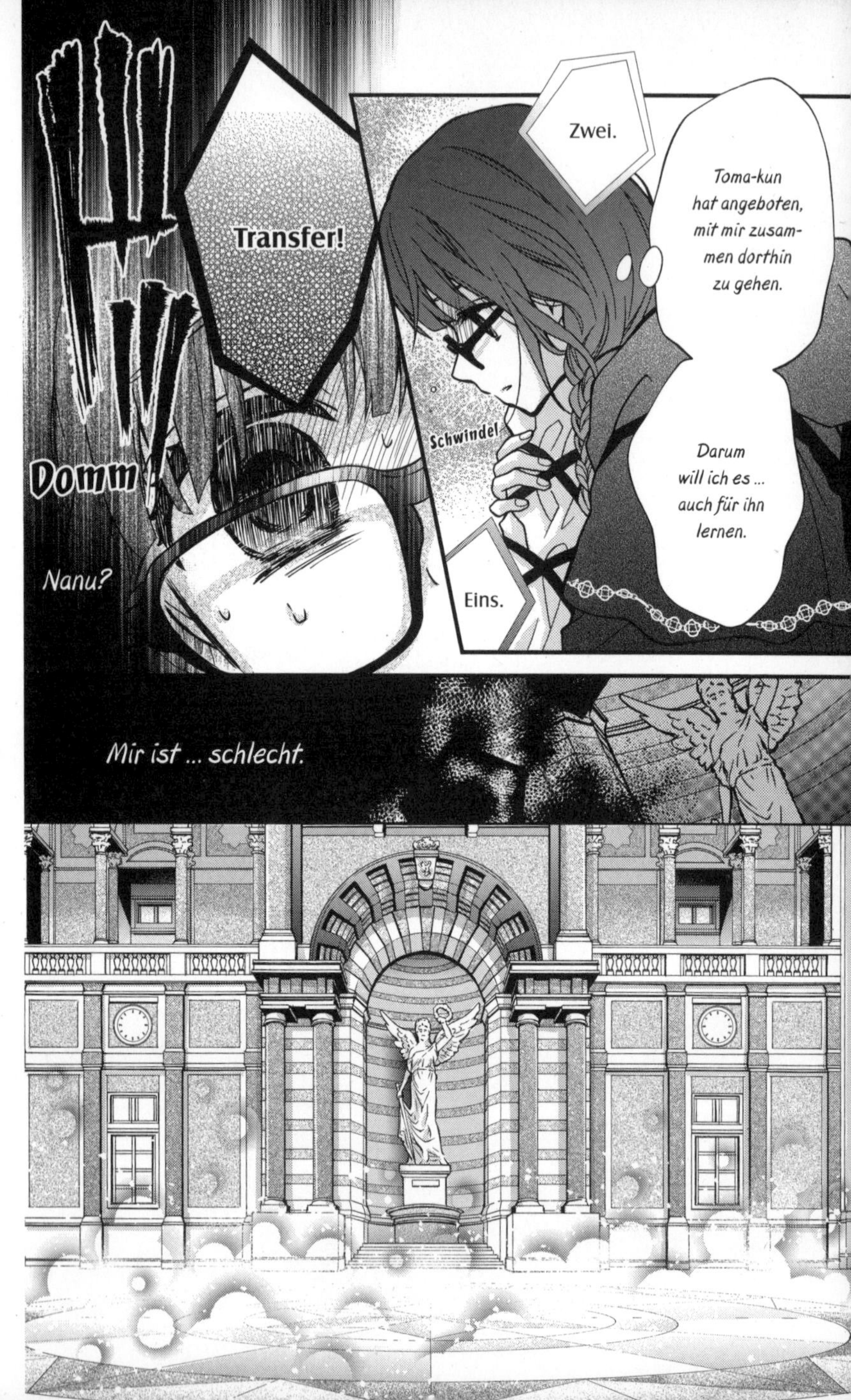
Zwei.
Toma-kun hat angeboten, mit mir zusammen dorthin zu gehen.
Darum will ich es ... auch für ihn lernen.
Eins.
Schwindel
Transfer!
Domm
Nanu?
Mir ist ... schlecht.

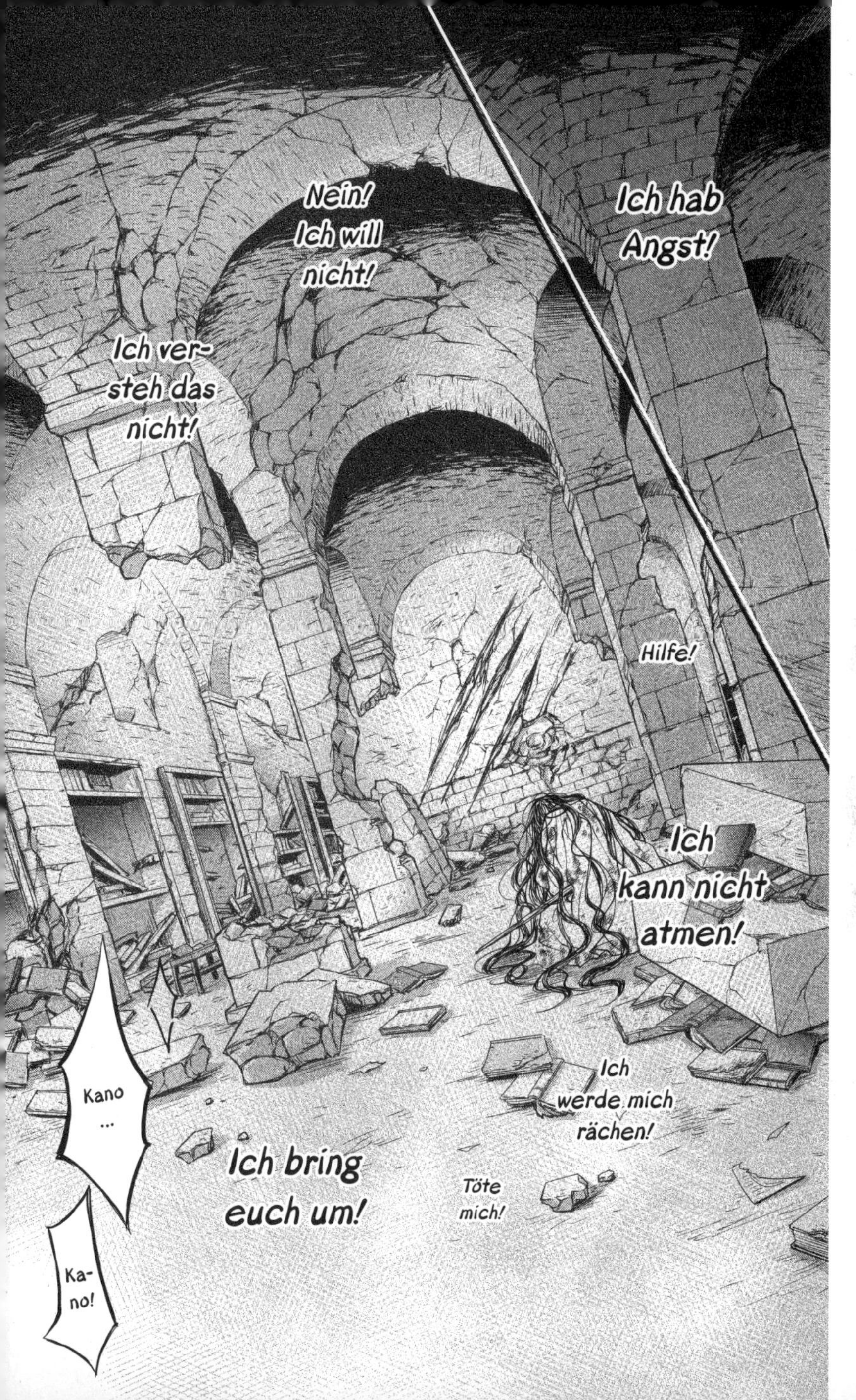

Ich hab Angst!
Nein! Ich will nicht!
Ich versteh das nicht!
Hilfe!
Ich kann nicht atmen!
Ich werde mich rächen!
Töte mich!
Ich bring euch um!
Kano ...
Ka-no!

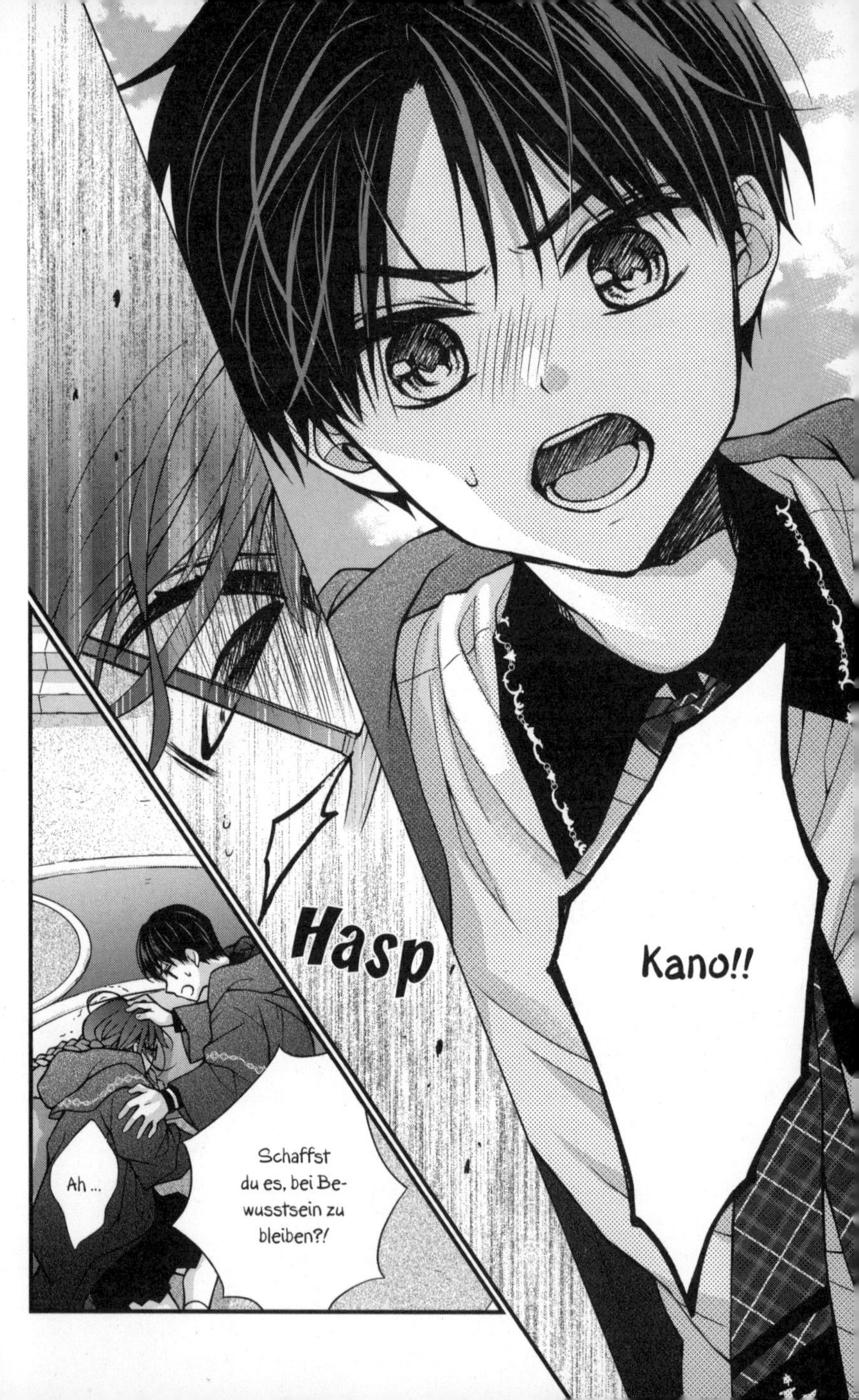
Kano!!
Hasp
Schaffst du es, bei Be-wusstsein zu bleiben?!
Ah ...

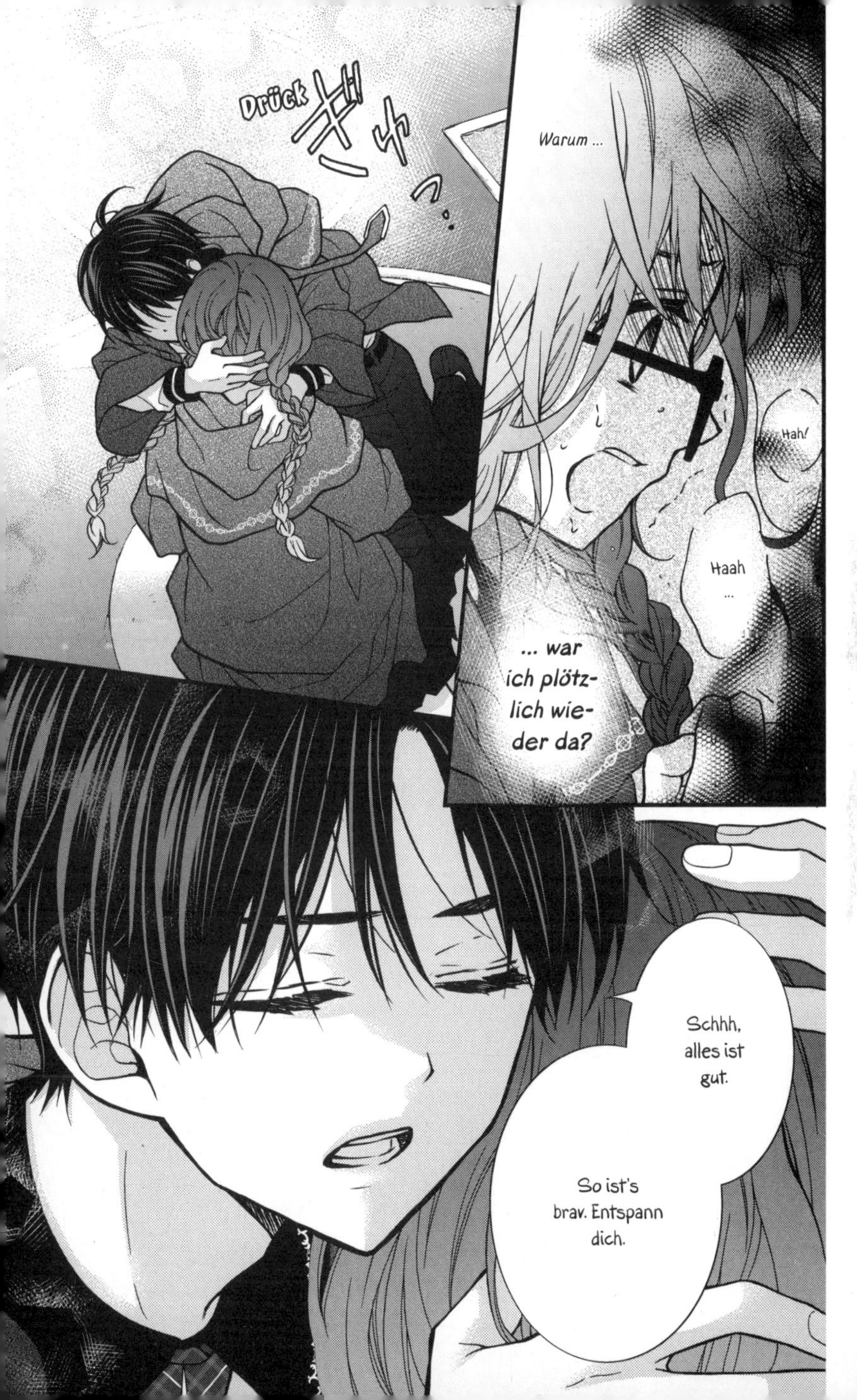
Warum ...
Hah!
Haah ...
... war ich plötzlich wieder da?
Drück
ぎゅっ
Schhh, alles ist gut.
So ist's brav. Entspann dich.

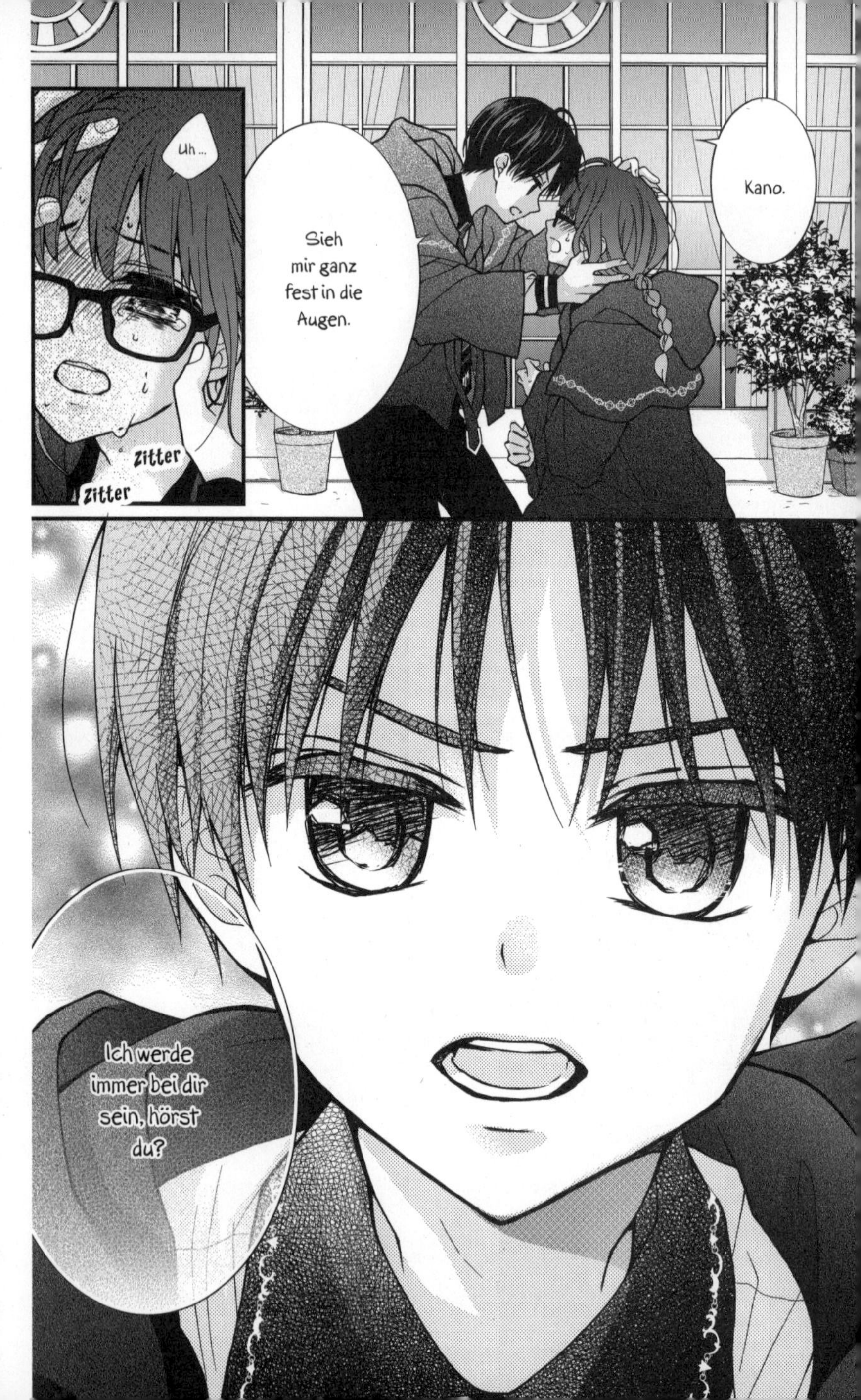
Kano.
Sieh mir ganz fest in die Augen.
Uh ...
Zitter
Zitter
Ich werde immer bei dir sein, hörst du?

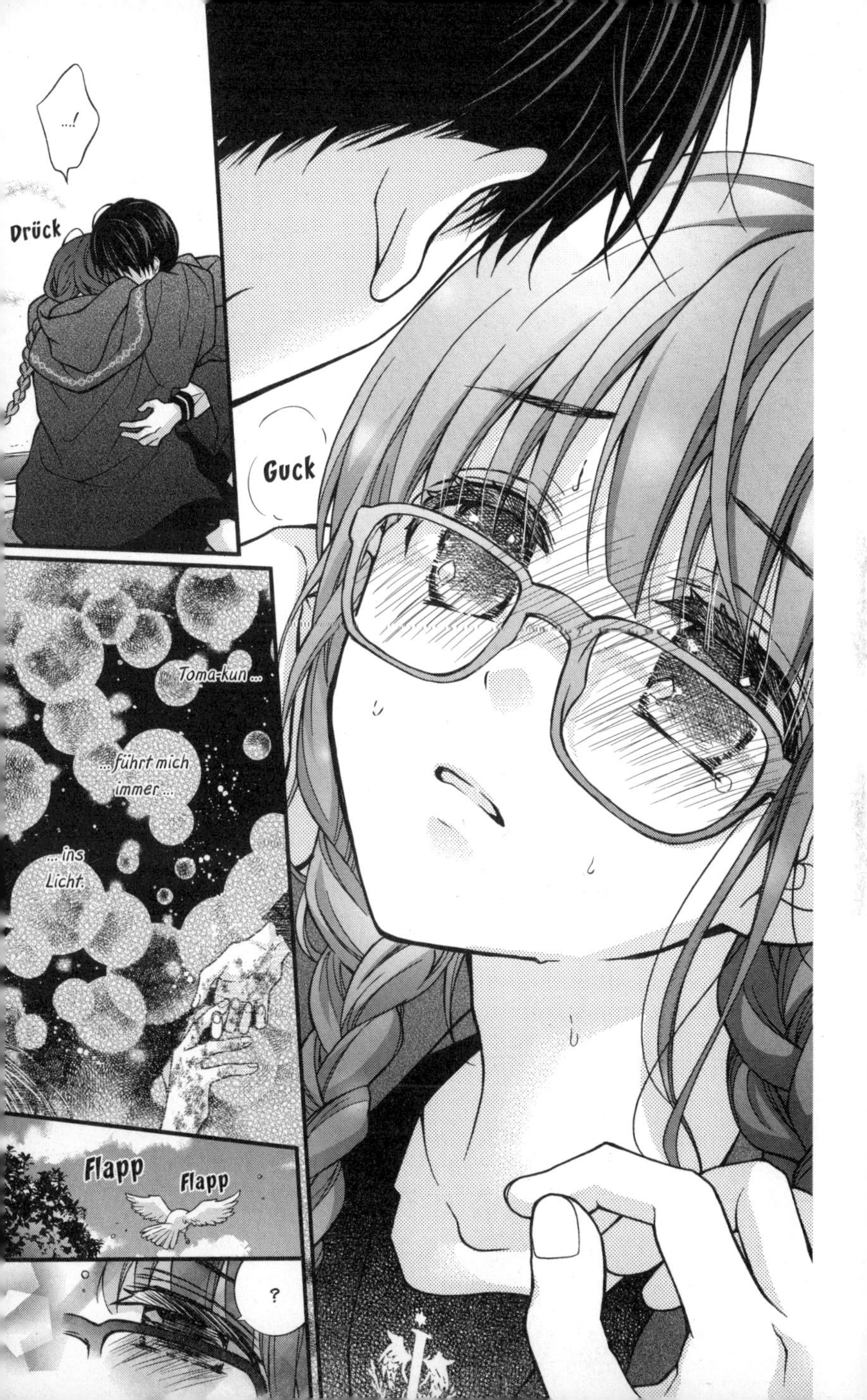
...!
Drück
Guck
Toma-kun ...
... führt mich immer ...
... ins Licht.
Flapp
Flapp
?

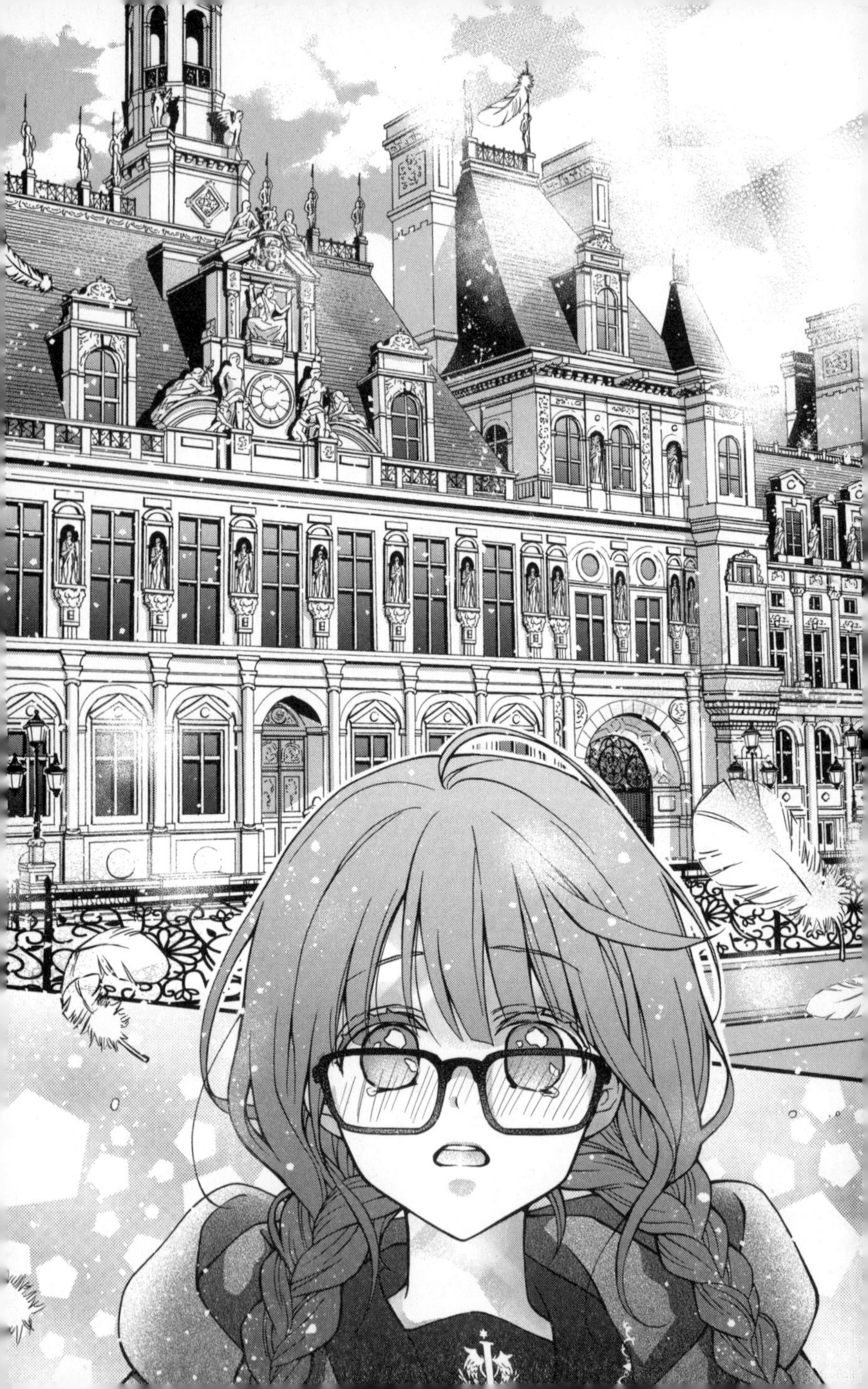

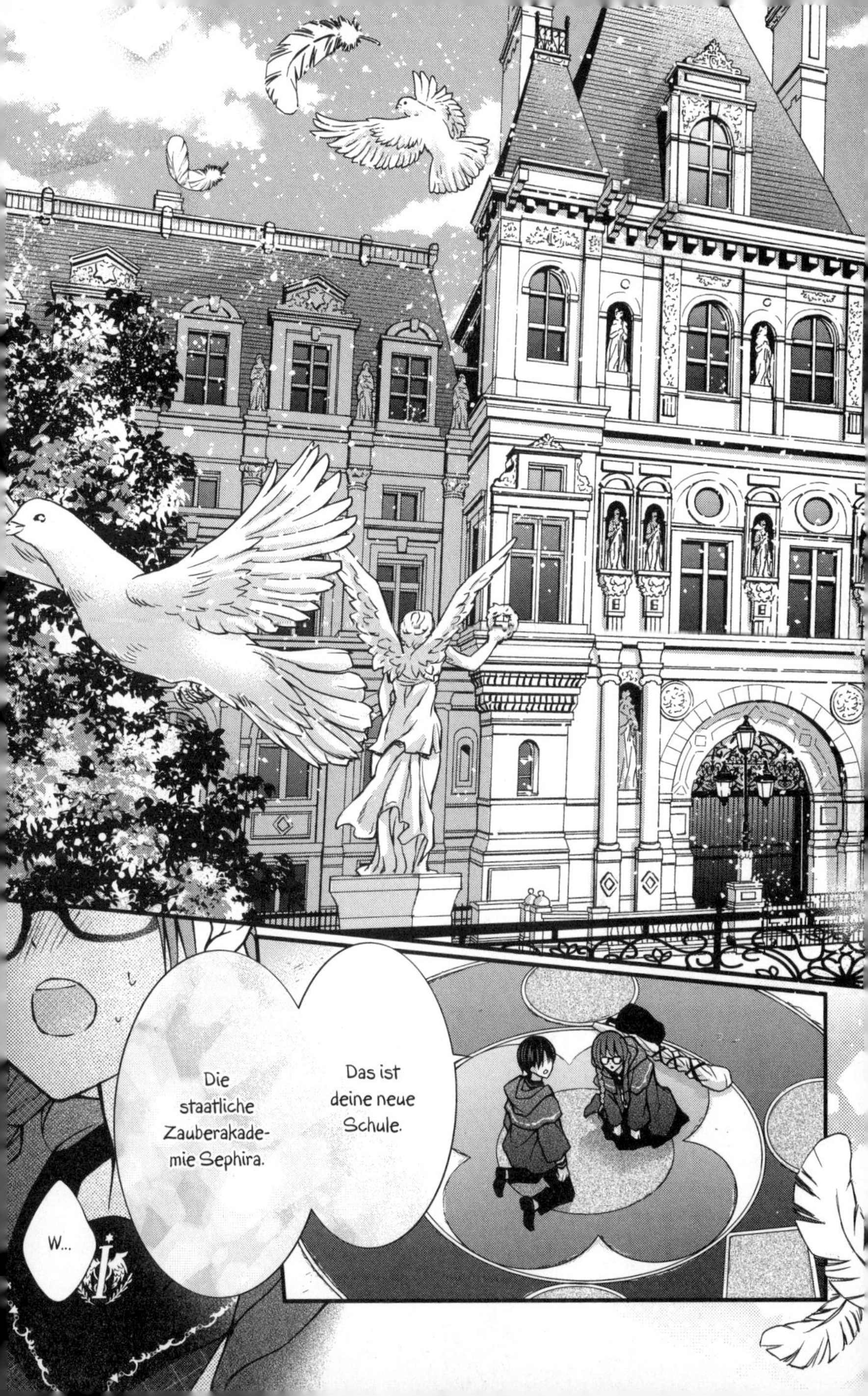
Das ist deine neue Schule.
Die staatliche Zauberakademie Sephira.
W...

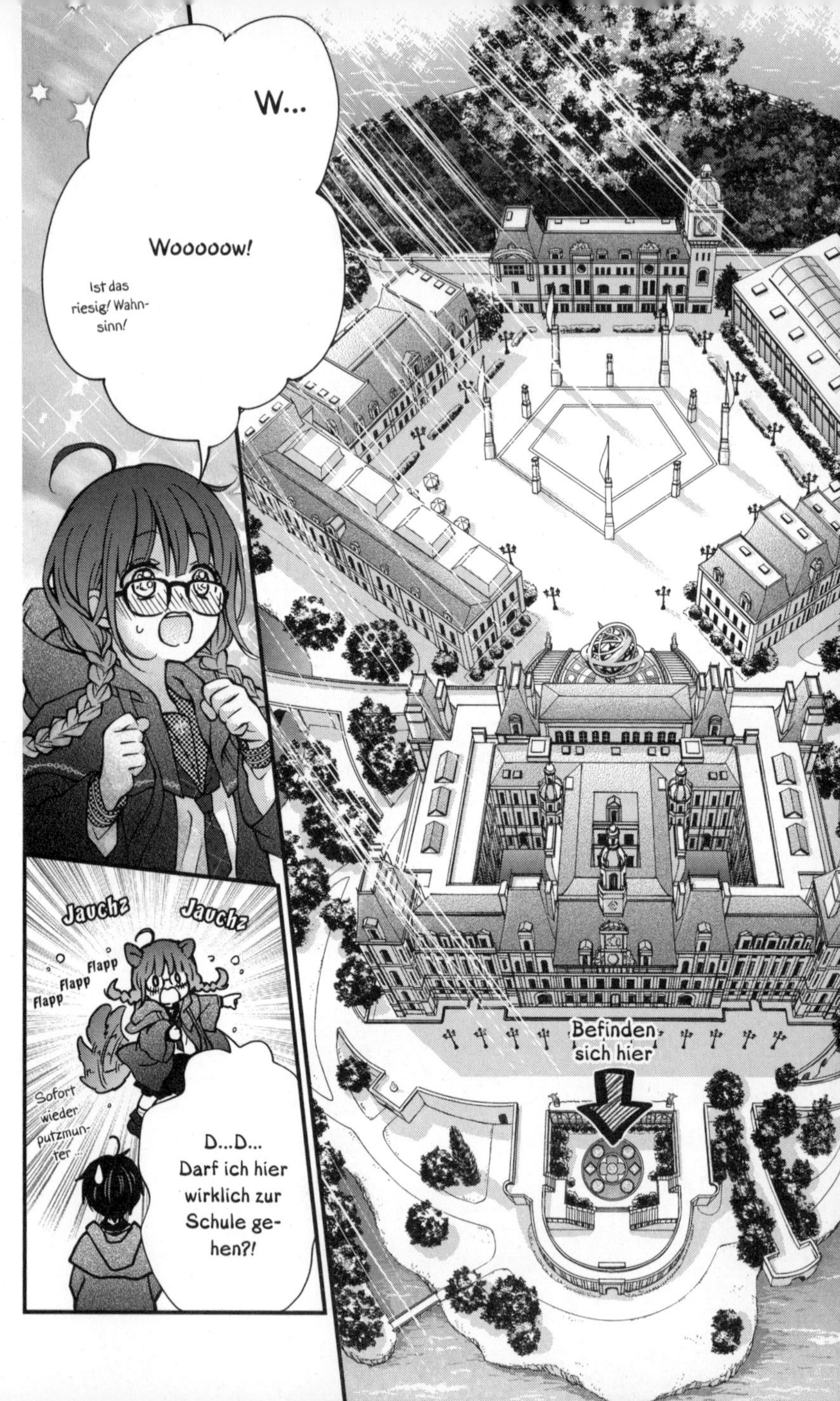
W...
Wooooow!
Ist das riesig! Wahnsinn!
Befinden sich hier
Jauchz
Jauchz
Flapp
Flapp
Flapp
Sofort wieder putzmunter ...
D...D... Darf ich hier wirklich zur Schule gehen?!

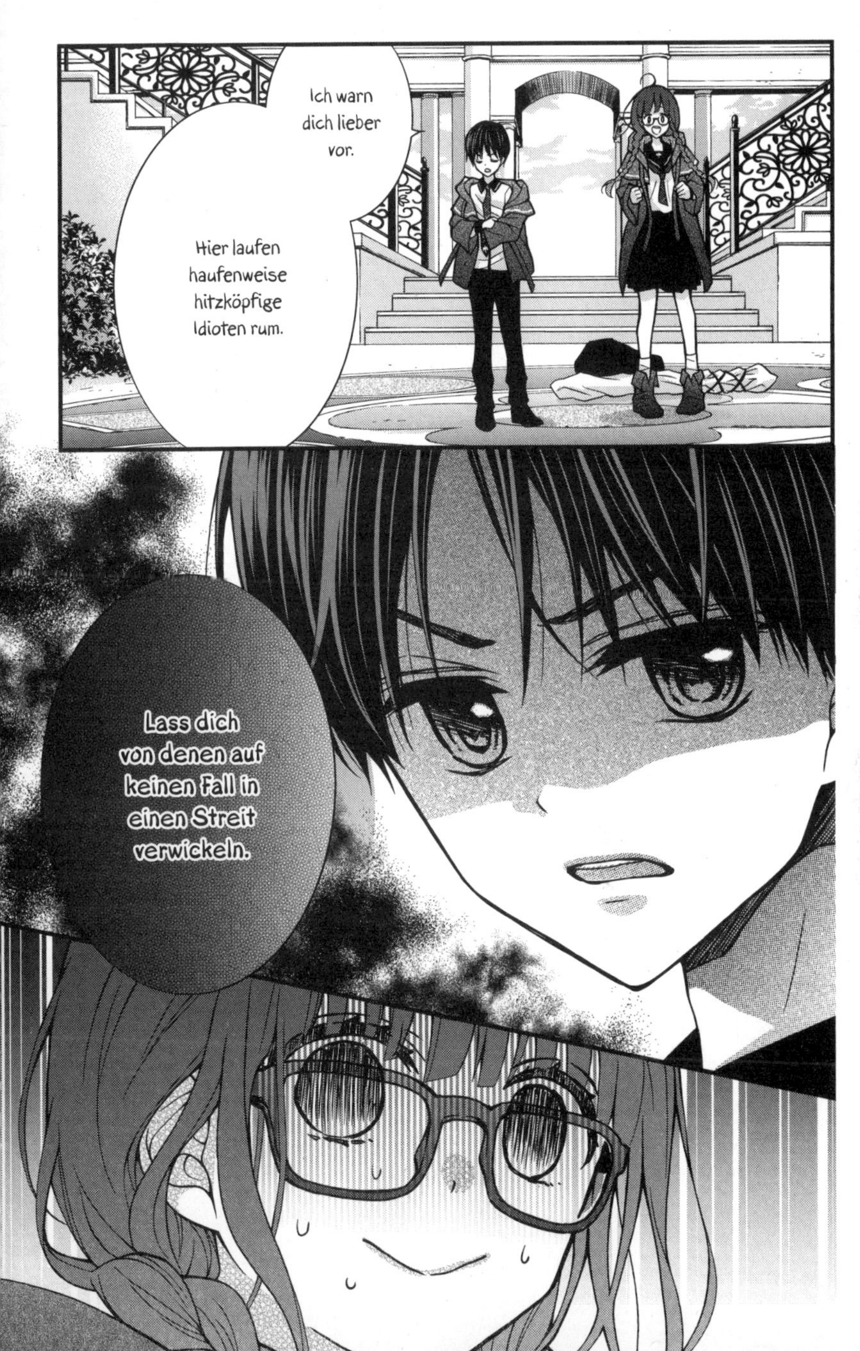
Ich warn dich lieber vor.
Hier laufen haufenweise hitzköpfige Idioten rum.
Lass dich von denen auf keinen Fall in einen Streit verwickeln.

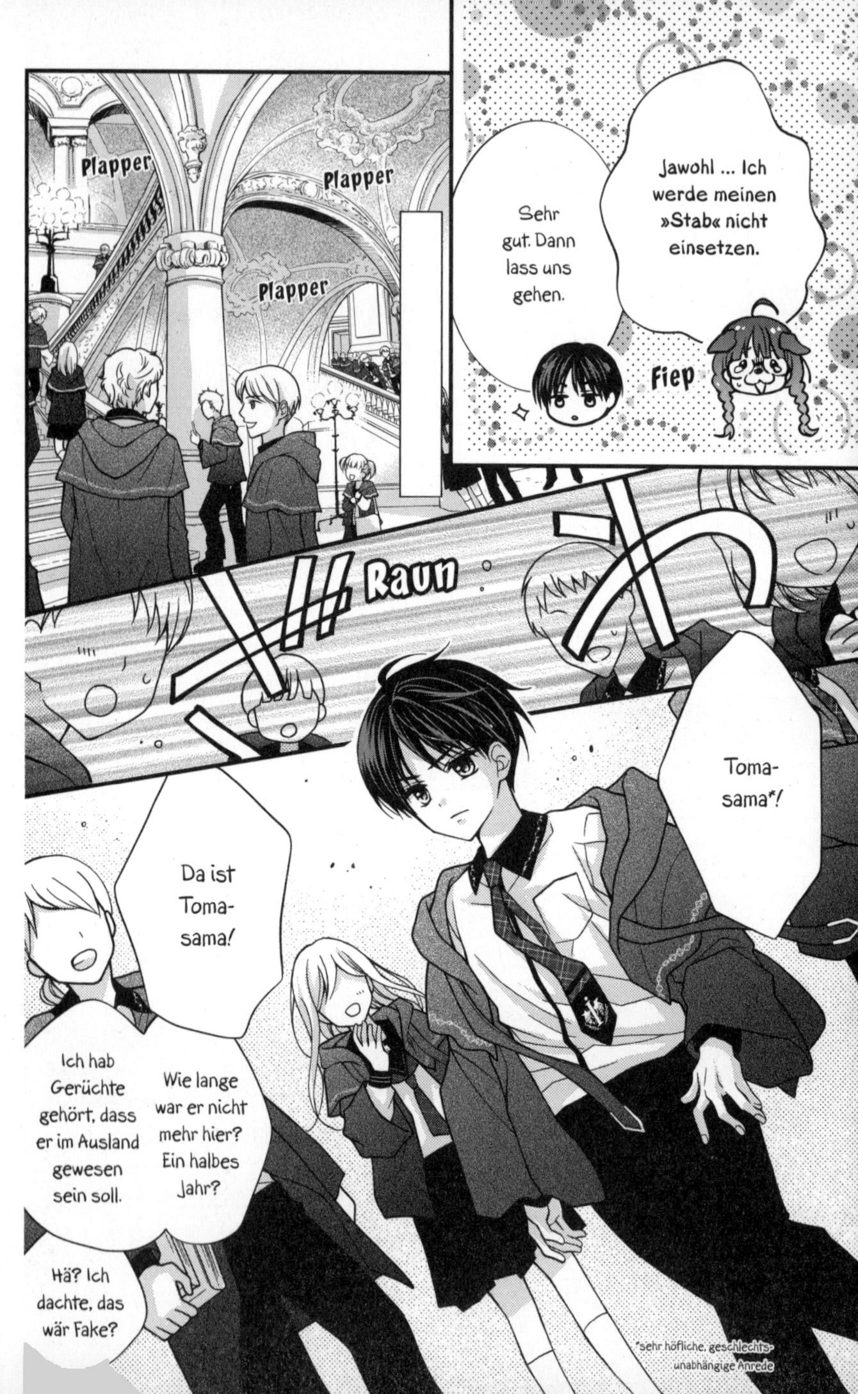

*sehr höfliche, geschlechtsunabhängige Anrede

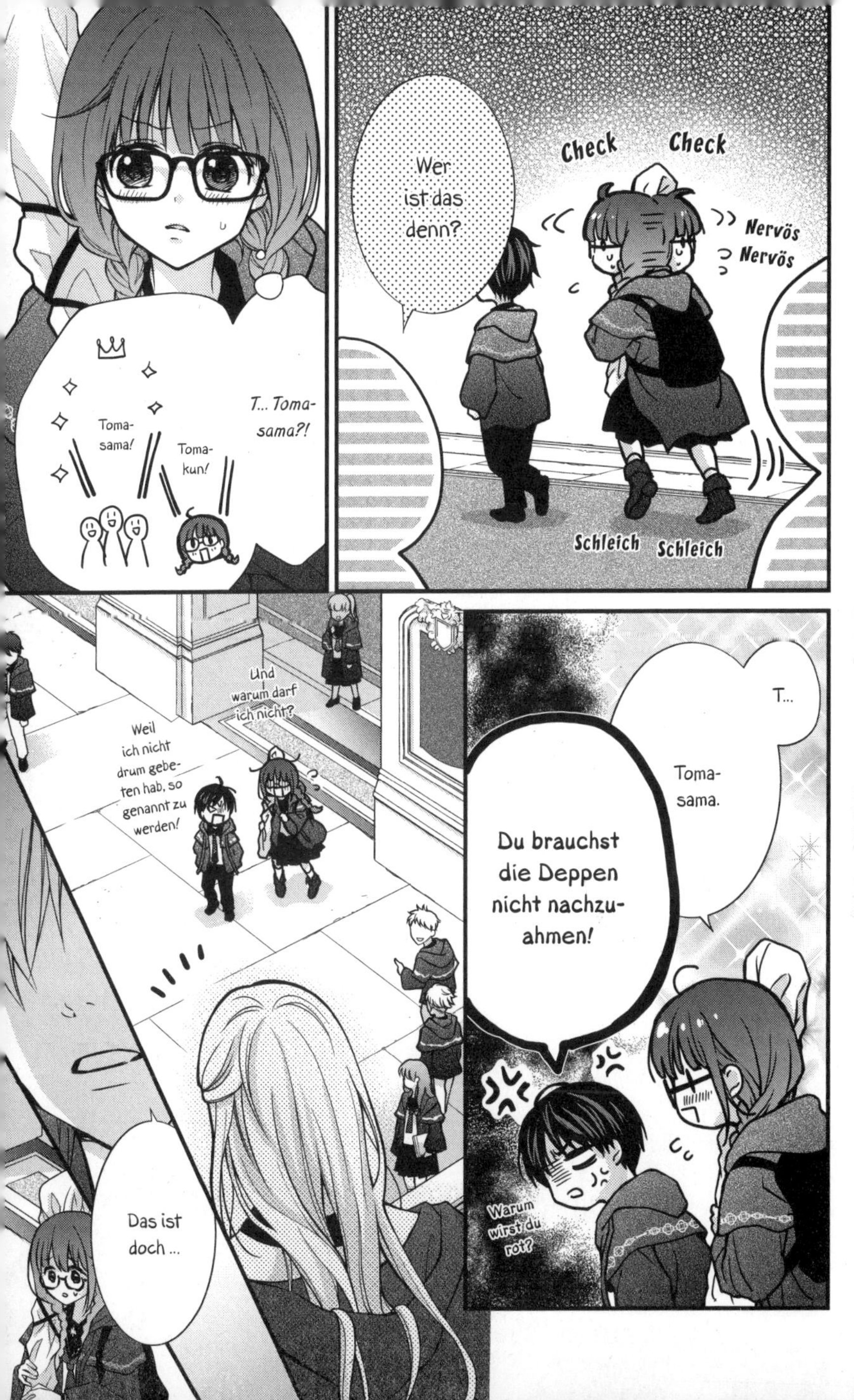

Check
Check
Nervös
Nervös
Wer ist das denn?
Schleich
Schleich
T... Toma-sama?!
Toma-sama!
Toma-kun!
T...
Toma-sama.
Du brauchst die Deppen nicht nachzuahmen!
Warum wirst du rot?
Und warum darf ich nicht?
Weil ich nicht drum gebeten hab, so genannt zu werden!
Das ist doch ...

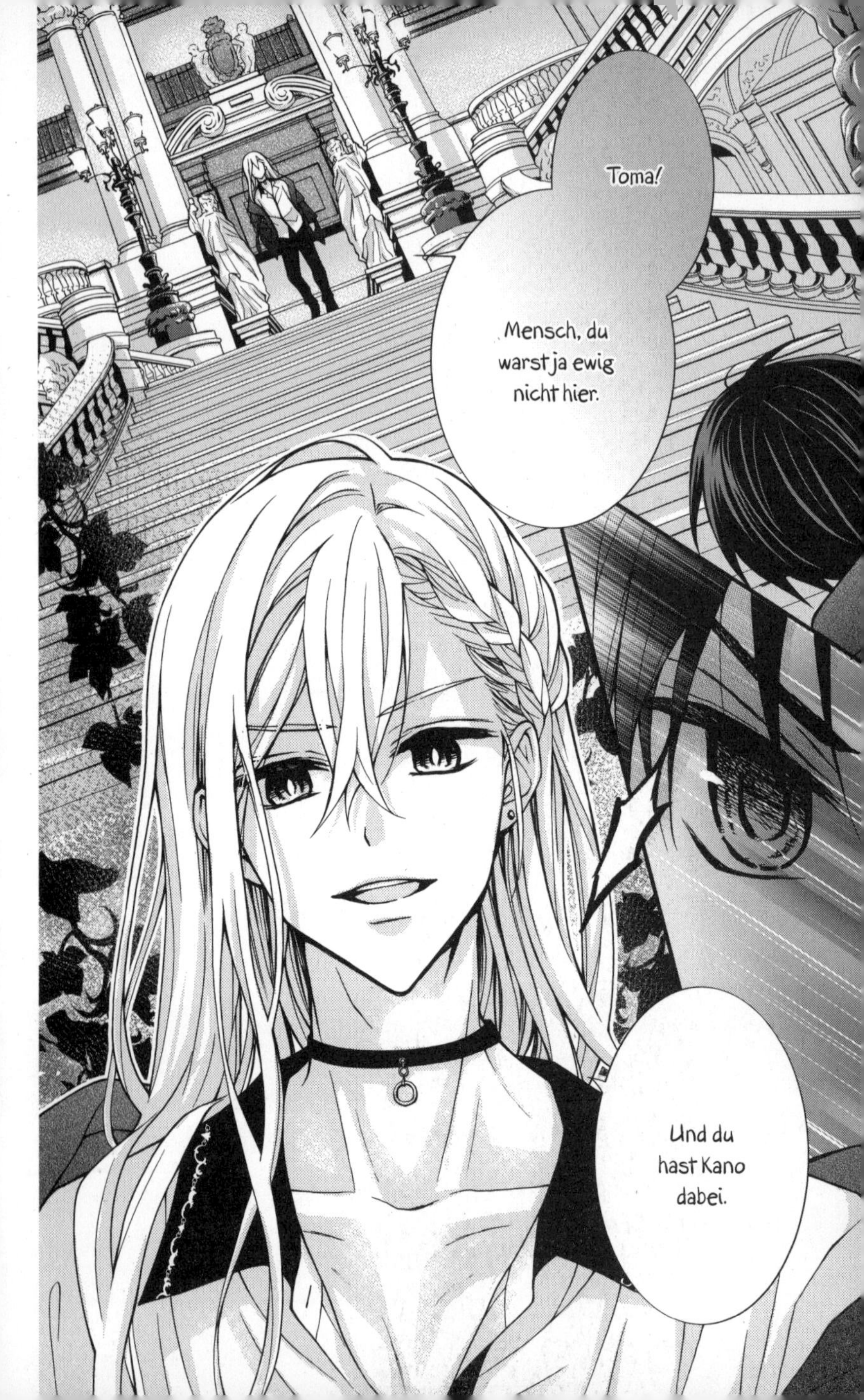
Toma!
Mensch, du warst ja ewig nicht hier.
Und du hast Kano dabei.

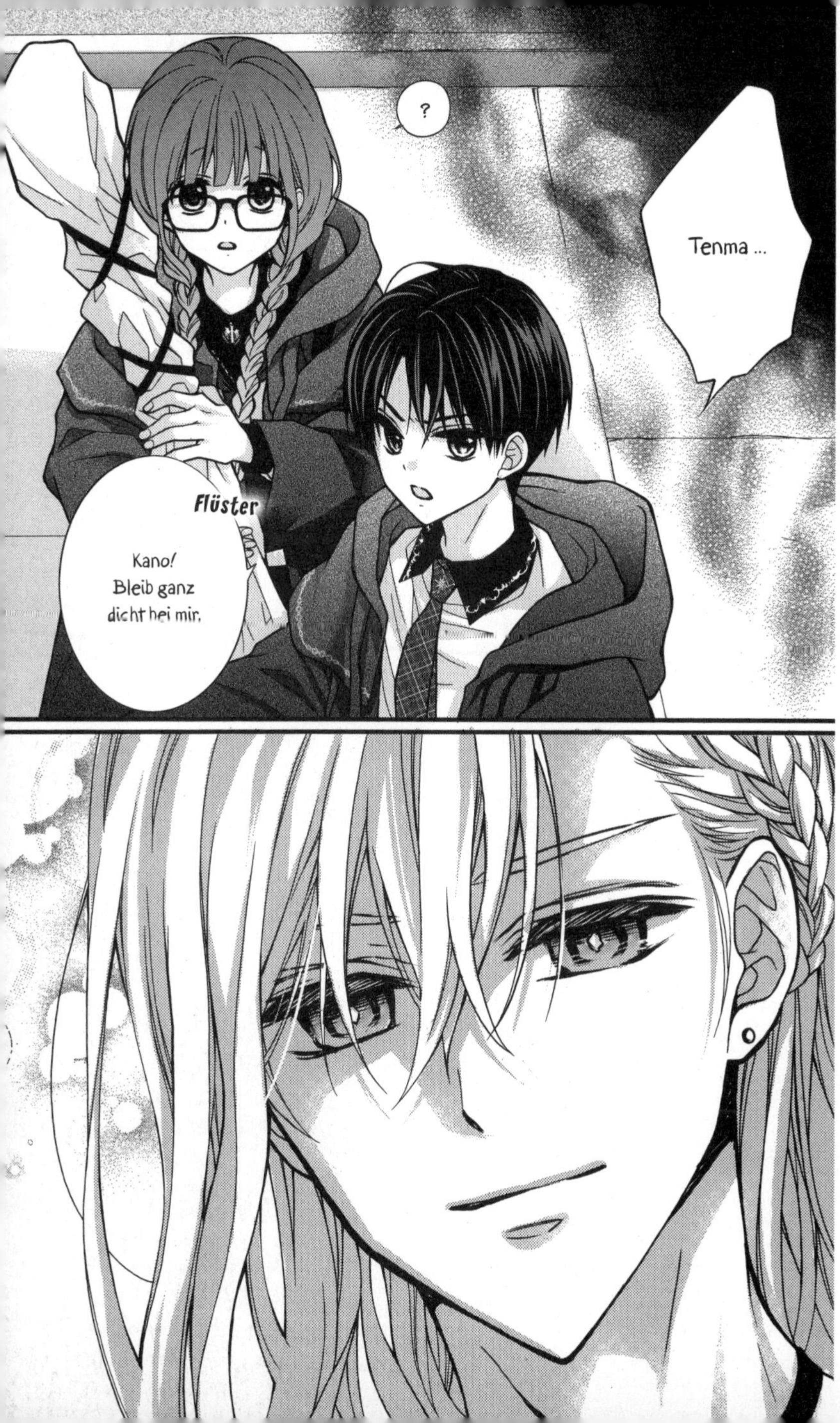

Tenma ...

?

Flüster

Kano!
Bleib ganz
dicht bei mir.

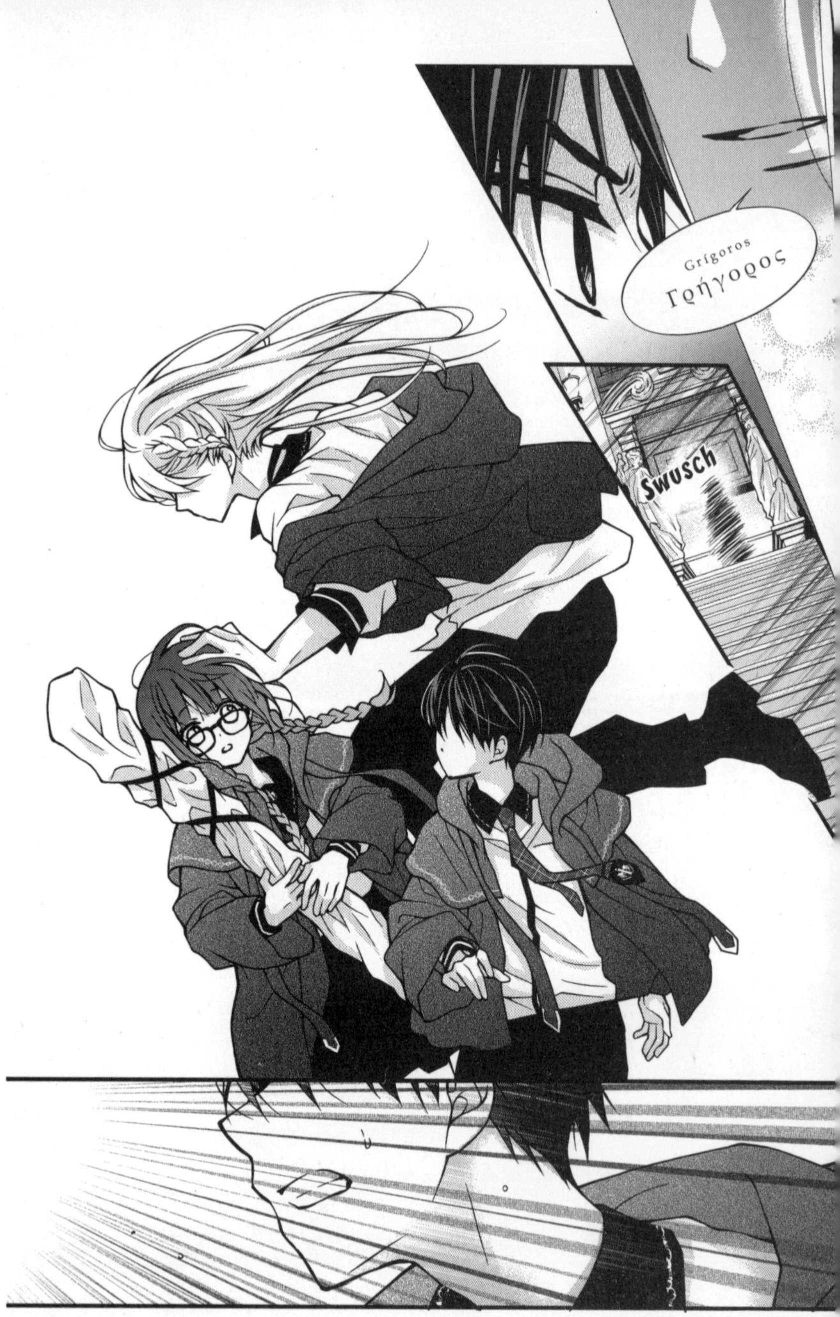
Grígoros
Γρήγορος
Swusch

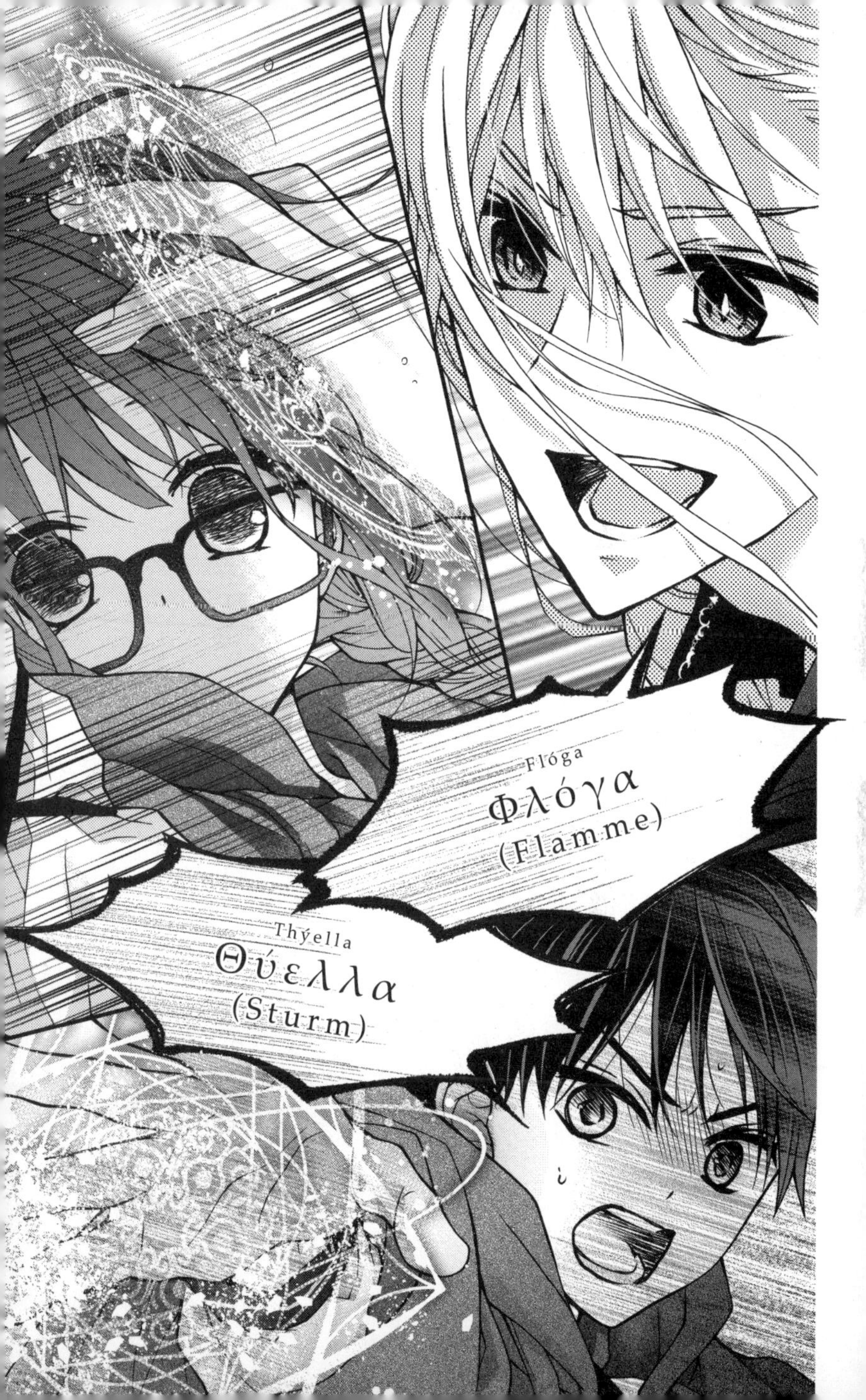
Flóga
Φλόγα
(Flamme)
Thýella
Θύελλα
(Sturm)

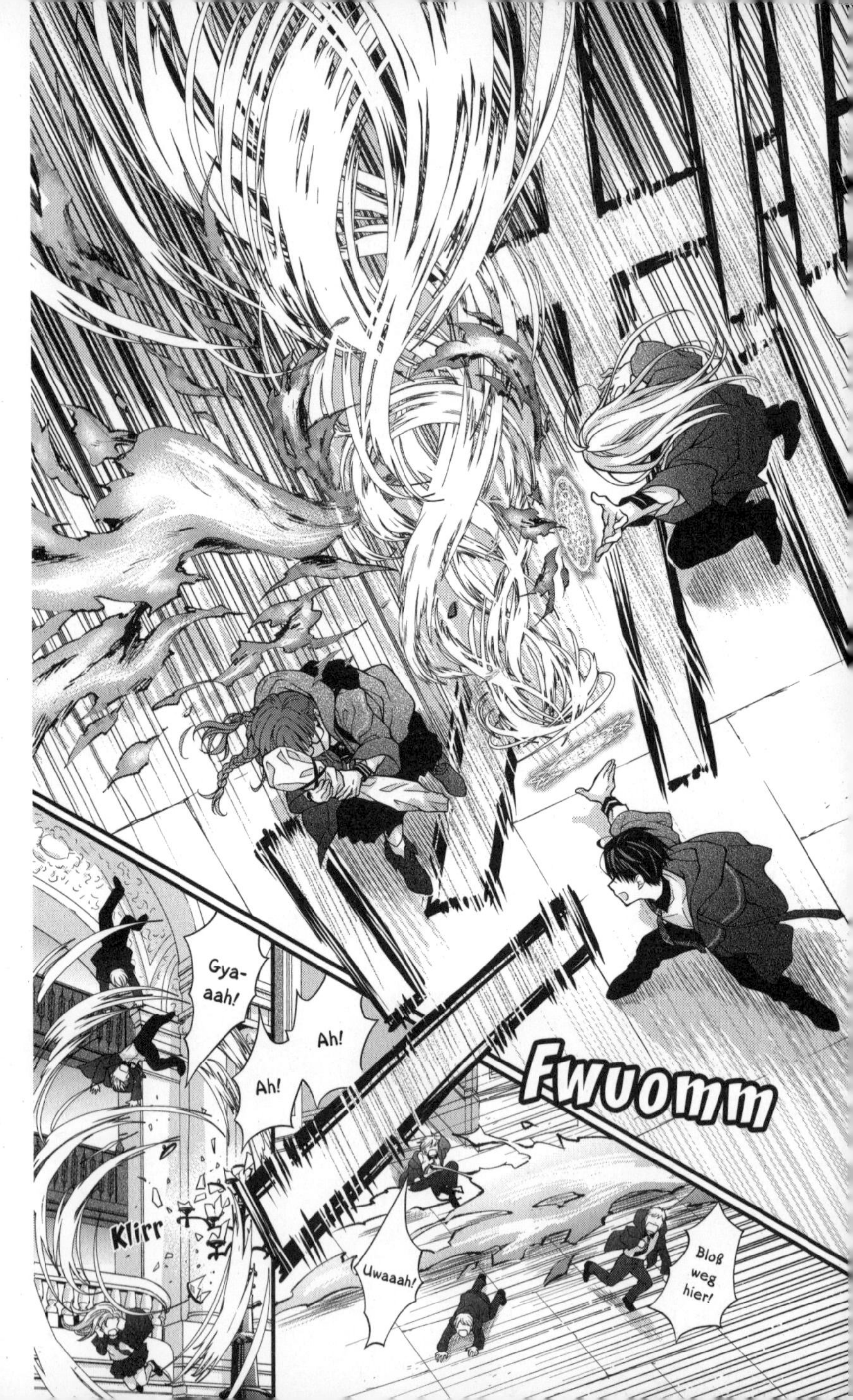
Fwuomm
Bloß weg hier!
Uwaaah!
Ah!
Ah!
Gya-aah!
Klirr

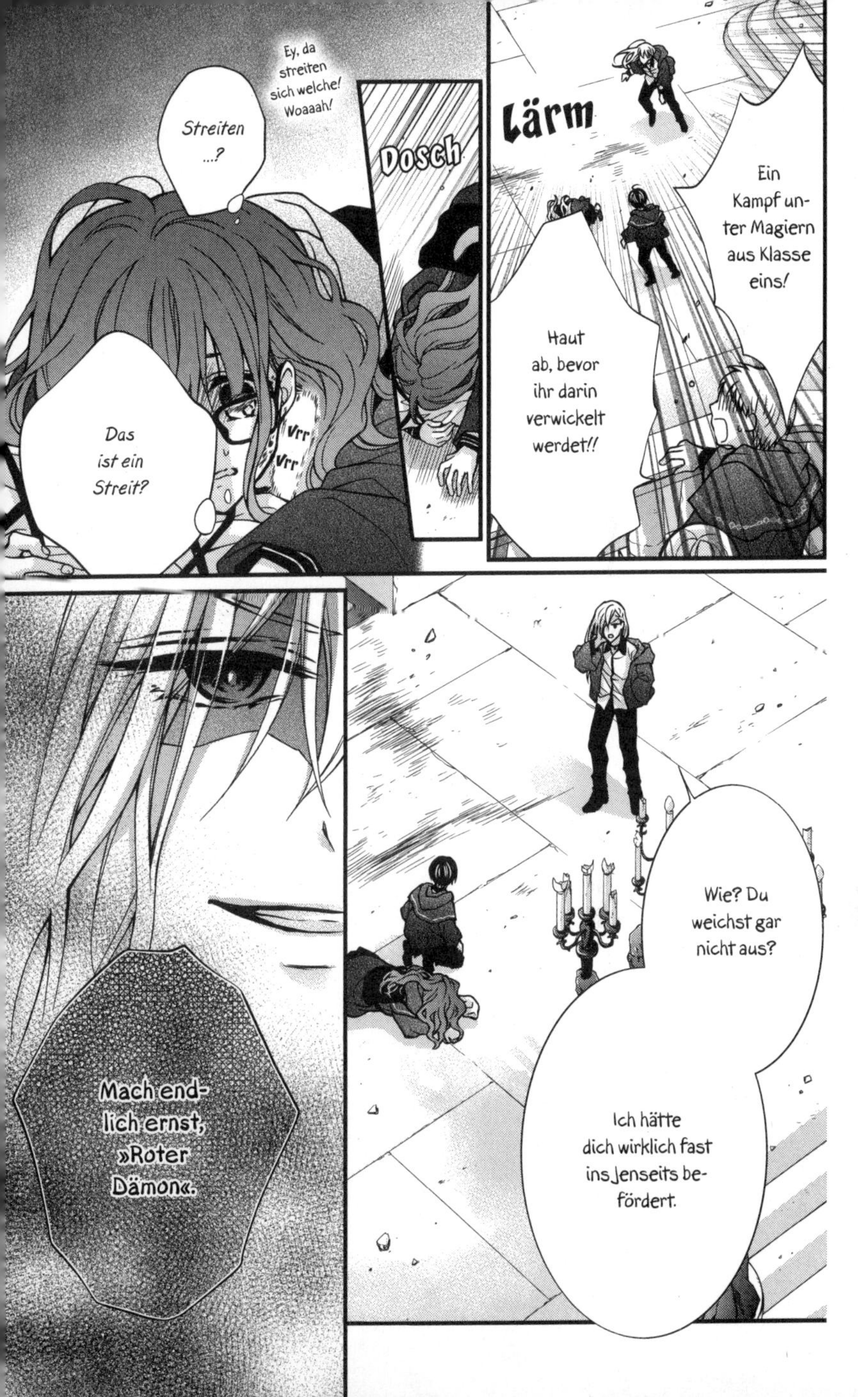
Lärm
Ein Kampf unter Magiern aus Klasse eins!
Haut ab, bevor ihr darin verwickelt werdet!!
Dosch
Ey, da streiten sich welche! Woaaah!
Streiten ...?
Vrr Vrr
Das ist ein Streit?
Wie? Du weichst gar nicht aus?
Ich hätte dich wirklich fast ins Jenseits befördert.
Mach endlich ernst, »Roter Dämon«.

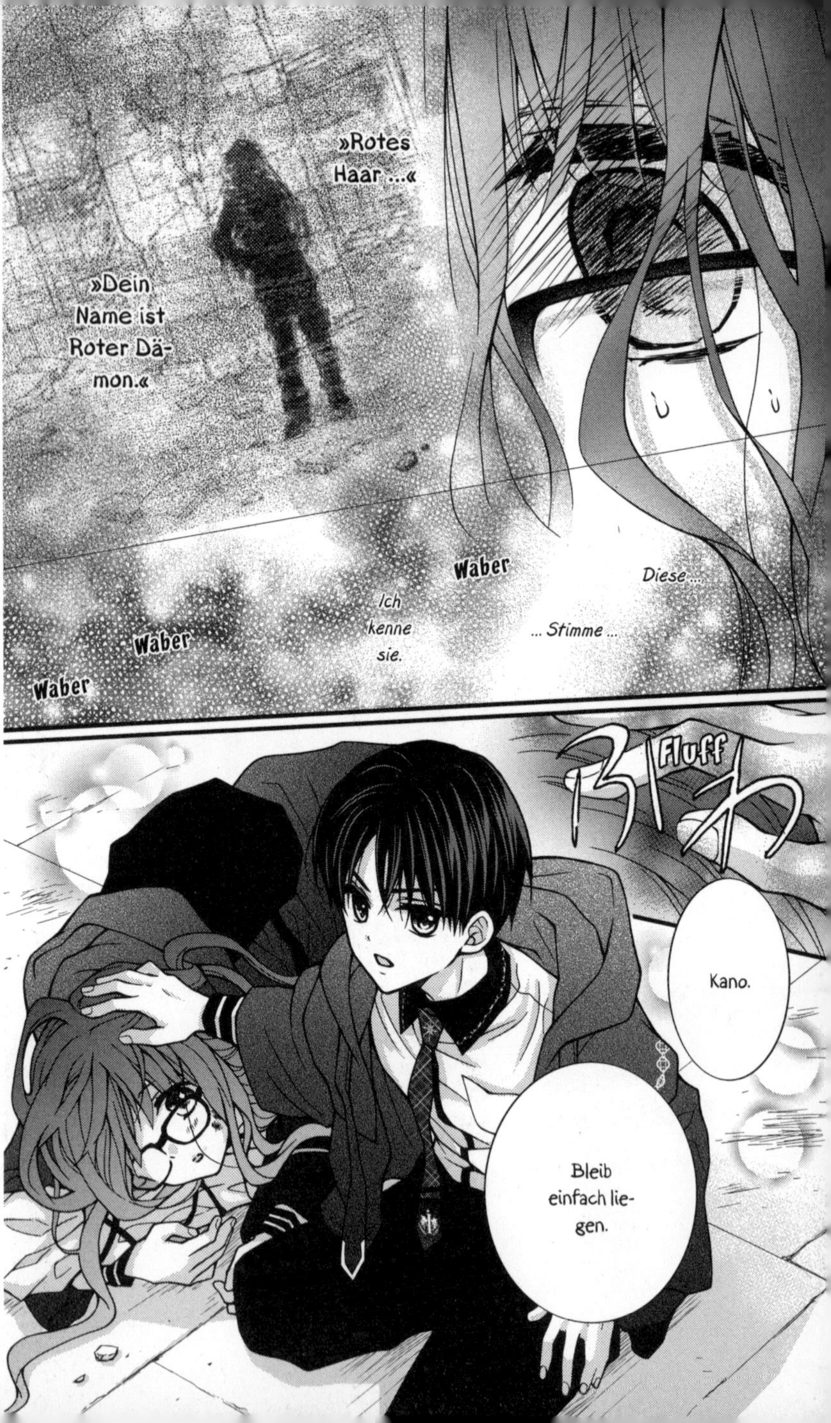

»Rotes Haar ...«

»Dein Name ist Roter Dämon.«

Diese ...

... Stimme ...

Waber

Ich kenne sie.

Waber

Waber

Fluff

Kano.

Bleib einfach liegen.

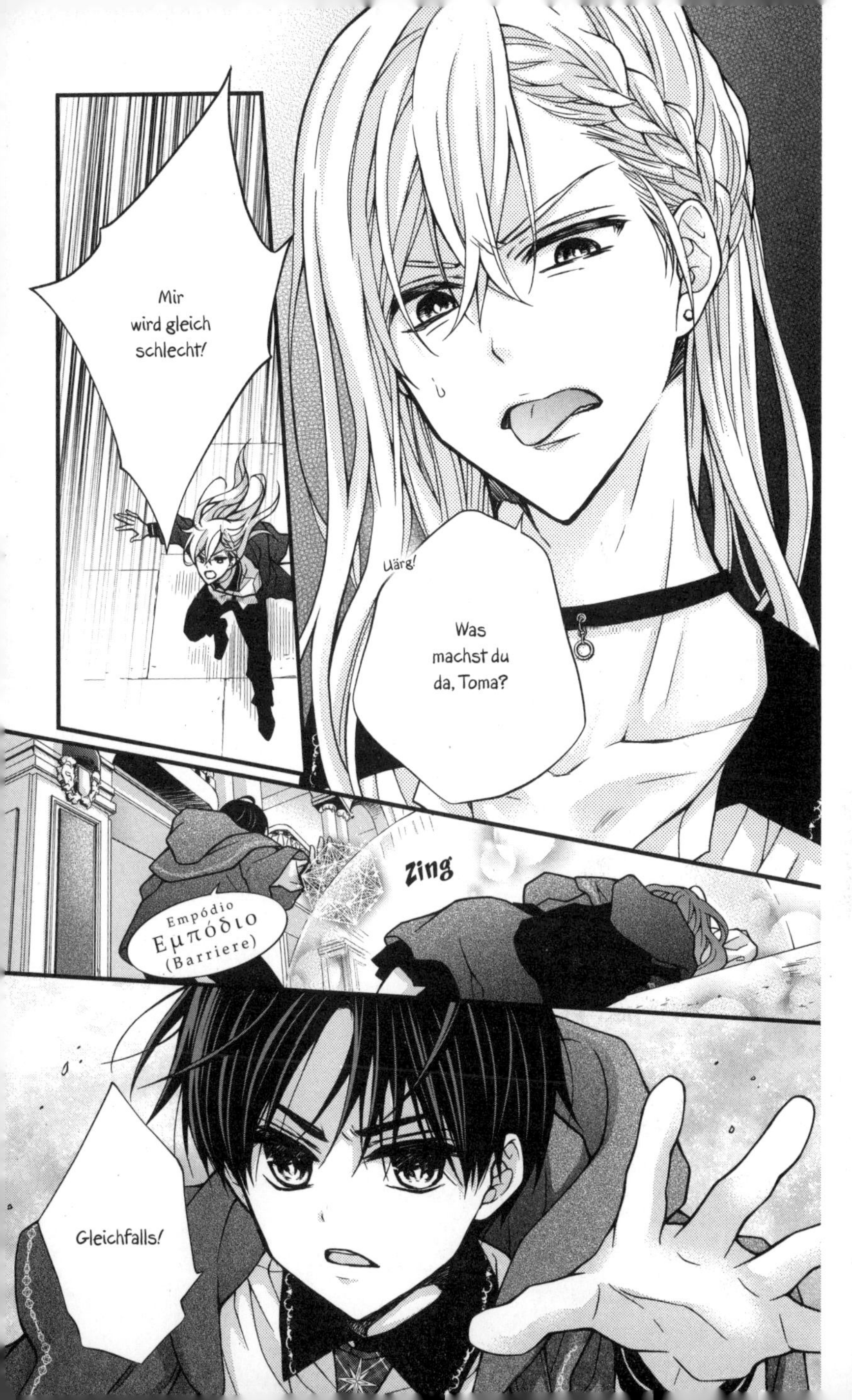
Uärg!
Was machst du da, Toma?
Mir wird gleich schlecht!
Zing
Empódio
Εμπόδιο
(Barriere)
Gleichfalls!

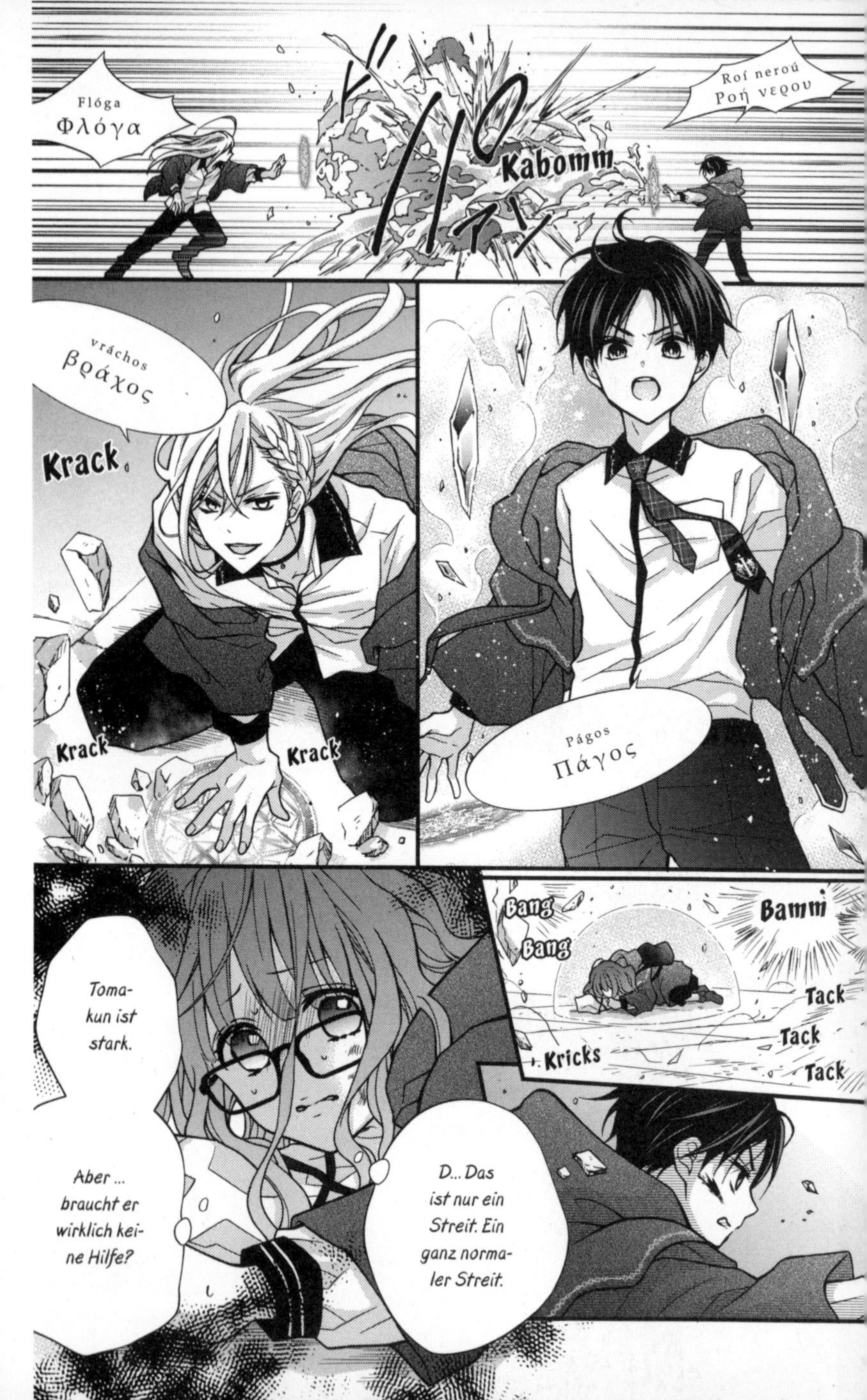

Roí neroú
Ροή νερου
Flóga
Φλόγα
Kabomm
vráchos
βράχος
Krack
Krack
Krack
Págos
Πάγος
Bamm
Bang
Bang
Tack
Tack
Tack
Kricks
Toma-kun ist stark.
Aber ... braucht er wirklich kei-ne Hilfe?
D... Das ist nur ein Streit. Ein ganz norma-ler Streit.

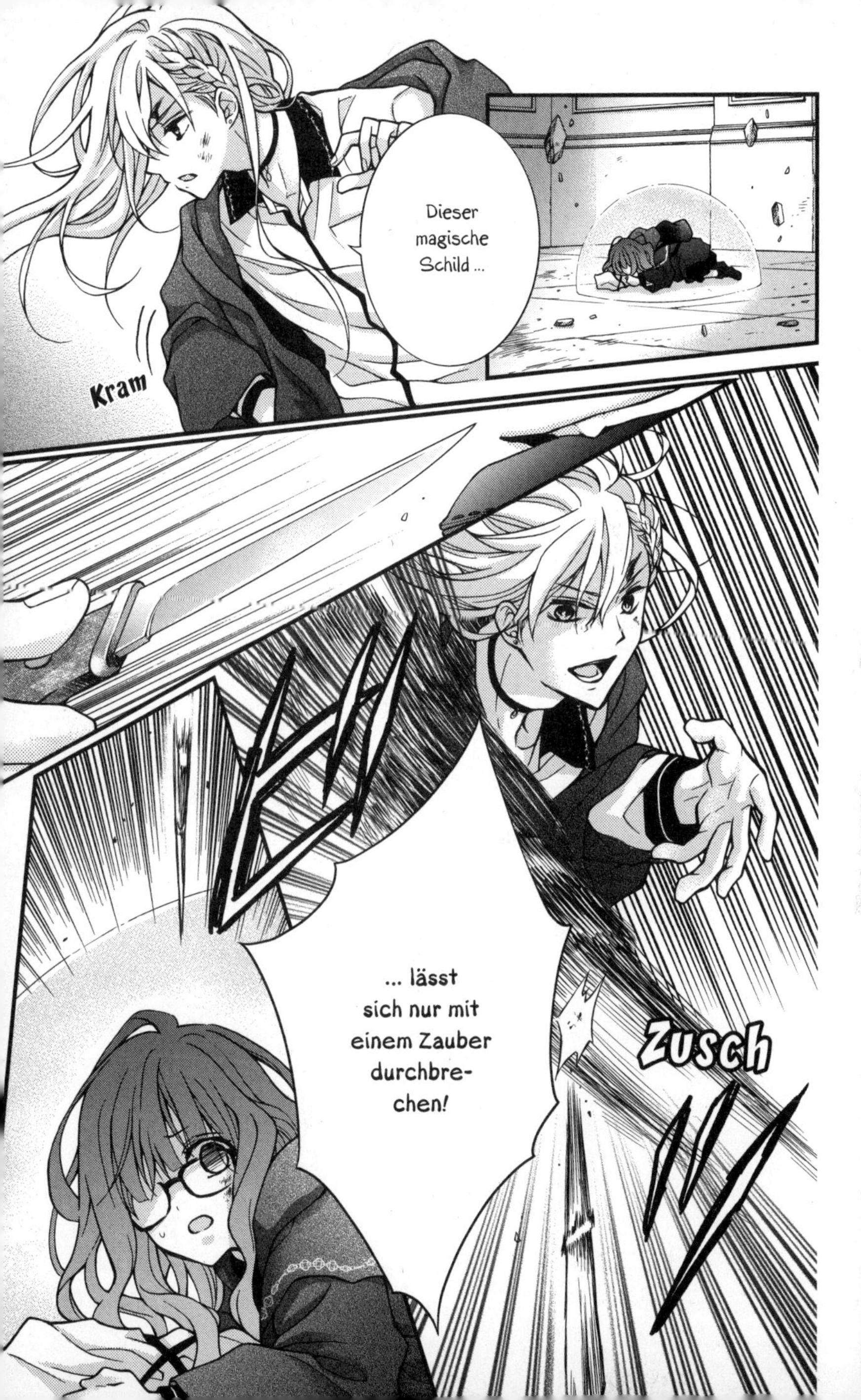
Dieser magische Schild ...
Kram
... lässt sich nur mit einem Zauber durchbrechen!
Zusch

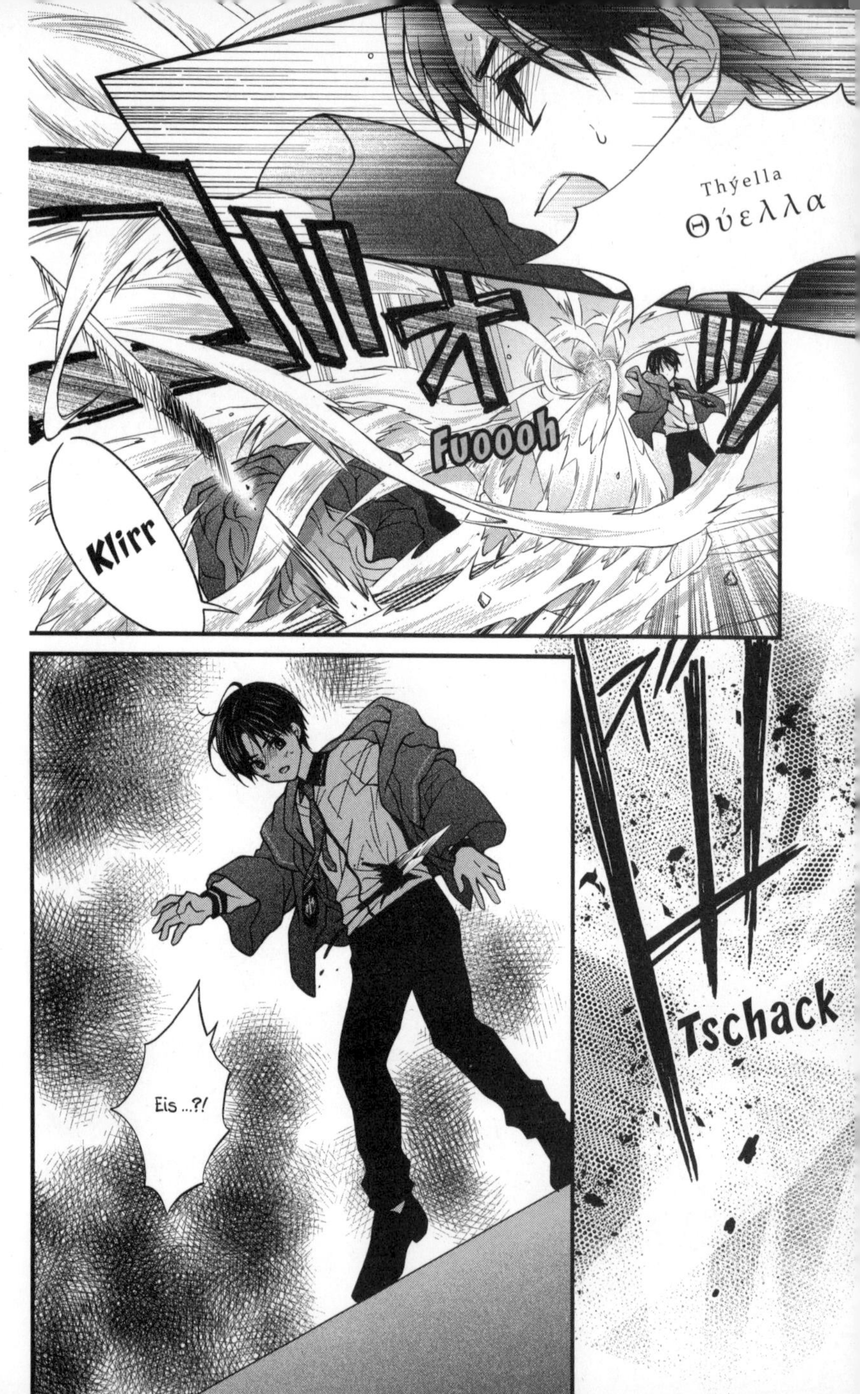
Thýella
Θύελλα
Fuoooh
Klirr
Tschack
Eis ...?!

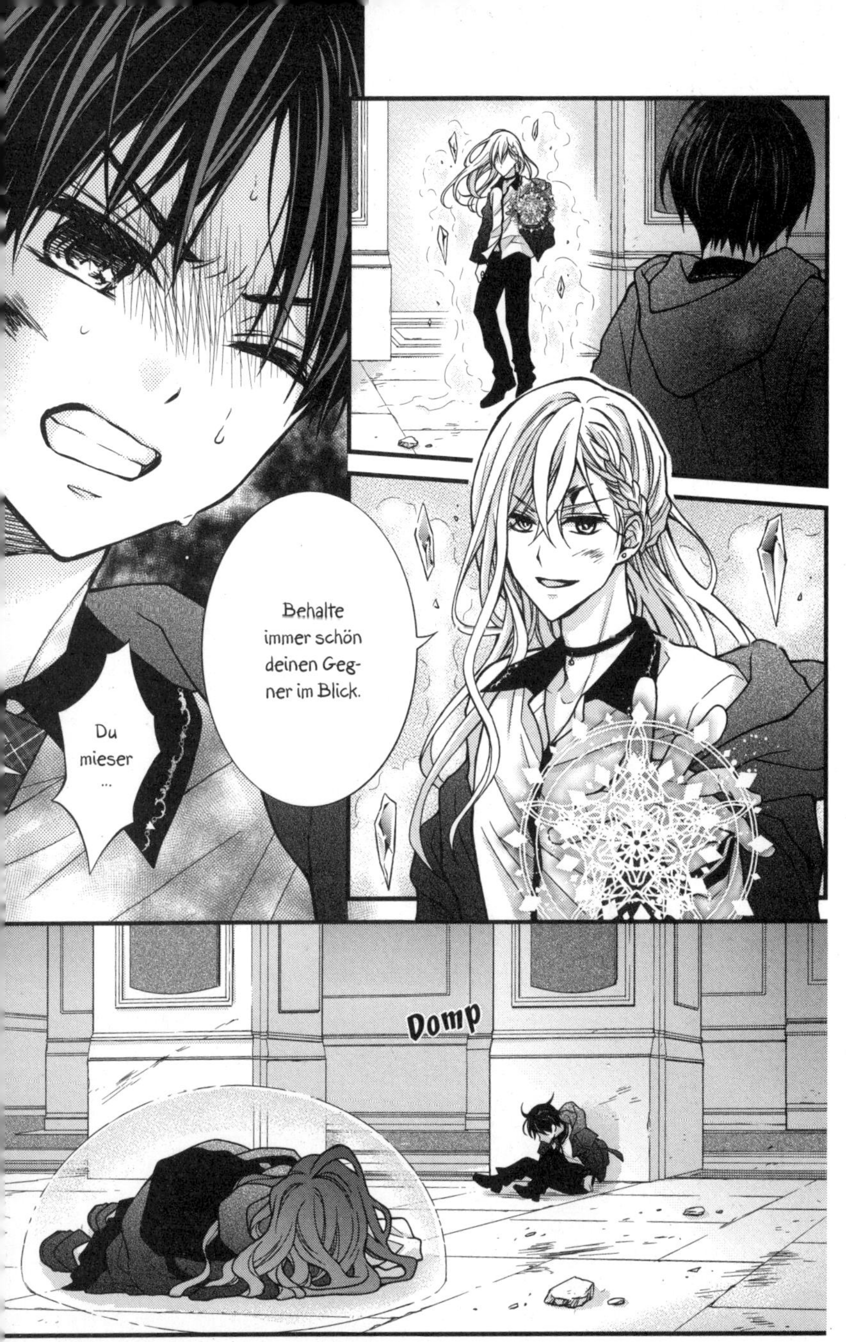
Behalte immer schön deinen Gegner im Blick.
Du mieser ...
Domp

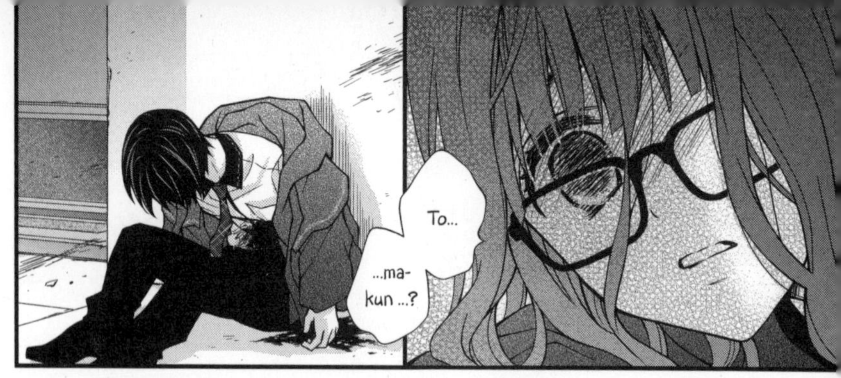

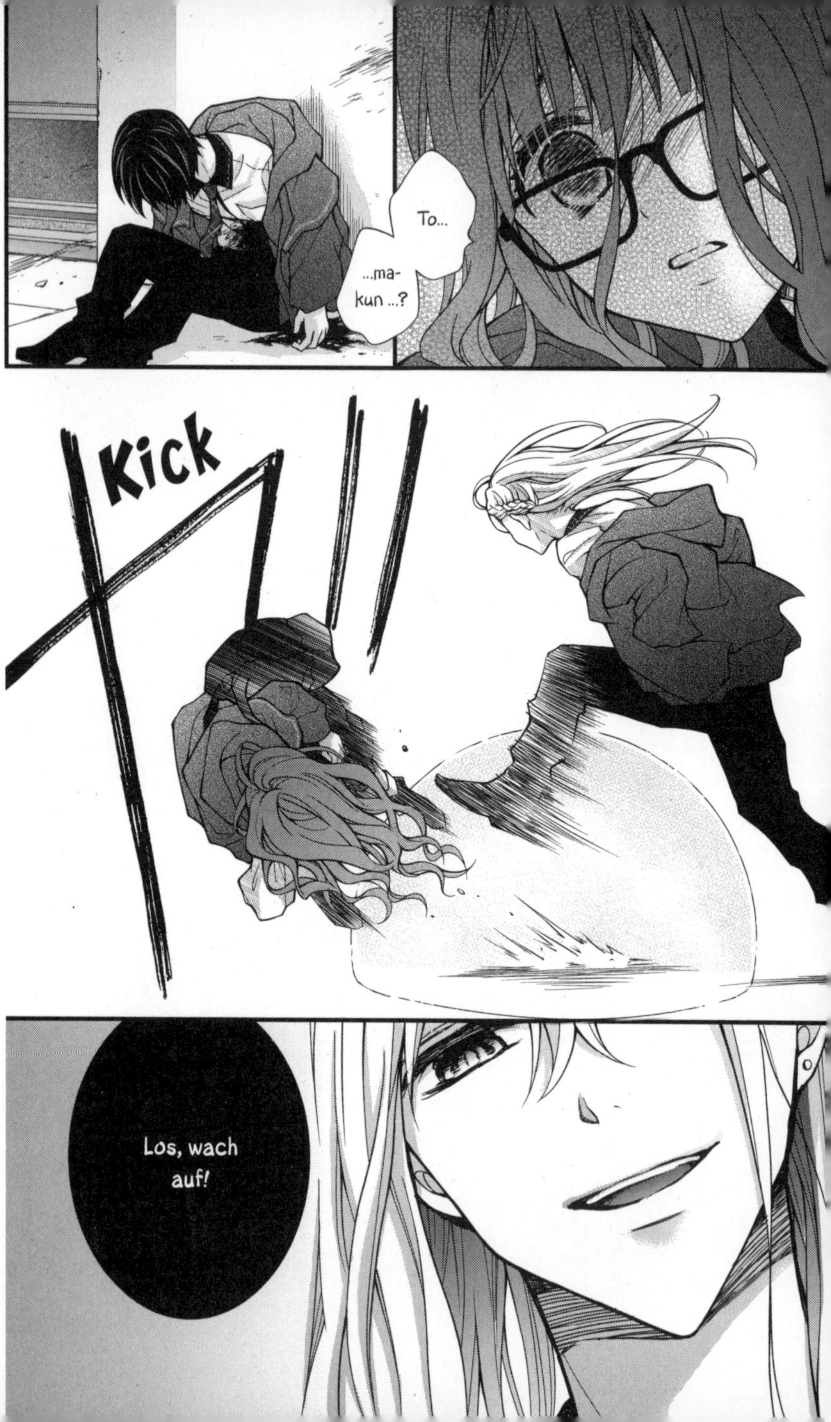

Kick

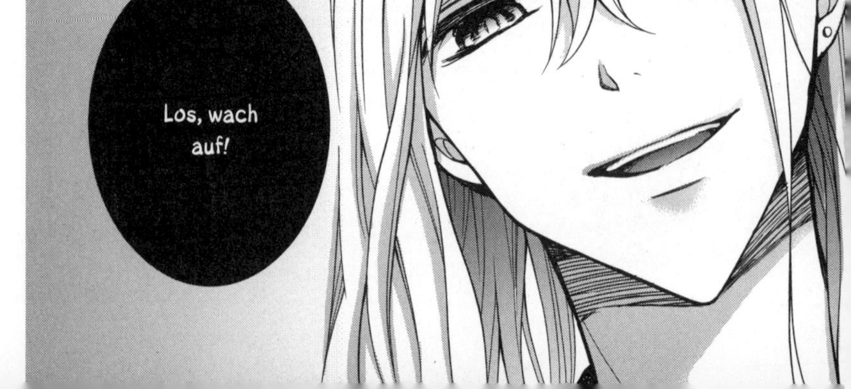

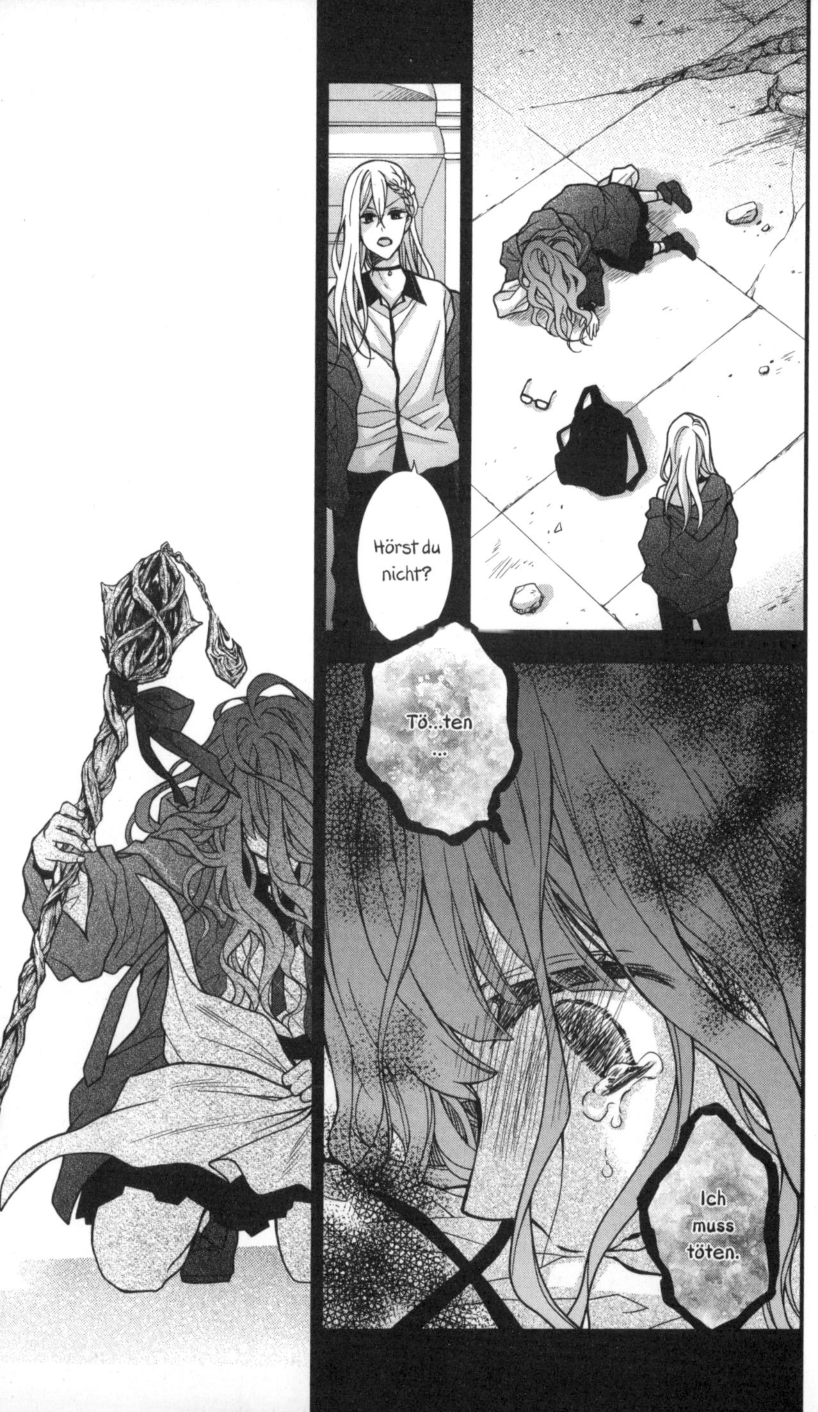
Hörst du nicht?
Tö...ten ...
Ich muss töten.

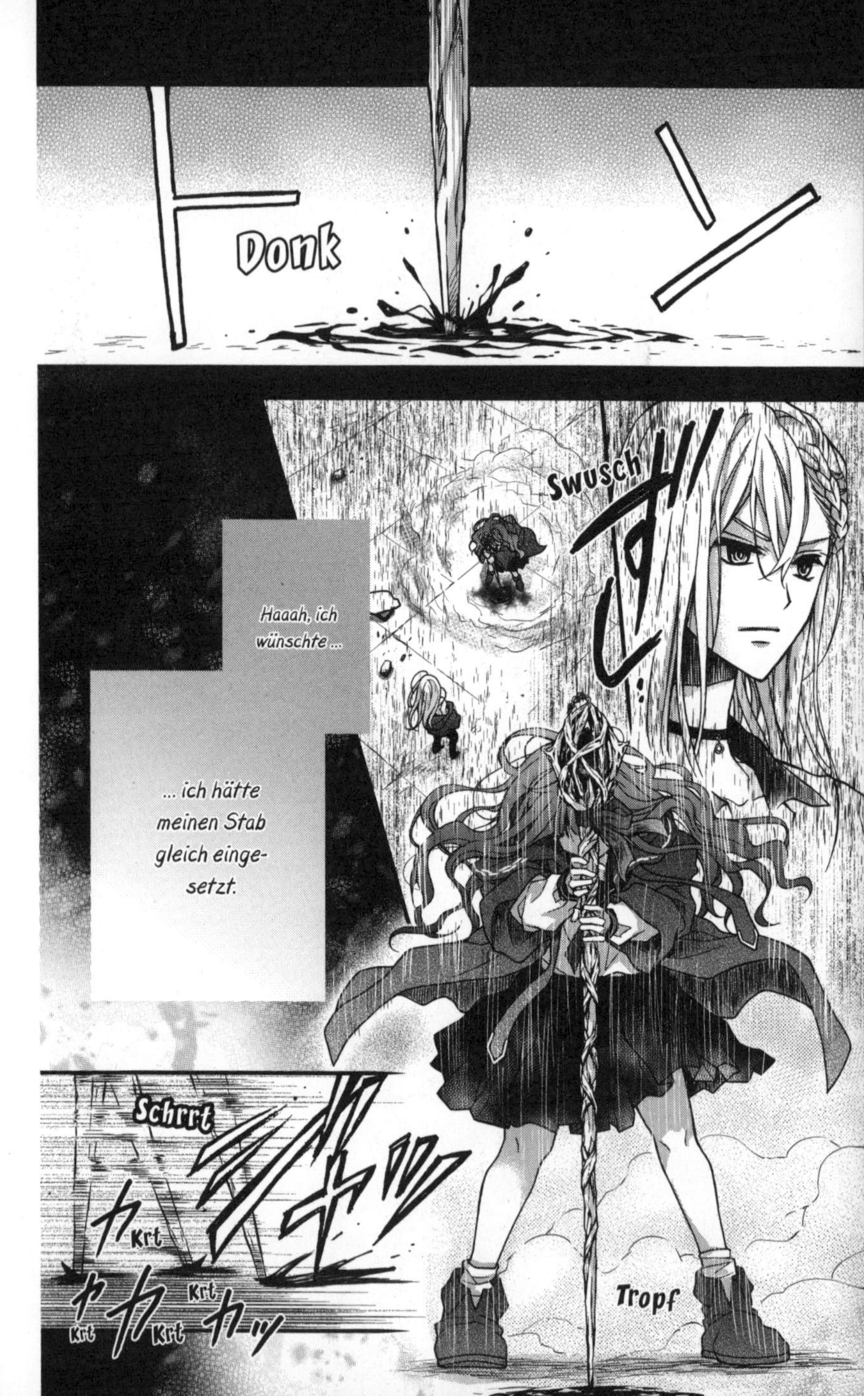
Donk
Swusch
Haaah, ich wünschte ...
... ich hätte meinen Stab gleich eingesetzt.
Schrrt
Krt
Krt
Krt
Krt
Tropf

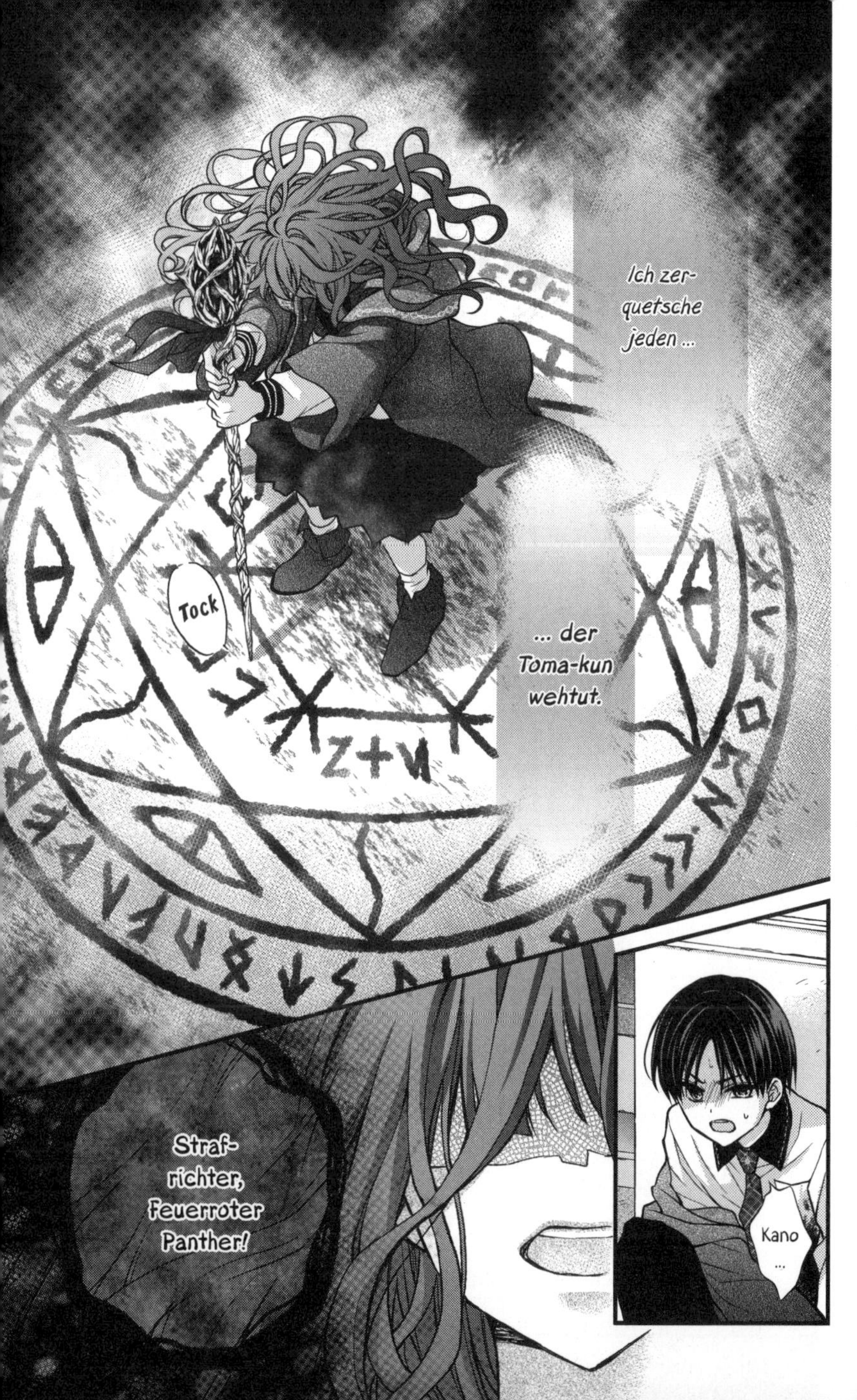
Ich zer-
quetsche
jeden ...
Tock
... der
Toma-kun
wehtut.
Kano
...
Straf-
richter,
Feuerroter
Panther!

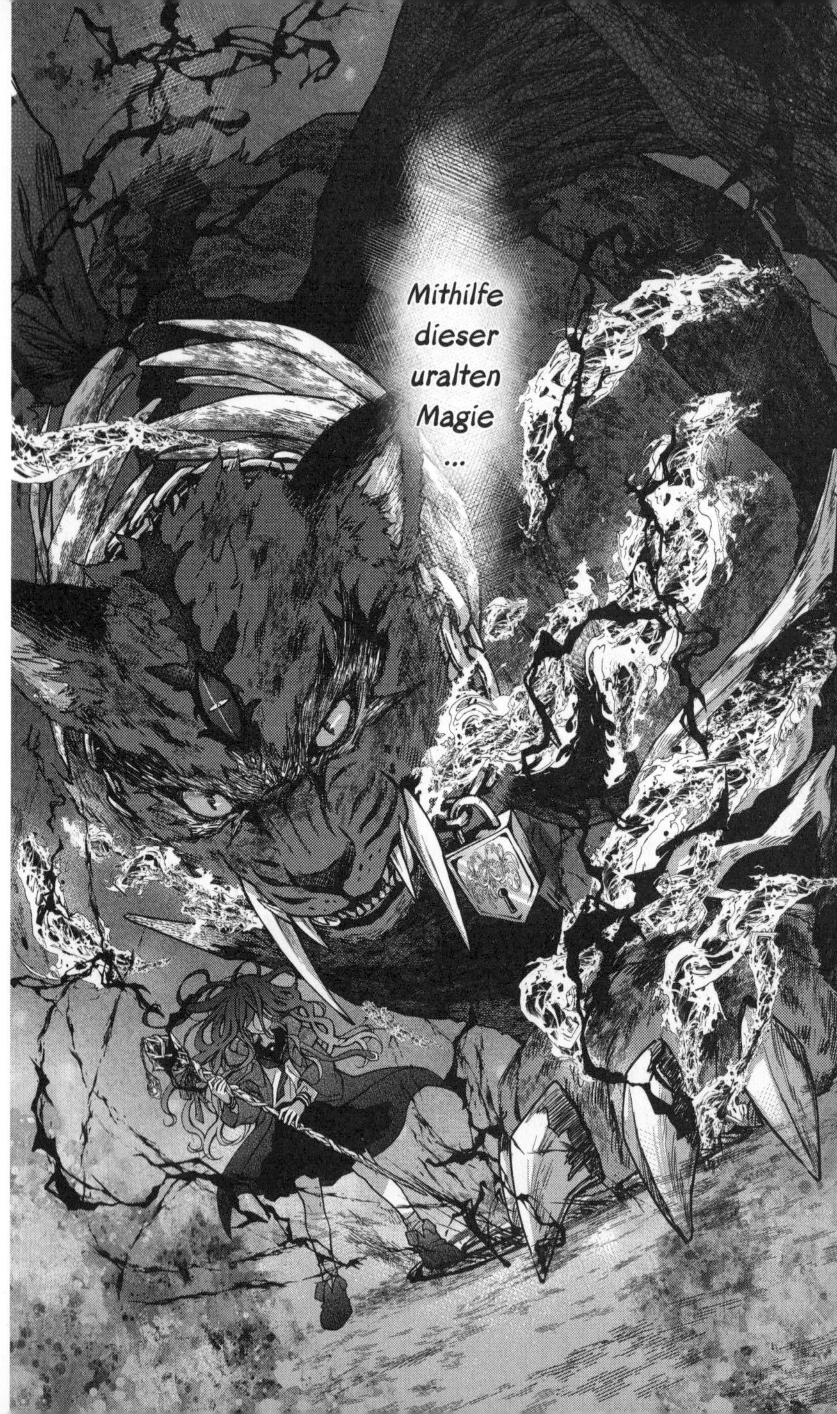
Mithilfe dieser uralten Magie ...

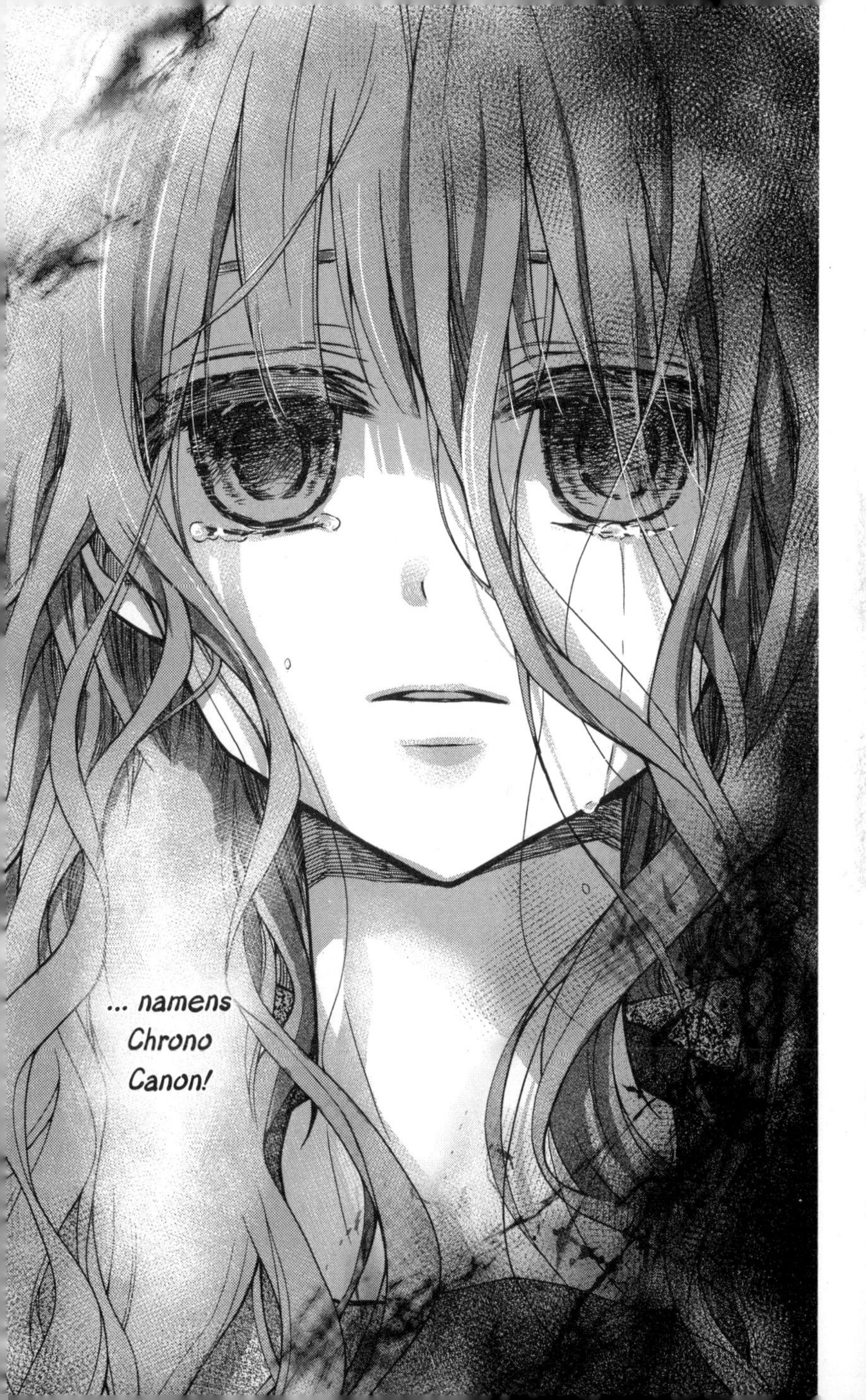
... namens
Chrono
Canon!

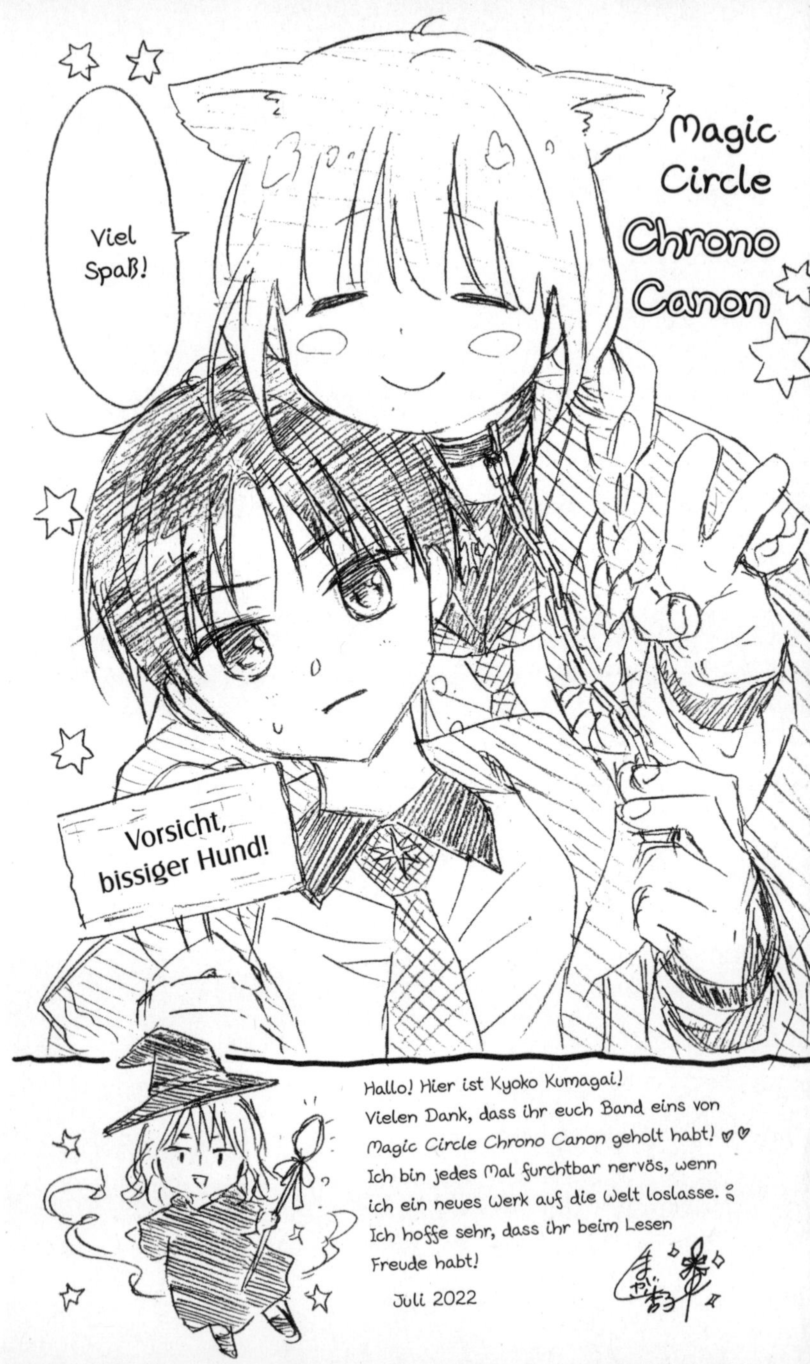

Viel Spaß!
Magic Circle Chrono Canon
Vorsicht, bissiger Hund!
Hallo! Hier ist Kyoko Kumagai!
Vielen Dank, dass ihr euch Band eins von
Magic Circle Chrono Canon geholt habt!
Ich bin jedes Mal furchtbar nervös, wenn
ich ein neues Werk auf die Welt loslasse.
Ich hoffe sehr, dass ihr beim Lesen
Freude habt!
Juli 2022

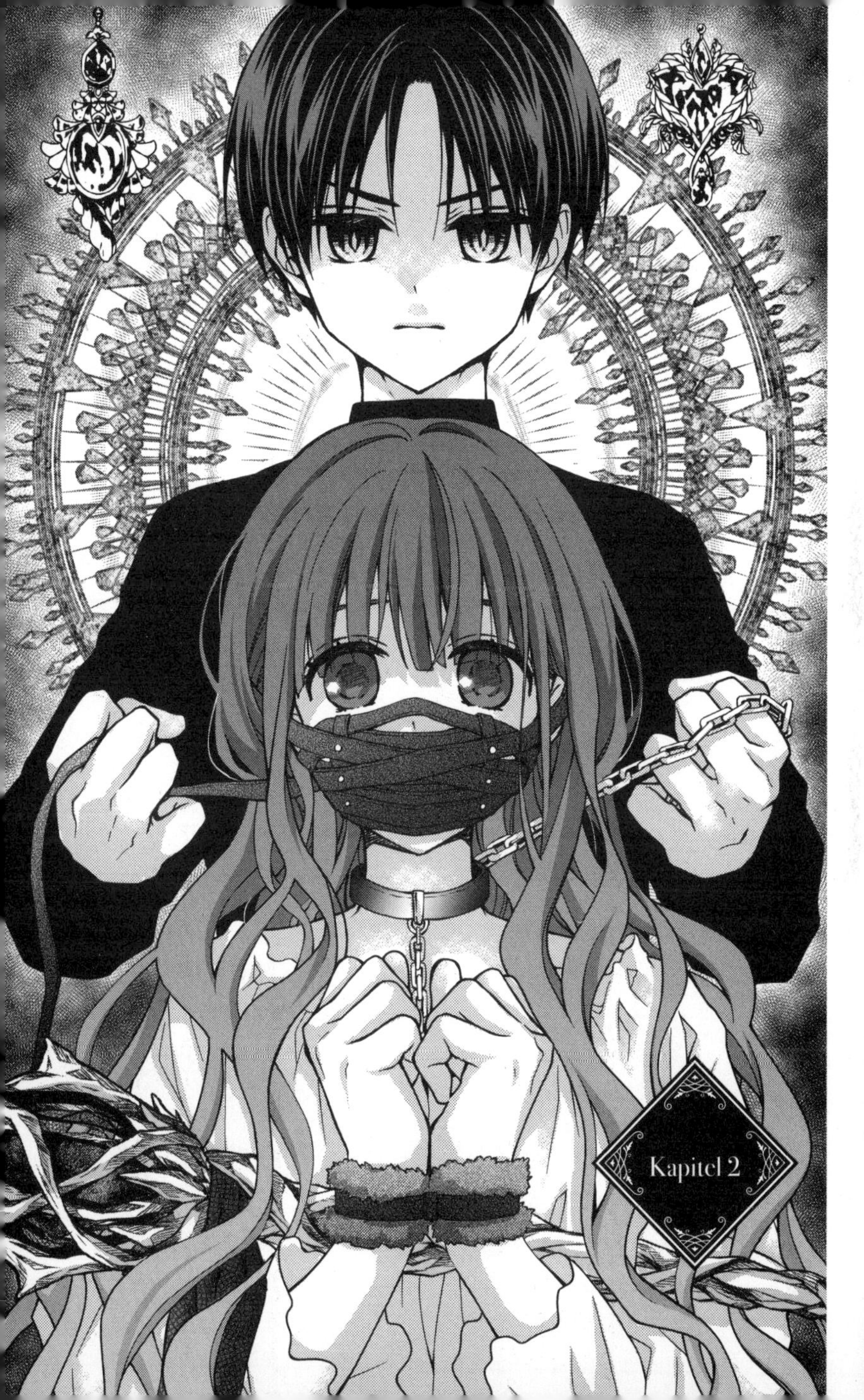
Kapitel 2

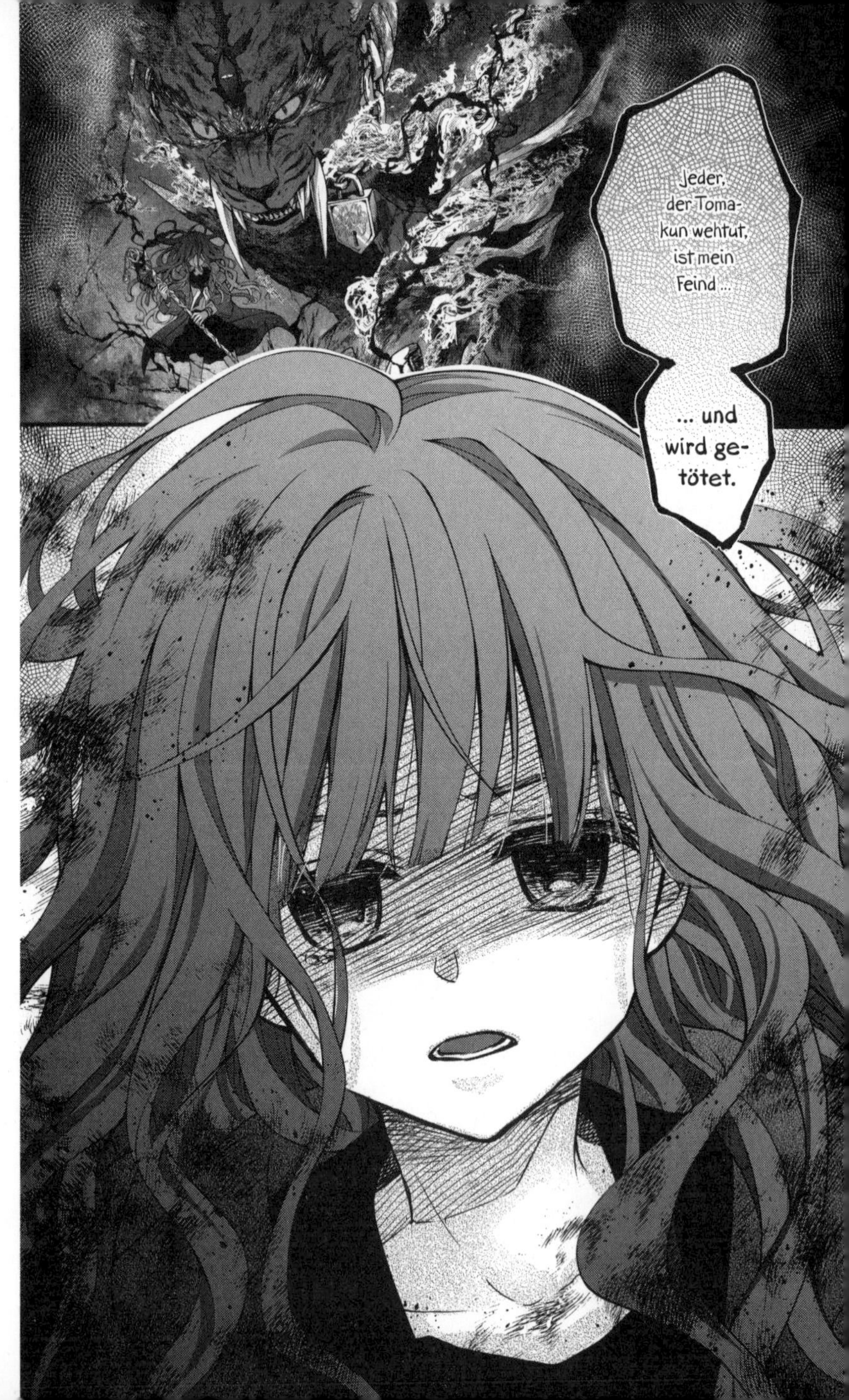
Jeder, der Toma-kun wehtut, ist mein Feind ...
... und wird ge-tötet.

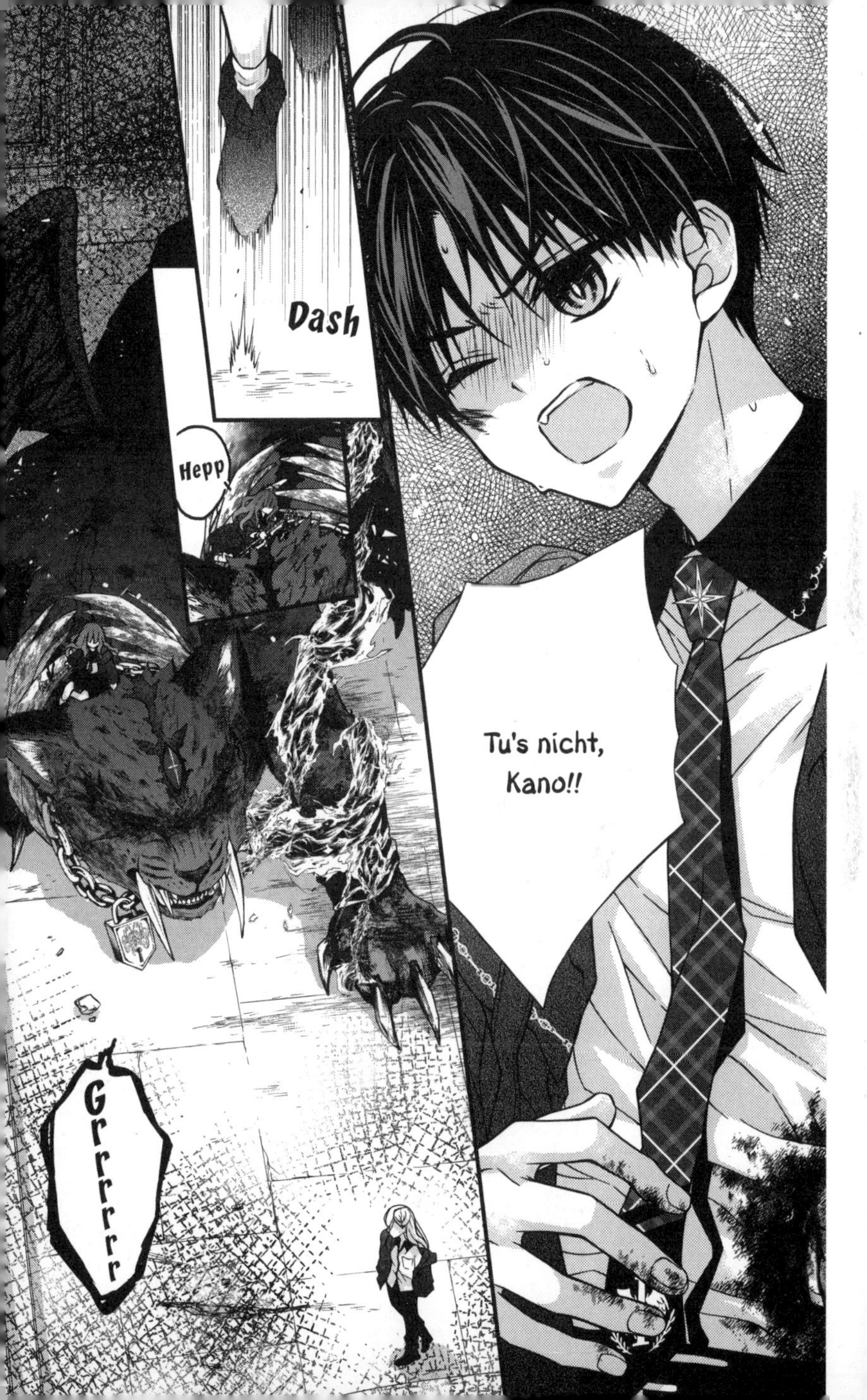
Dash
Hepp
Tu's nicht, Kano!!
Grrrrr

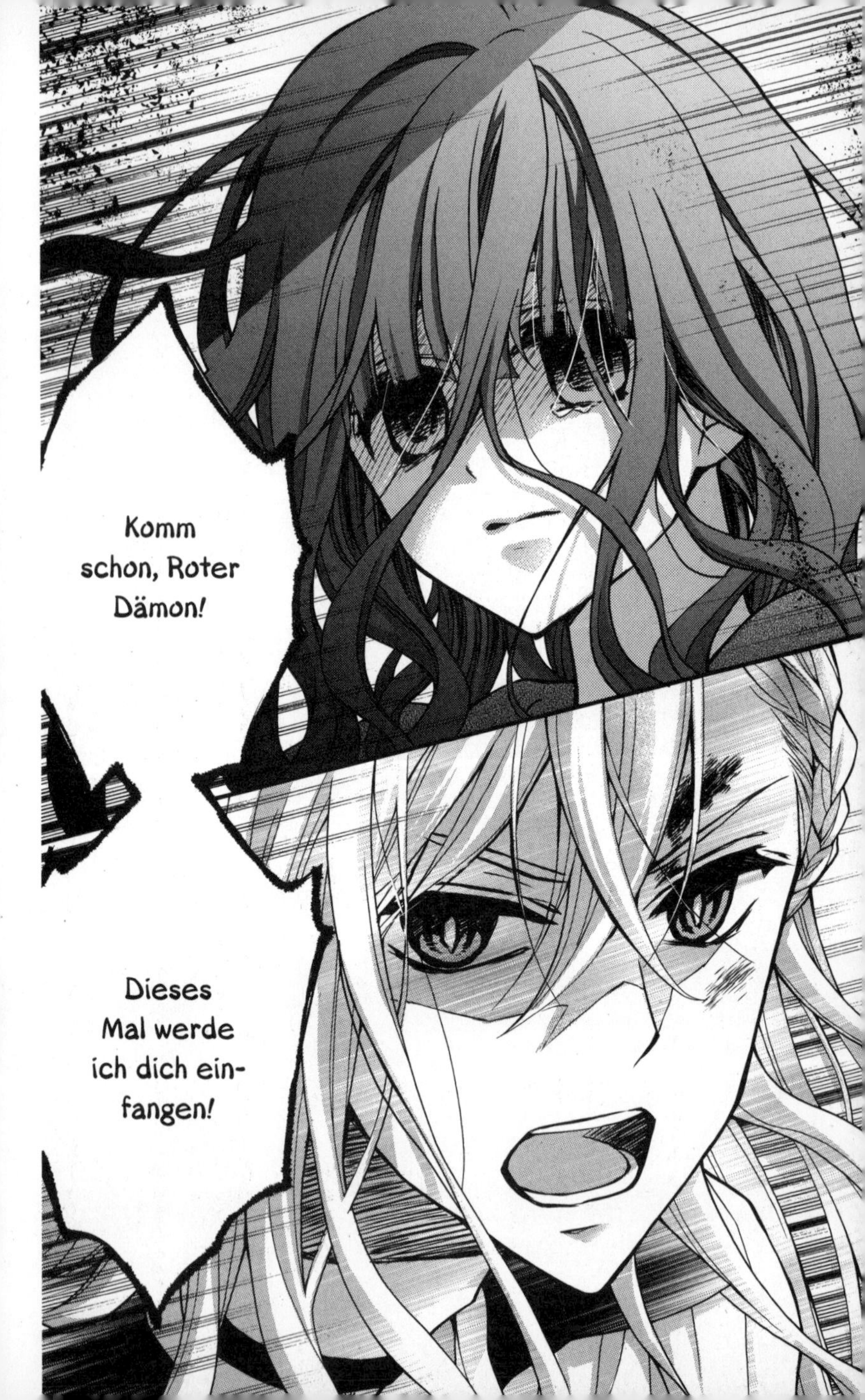

Komm schon, Roter Dämon!
Dieses Mal werde ich dich ein- fangen!

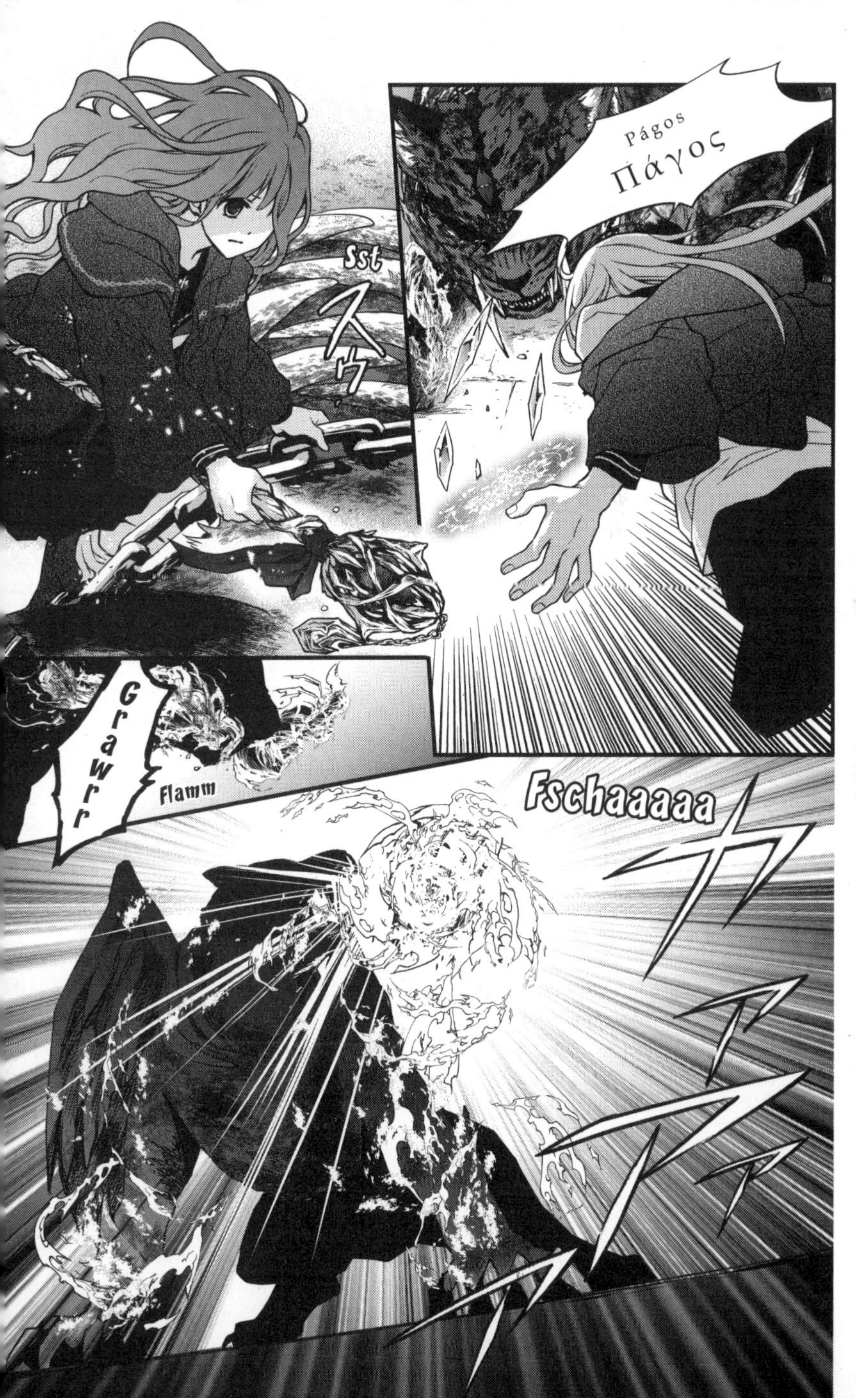
Págos
Πάγος
Sst
スッ
Grawrr
Flamm
Fschaaaaa
カァァァァ

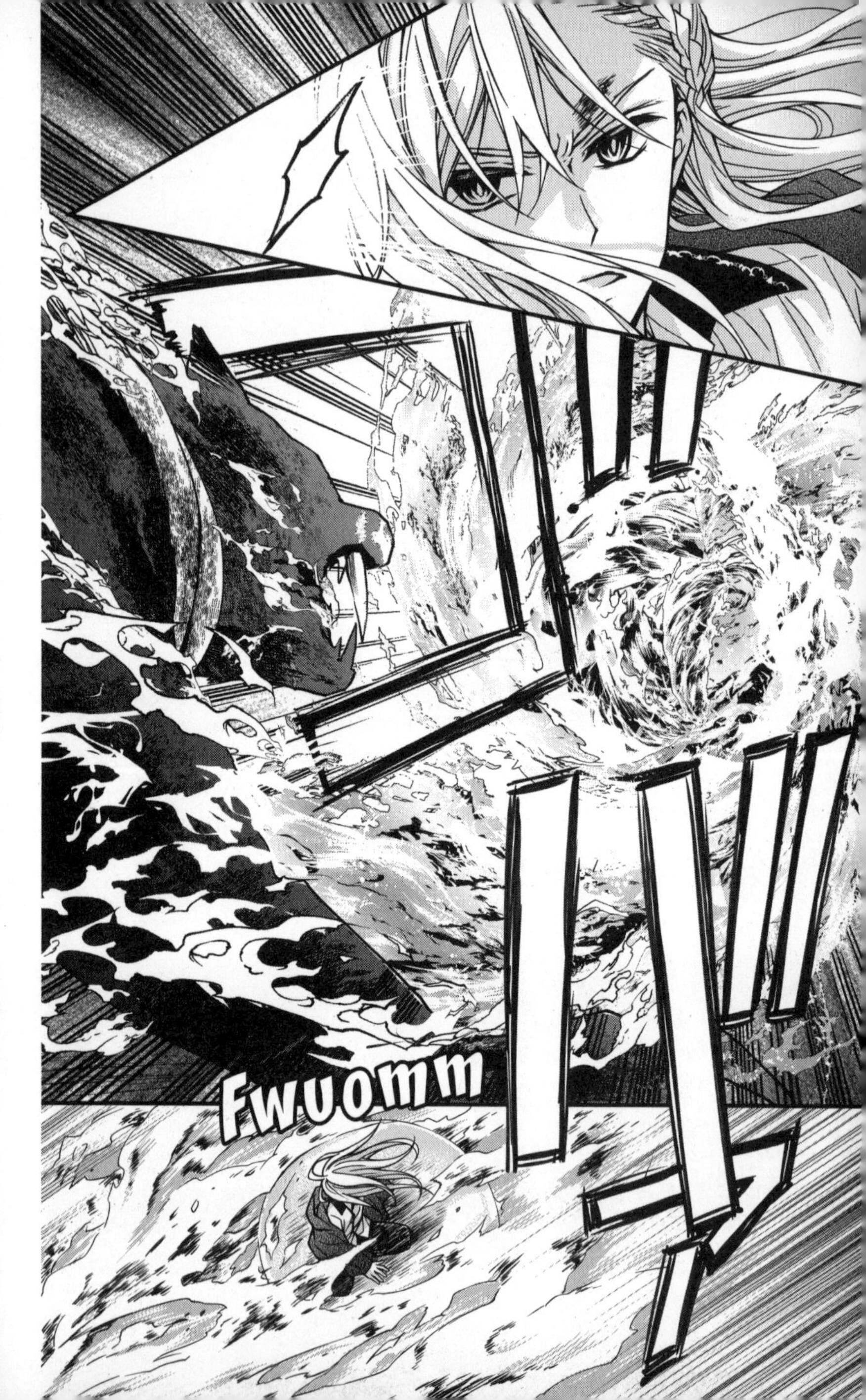
Fwuomm

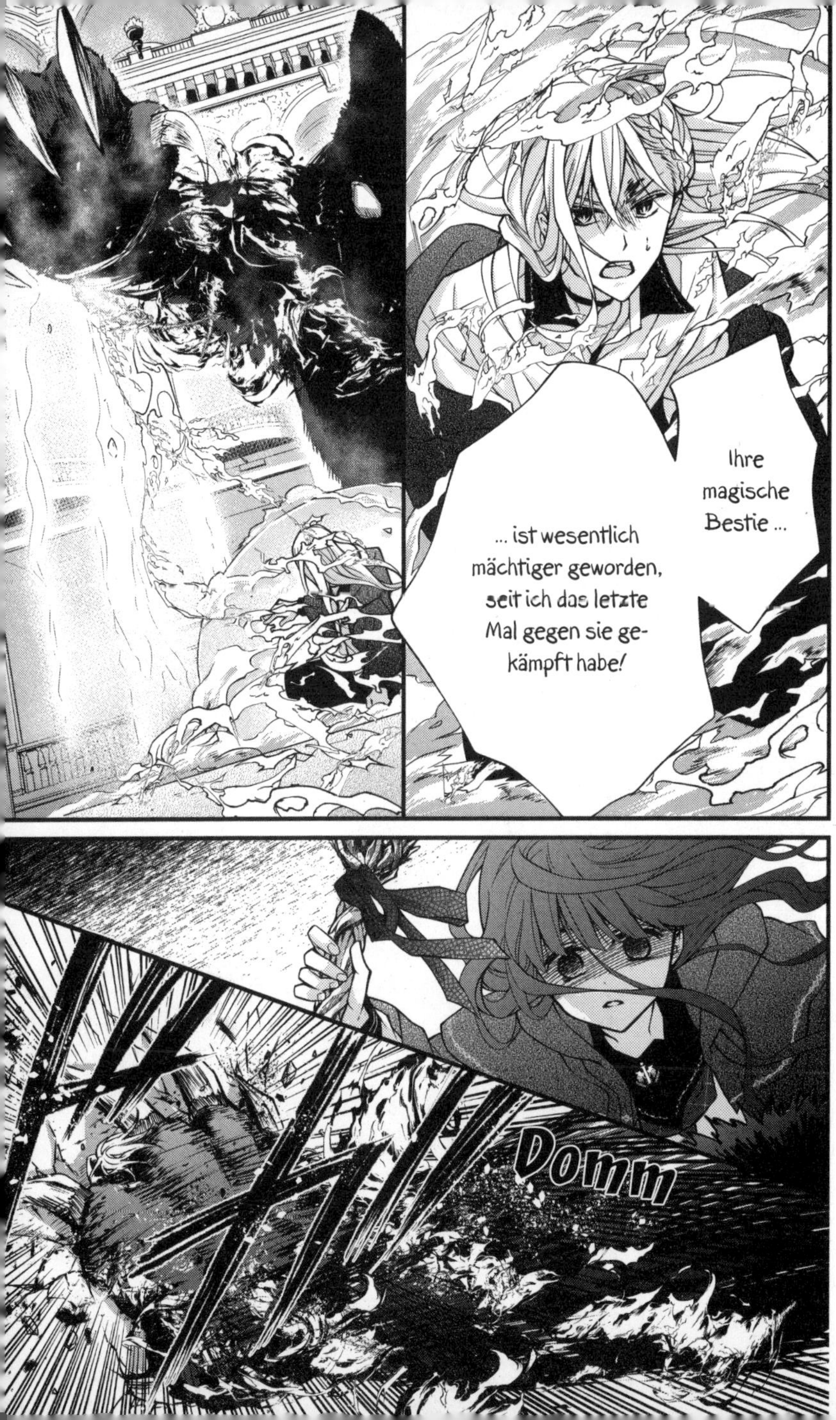

Ihre
magische
Bestie ...

... ist wesentlich
mächtiger geworden,
seit ich das letzte
Mal gegen sie ge-
kämpft habe!

Domm

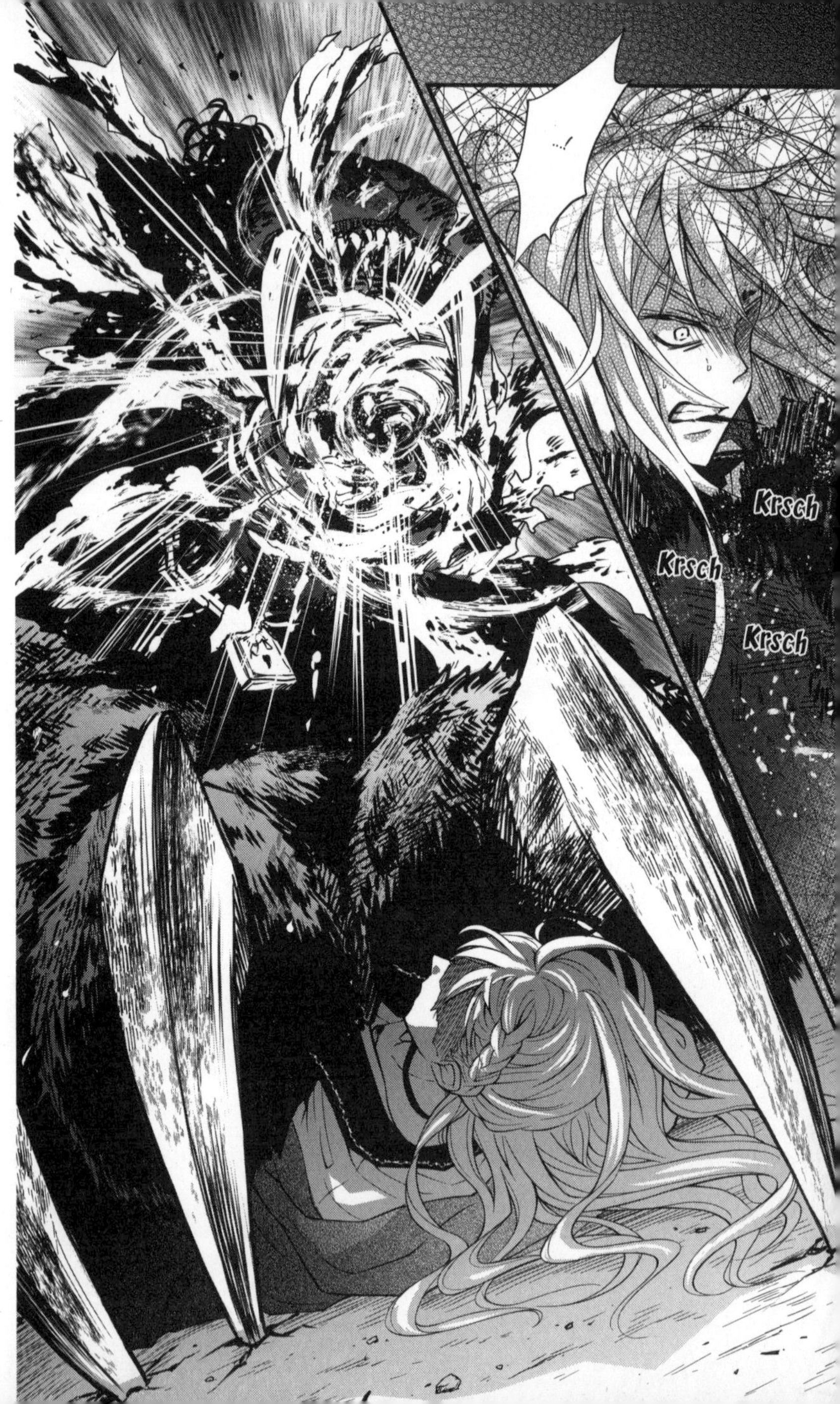

...!
Krsch
Krsch
Krsch

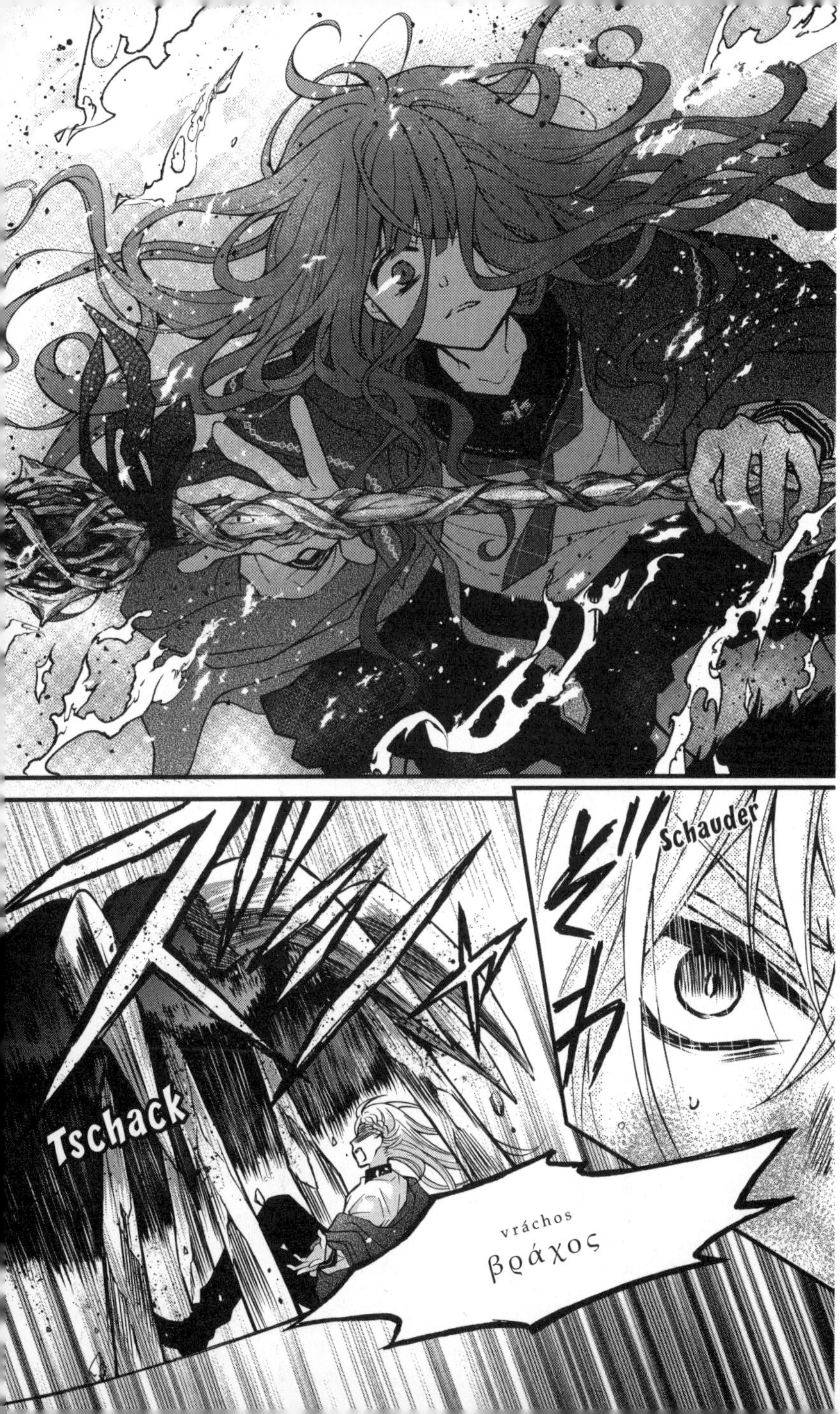

Schauder

Tschack

vráchos
βράχος

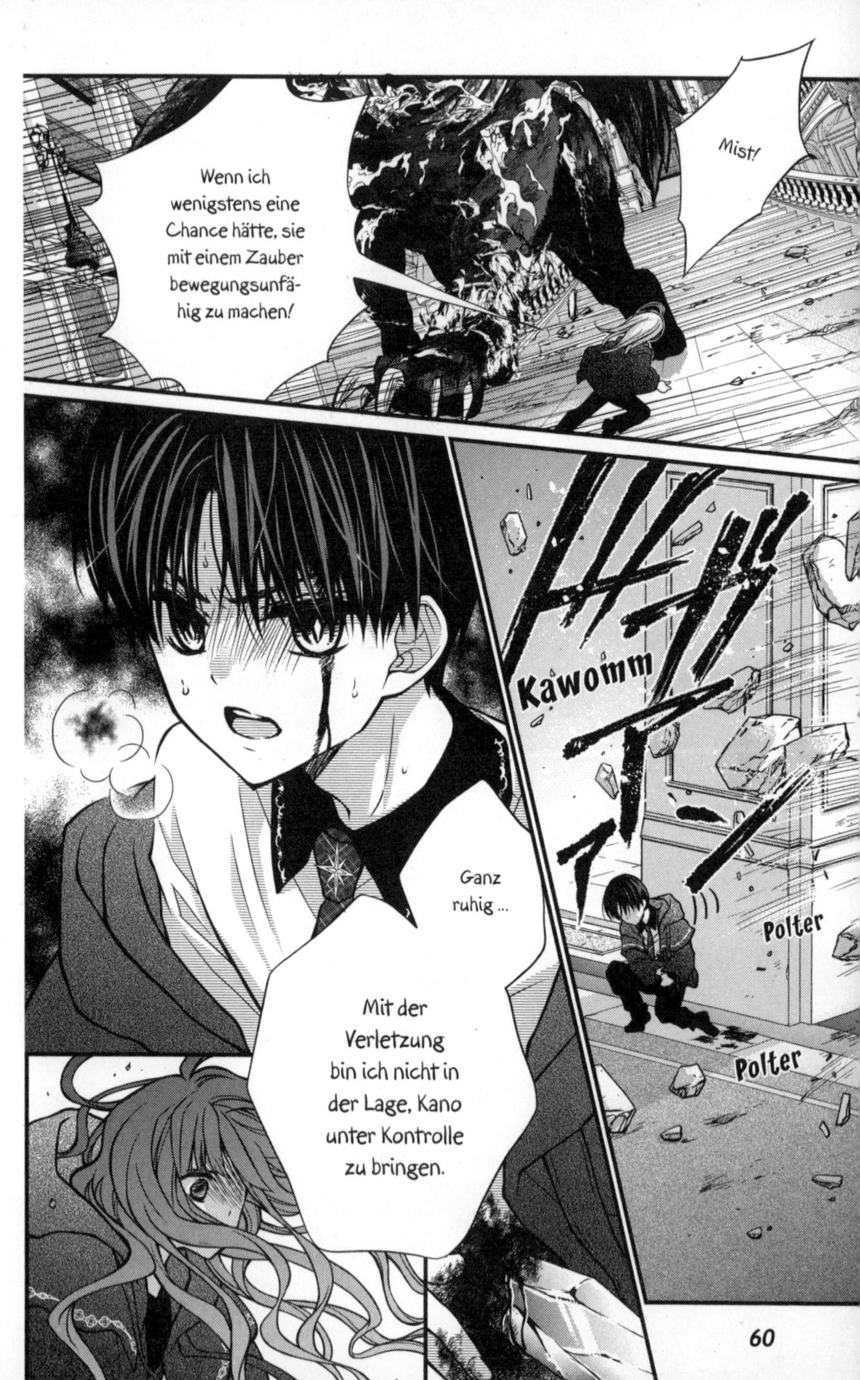
Mist!
Wenn ich wenigstens eine Chance hätte, sie mit einem Zauber bewegungsunfähig zu machen!
Kawomm
Polter
Polter
Ganz ruhig ...
Mit der Verletzung bin ich nicht in der Lage, Kano unter Kontrolle zu bringen.

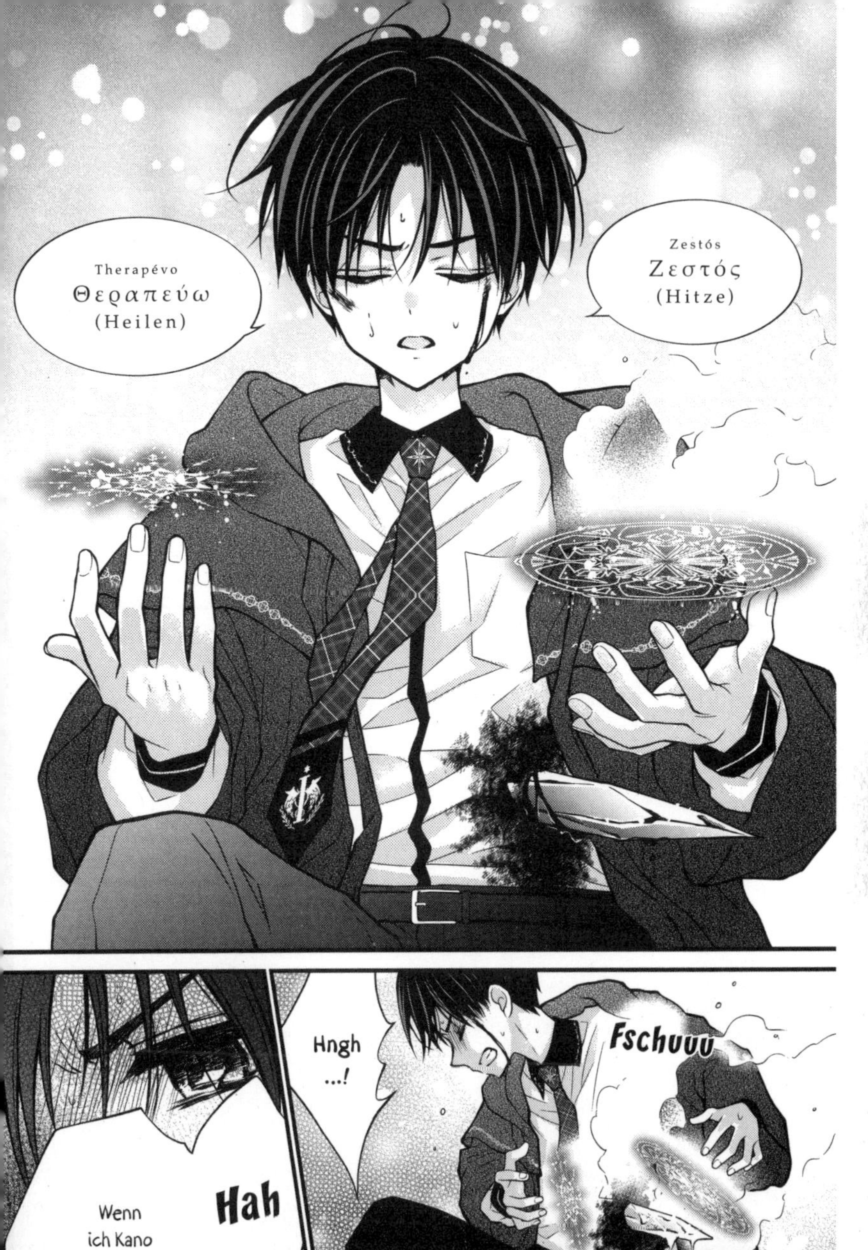
Zestós
Ζεστός
(Hitze)
Therapévo
Θεραπεύω
(Heilen)
Fschuuu
Hngh ...!
Hah
Wenn ich Kano nicht sofort aufhalte ...

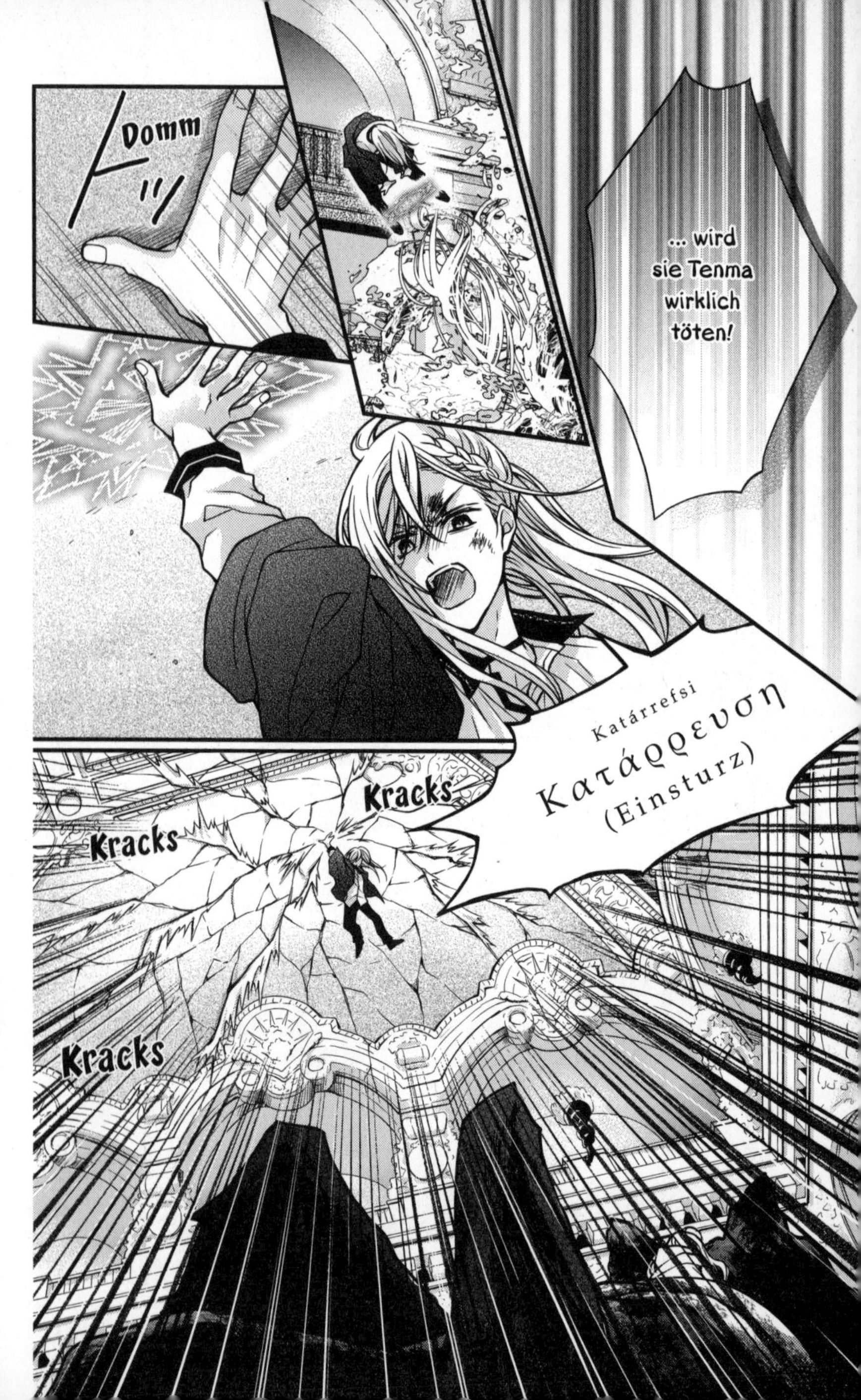

... wird sie Tenma wirklich töten!
Domm
Katárrefsi
Κατάρρευση
(Einsturz)
Kracks
Kracks
Kracks

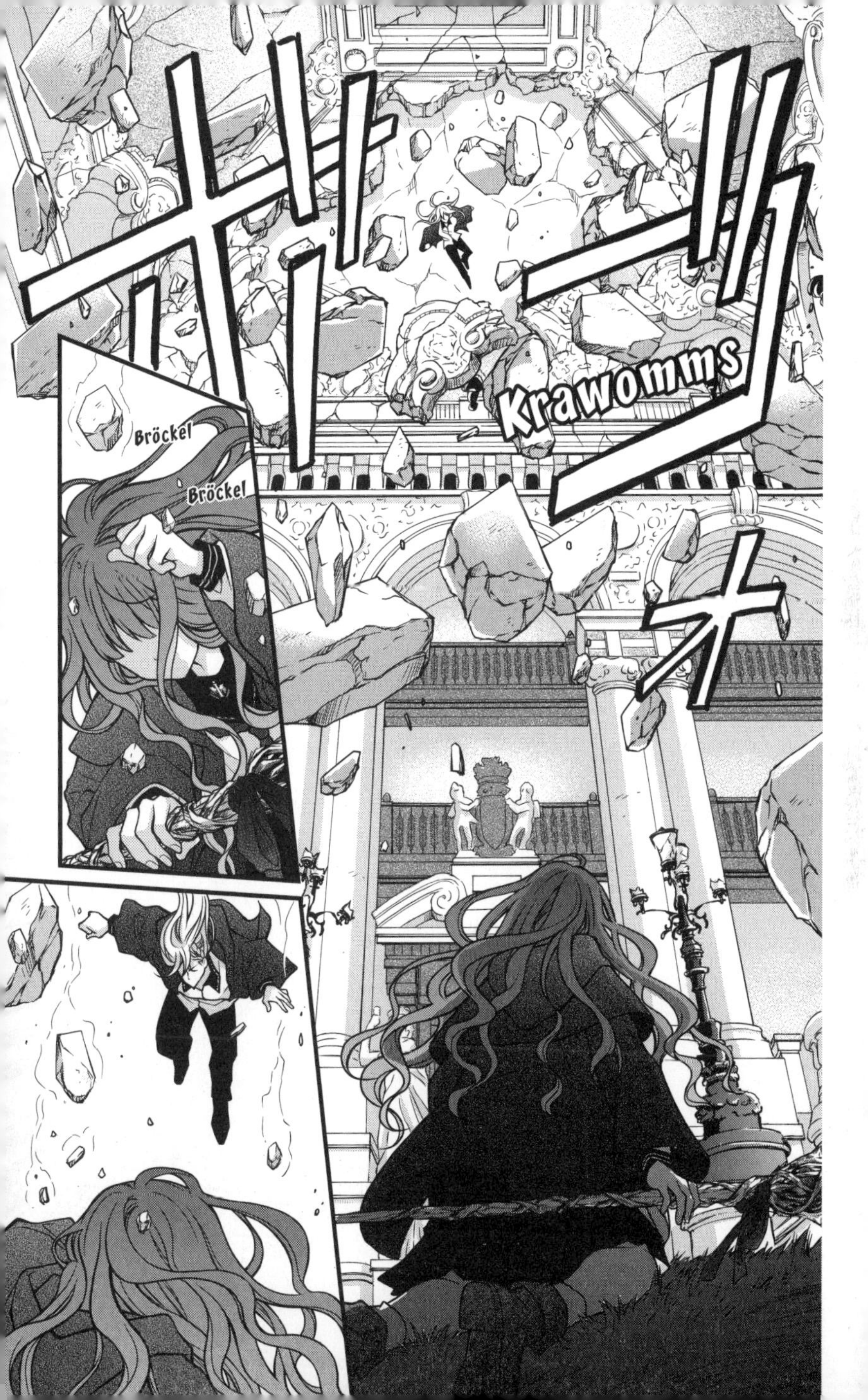
Krawomms
Bröckel
Bröckel

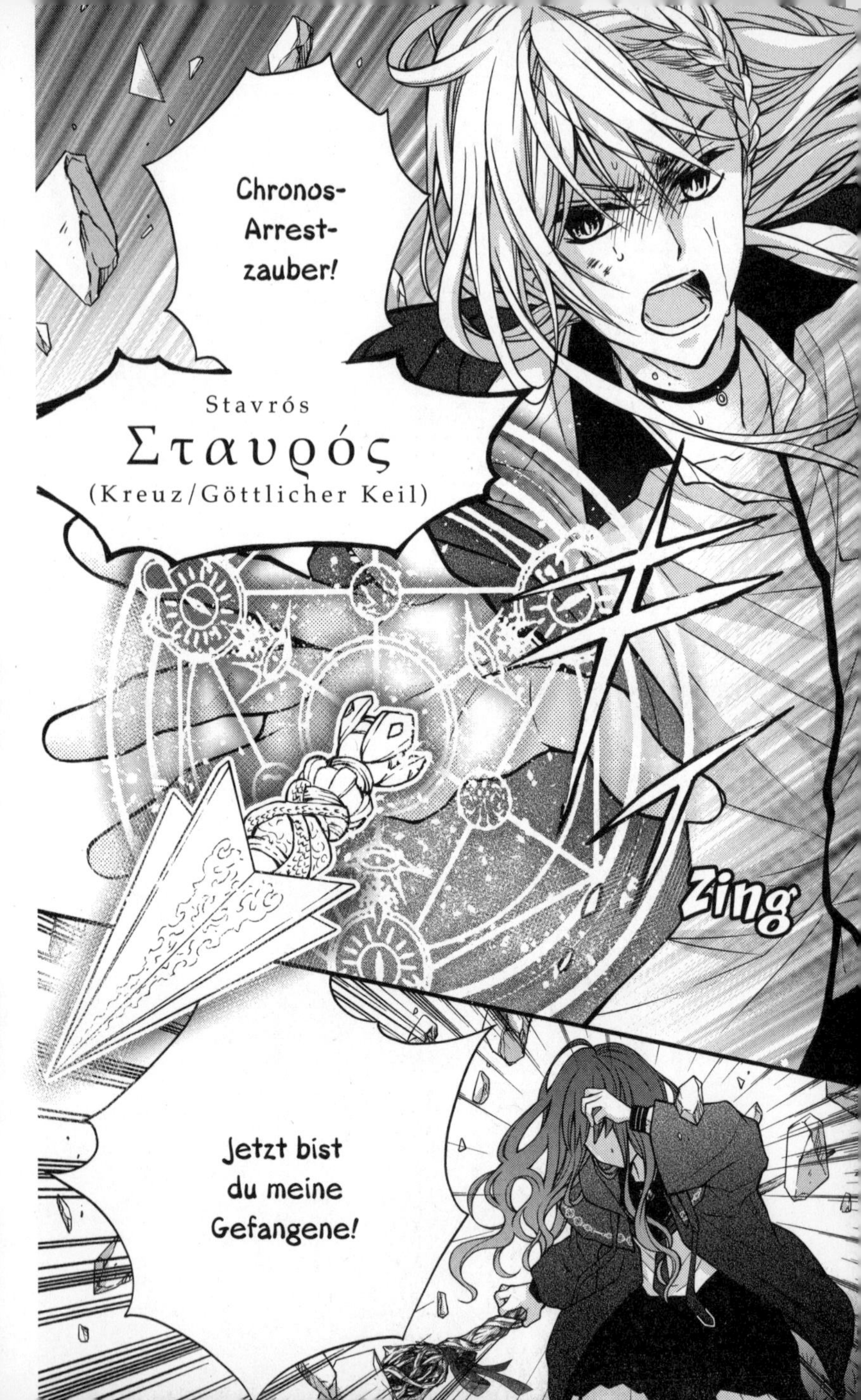
Chronos-
Arrest-
zauber!
Stavrós
Σταυρός
(Kreuz/Göttlicher Keil)
Zing
Jetzt bist
du meine
Gefangene!

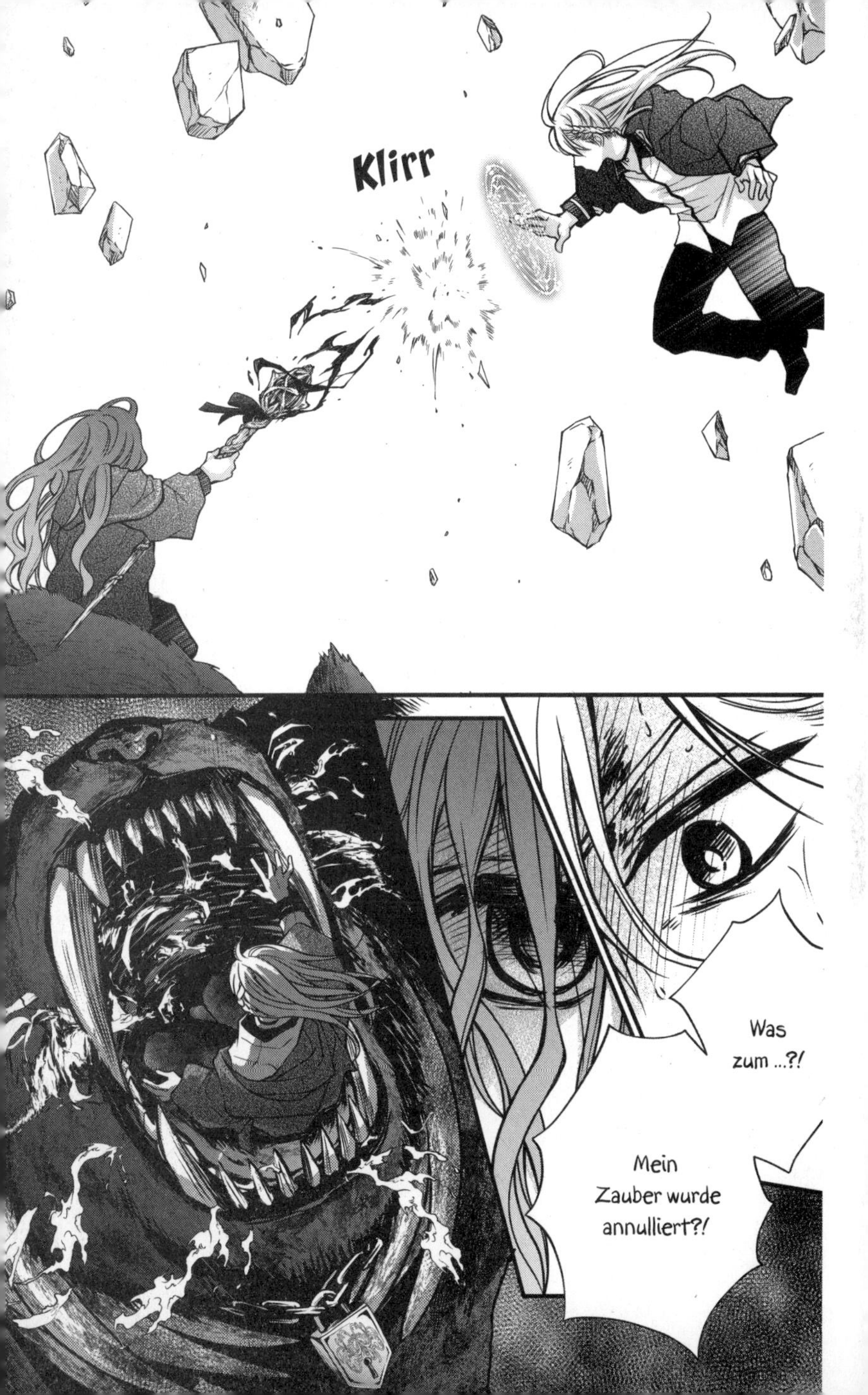
Klirr
Was zum ...?!
Mein Zauber wurde annulliert?!

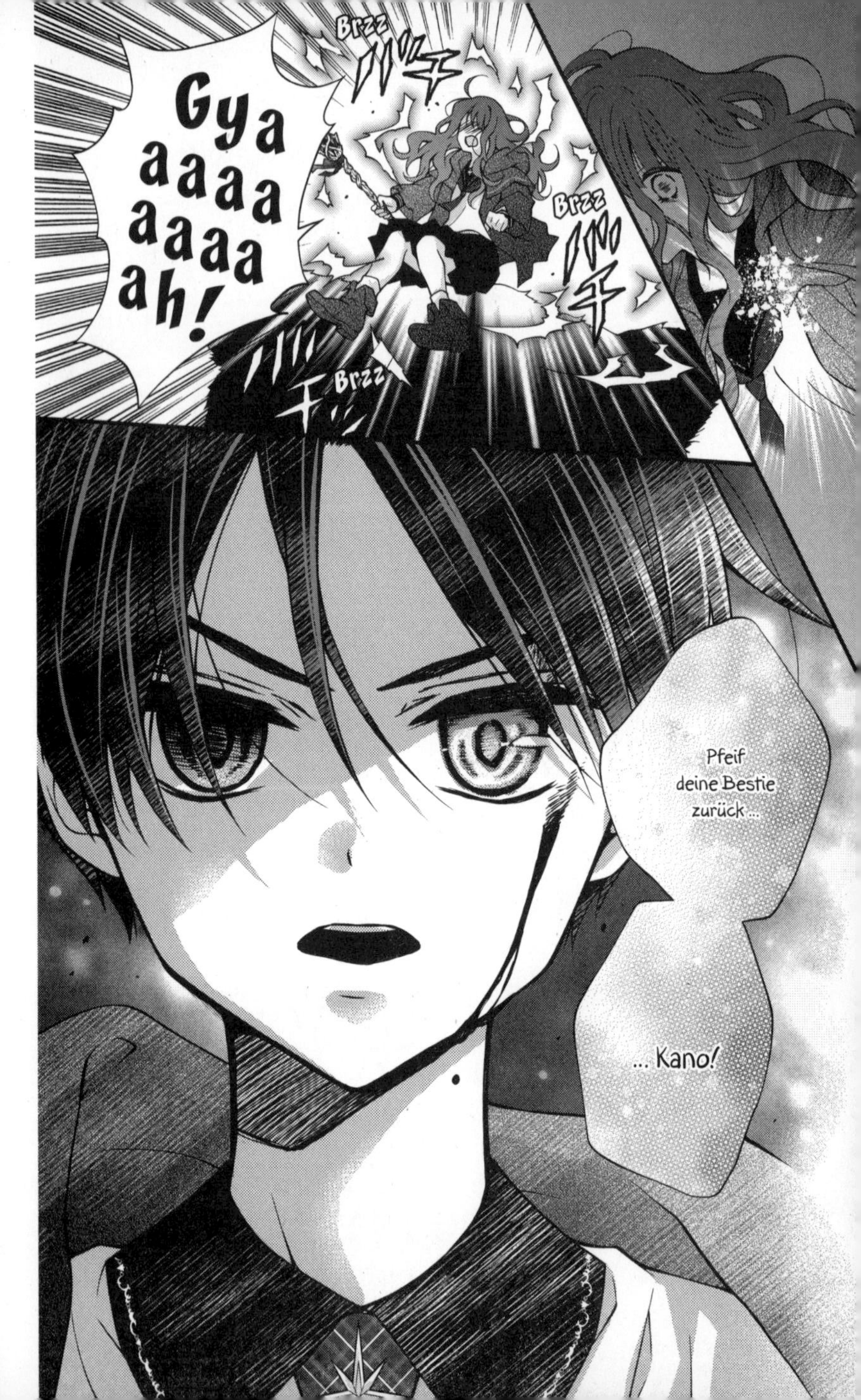
Brzz
Gyaaaaaaaaaaah!
Brzz
Brzz
Pfeif deine Bestie zurück ...
... Kano!

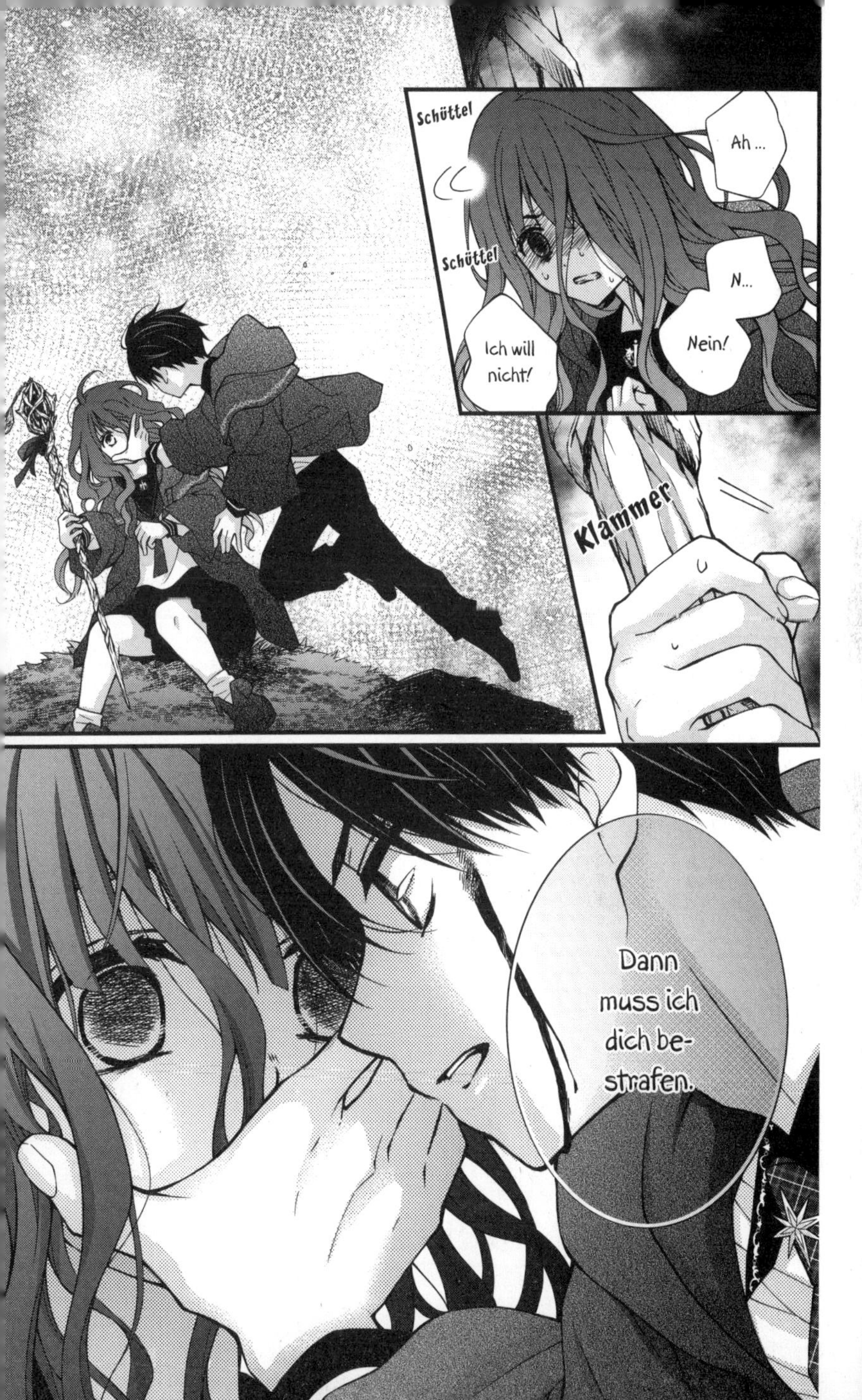
Schüttel
Schüttel
Ah ...
N...
Nein!
Ich will nicht!
Klammer
Dann muss ich dich be-strafen.

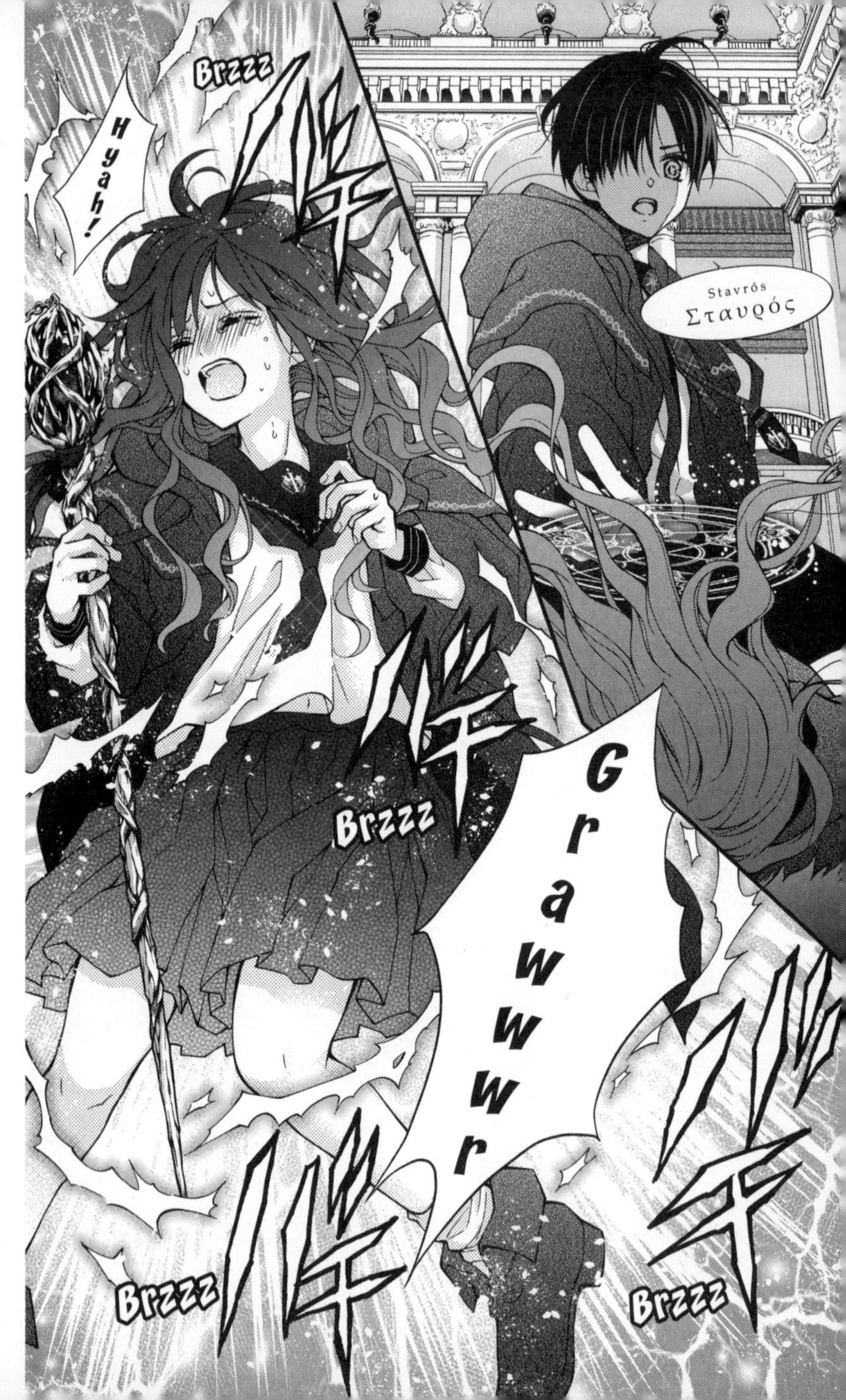
Stavrós
Σταυρός
Brzzz
Hyah!
Brzzz
Growwwr
Brzzz
Brzzz

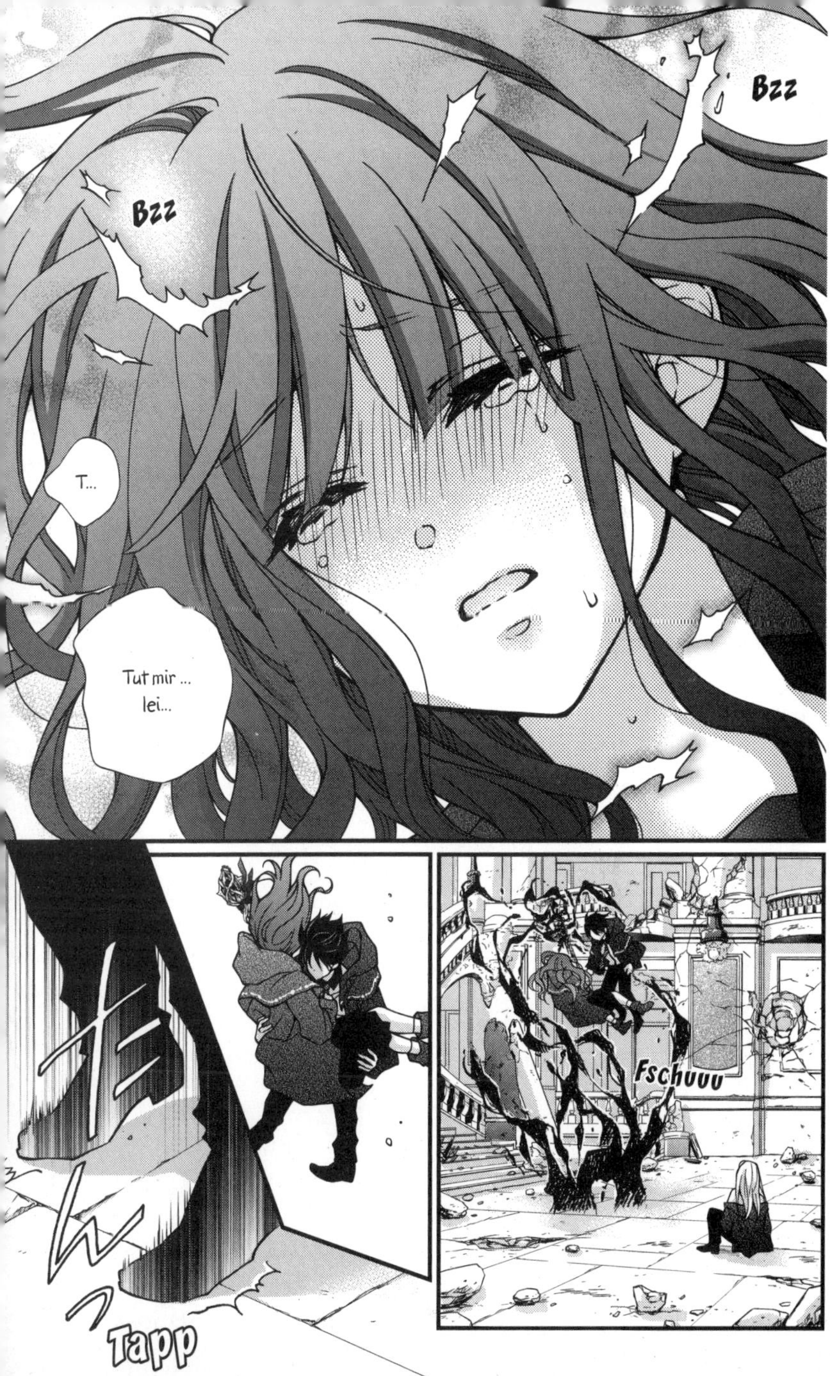

Bzz

Bzz

T…

Tut mir …
lei…

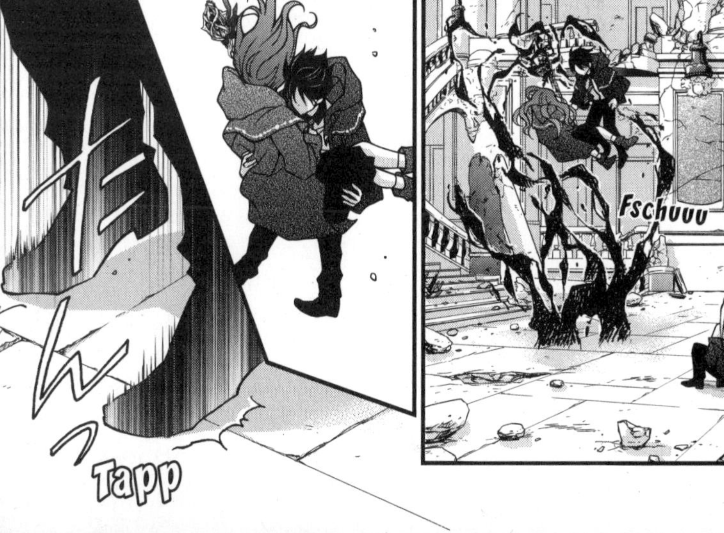

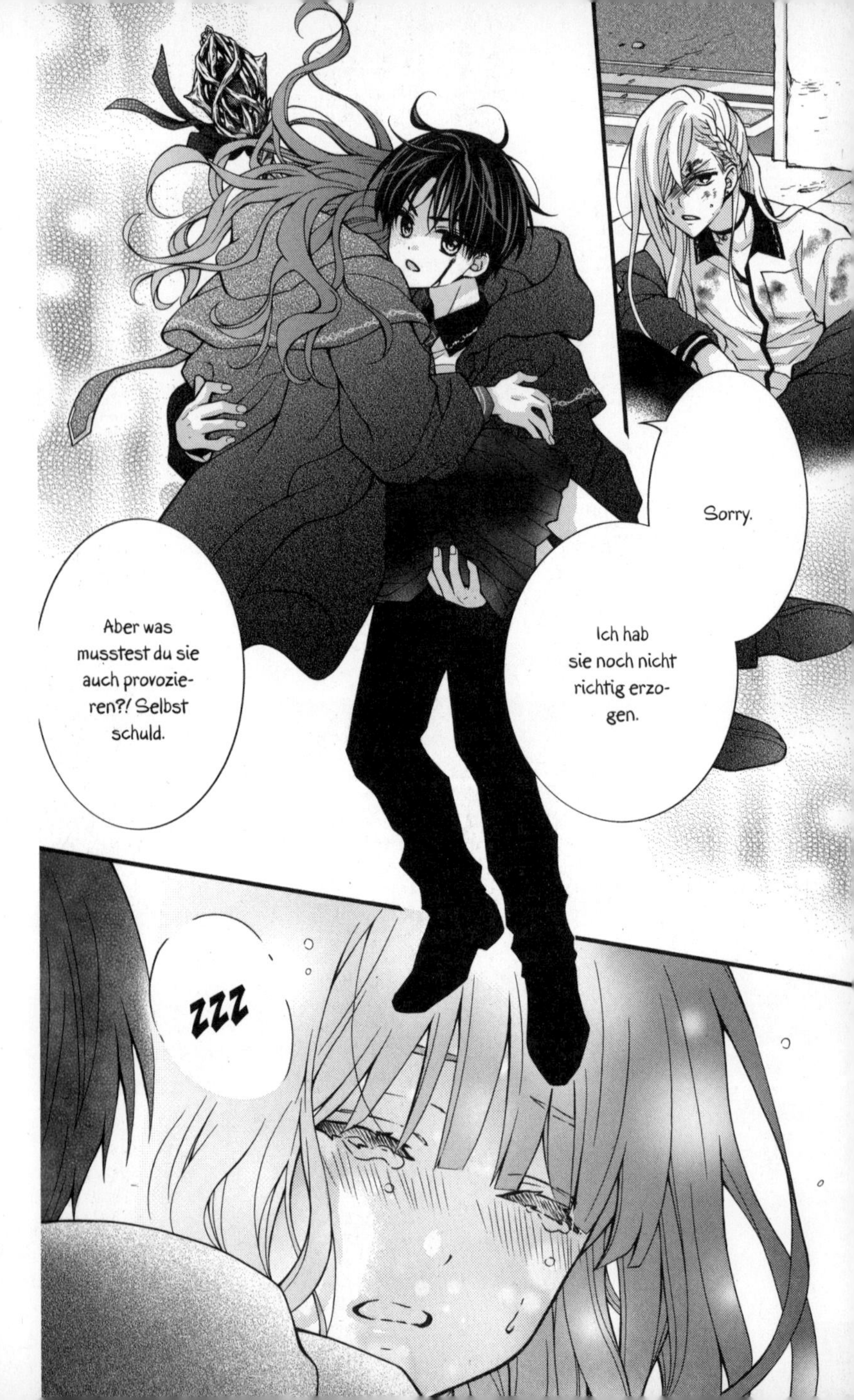
Sorry.
Ich hab sie noch nicht richtig erzogen.
Aber was musstest du sie auch provozieren?! Selbst schuld.
ZZZ

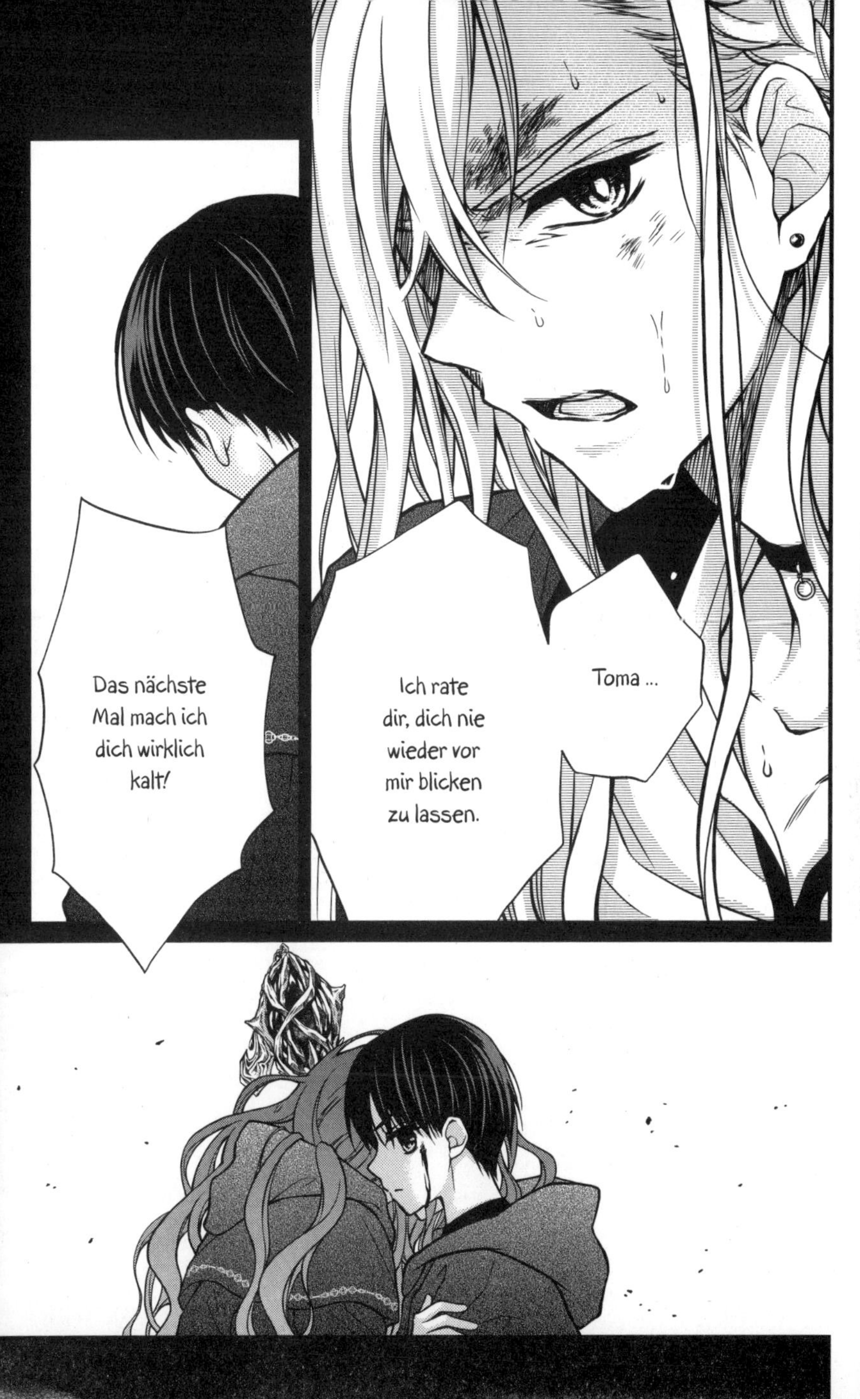
Toma ...
Ich rate dir, dich nie wieder vor mir blicken zu lassen.
Das nächste Mal mach ich dich wirklich kalt!

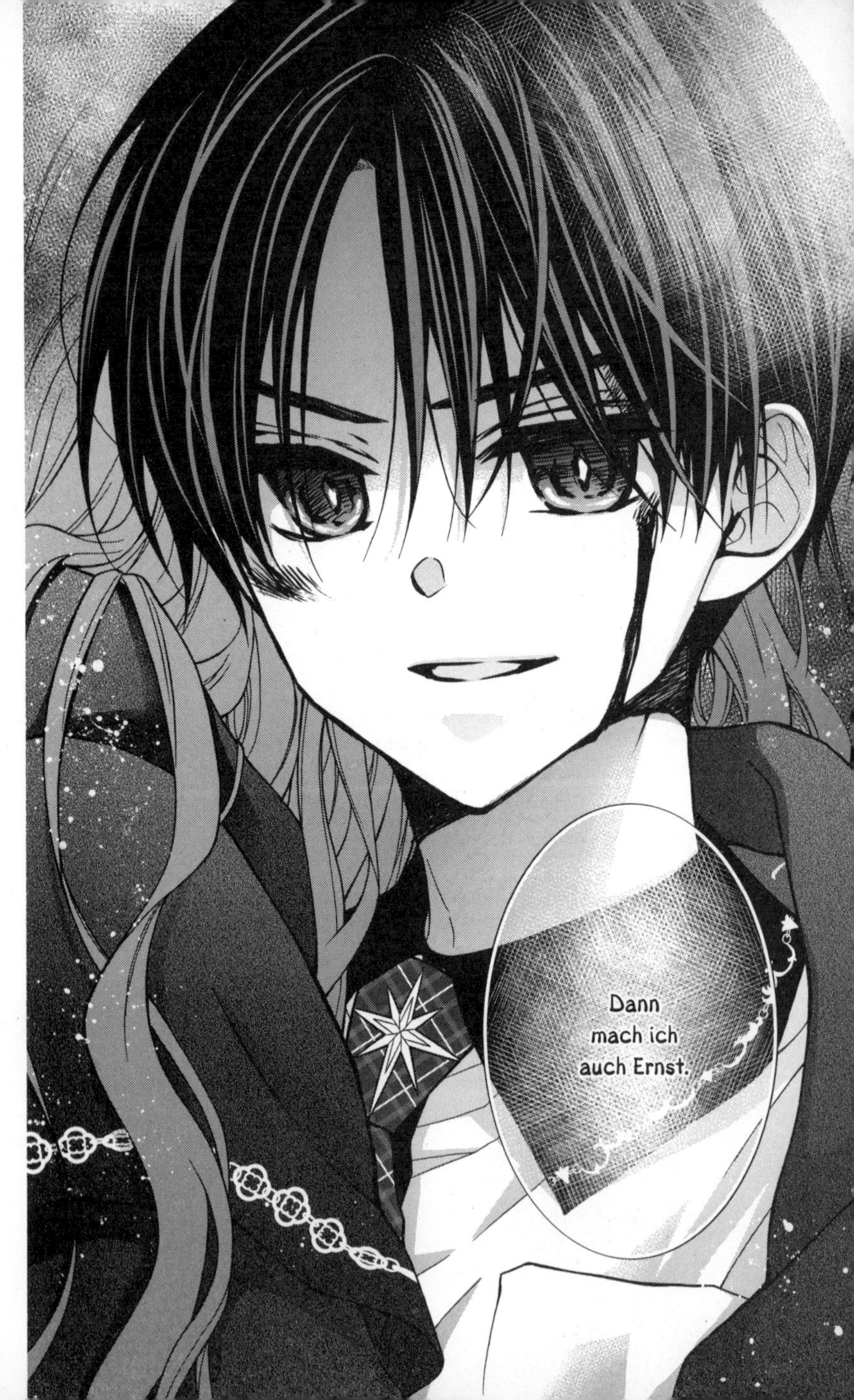
Dann mach ich auch Ernst.

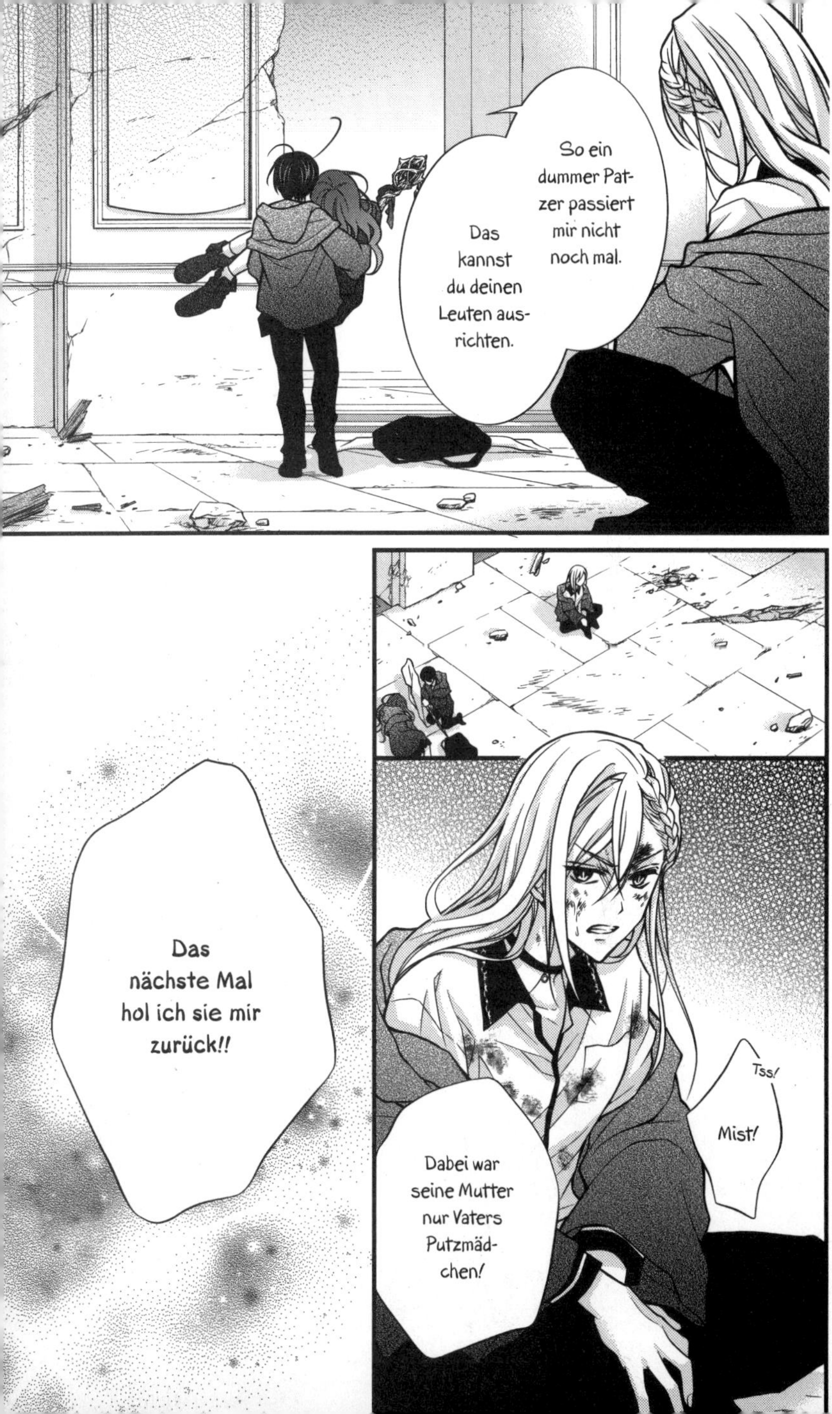

So ein dummer Patzer passiert mir nicht noch mal.
Das kannst du deinen Leuten ausrichten.
Tss!
Mist!
Dabei war seine Mutter nur Vaters Putzmädchen!
Das nächste Mal hol ich sie mir zurück!!

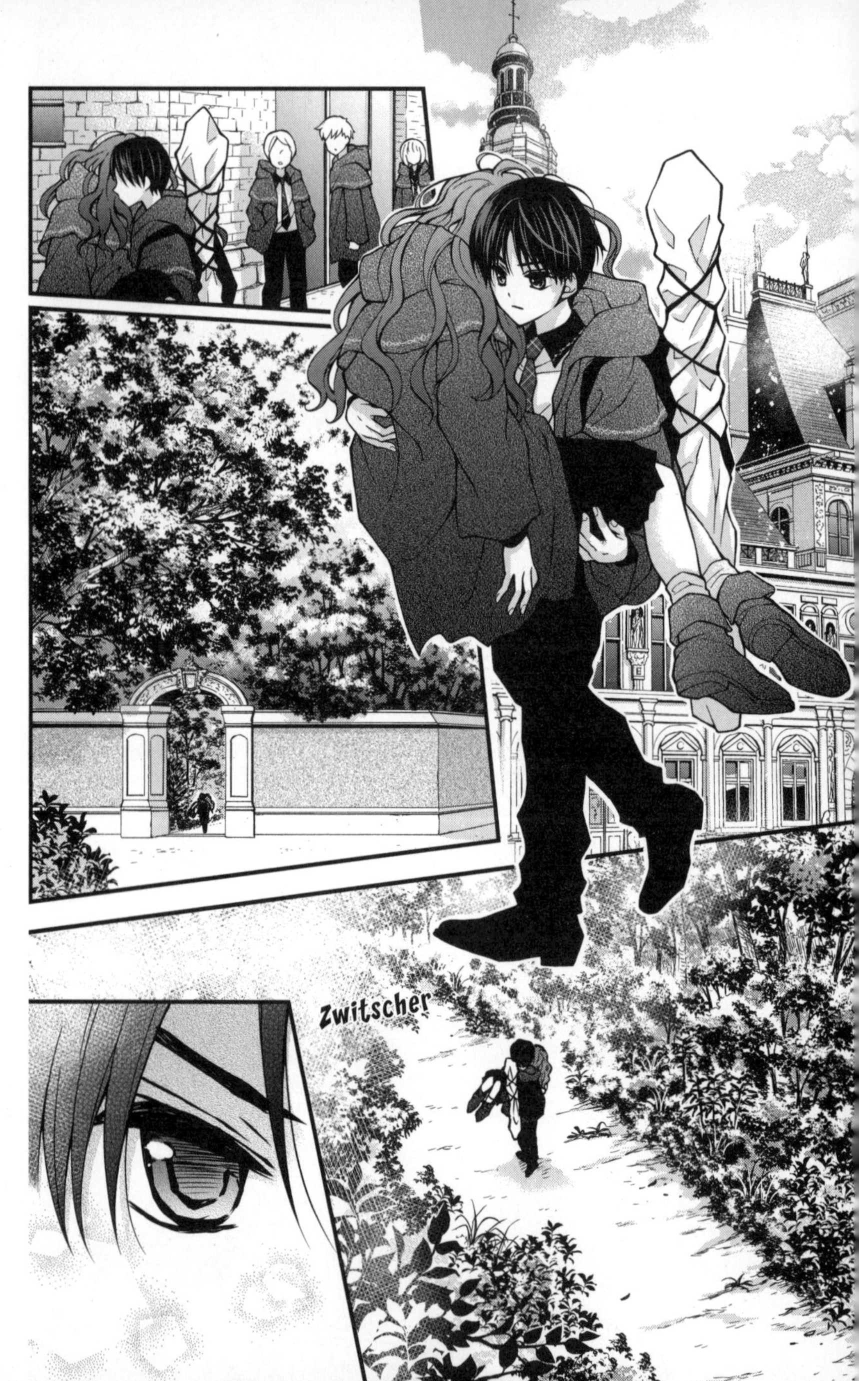
Zwitscher

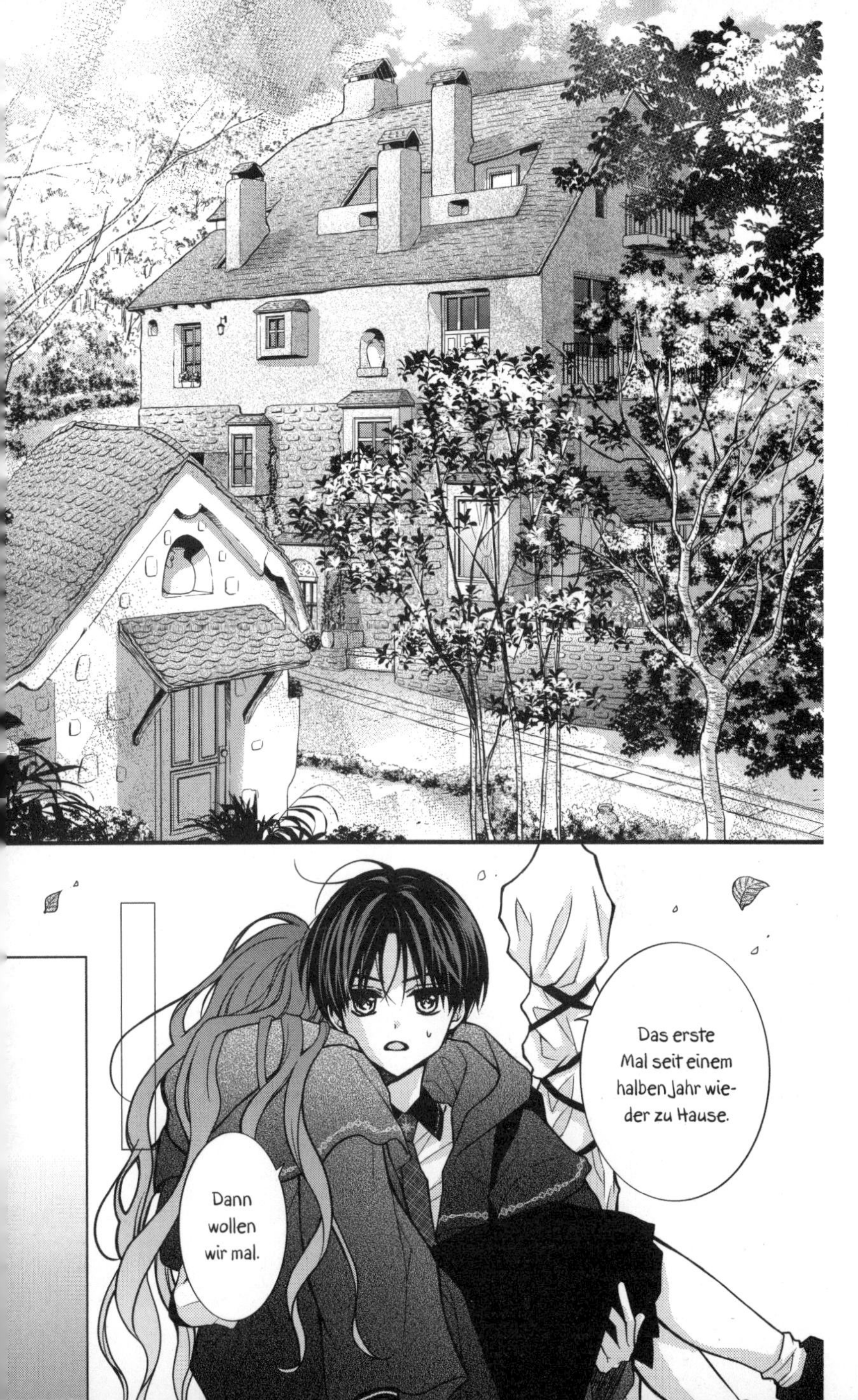
Das erste Mal seit einem halben Jahr wieder zu Hause.
Dann wollen wir mal.

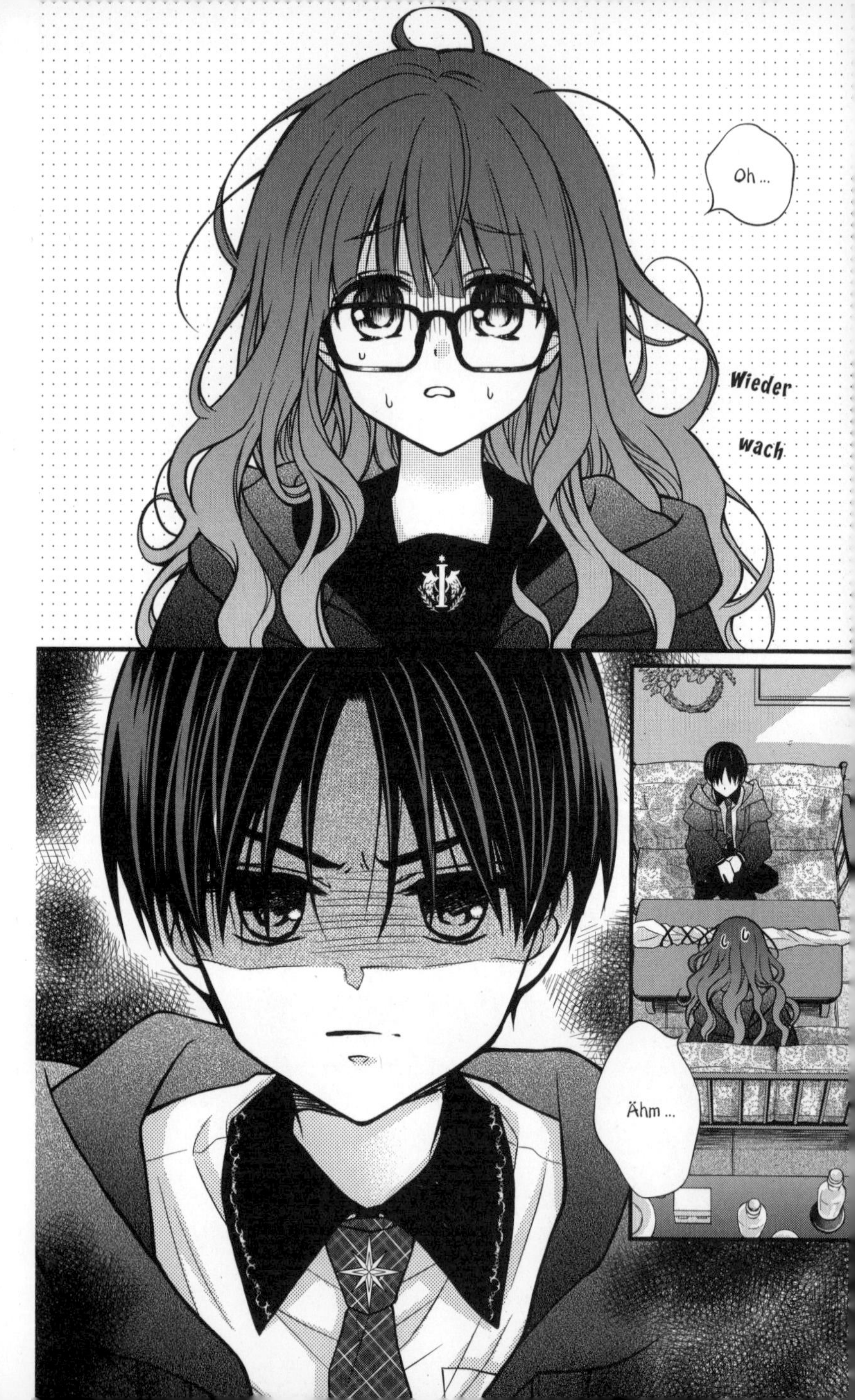
Oh ...
Wieder wach
Ähm ...

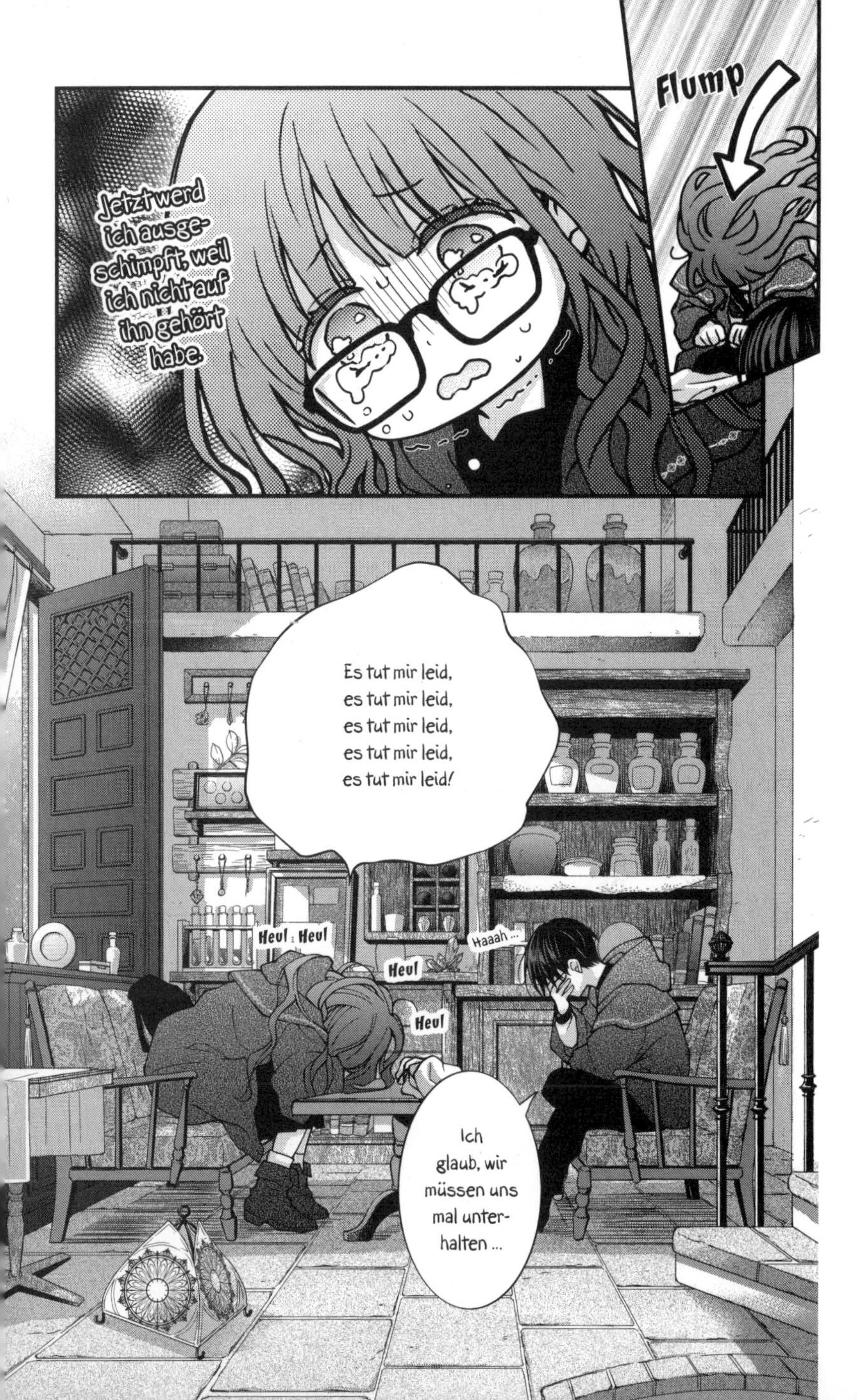
Flump
Jetzt werd ich ausgeschimpft, weil ich nicht auf ihn gehört habe.
Es tut mir leid, es tut mir leid, es tut mir leid, es tut mir leid, es tut mir leid!
Heul : Heul
Heul
Heul
Haaah ...
Ich glaub, wir müssen uns mal unterhalten ...

Kapitel 2 & 5 überarbeitet

Wer die Serie von Anfang an im Magazin verfolgt hat, wird sich vielleicht gewundert haben. Ich hab Kapitel zwei und fünf für die Taschenbuchveröffentlichung noch mal fast komplett überarbeitet. Ich kann euch sagen, das war wirklich eine Heidenarbeit! Das Ganze hat mich nicht nur Zeit und Geld gekostet, sondern auch enorm an meinen körperlichen und geistigen Kräften gezehrt. Aber ich musste es tun, weil die Story so spannender ist!! Jawohl!

... sag ich jetzt mal betont cool.

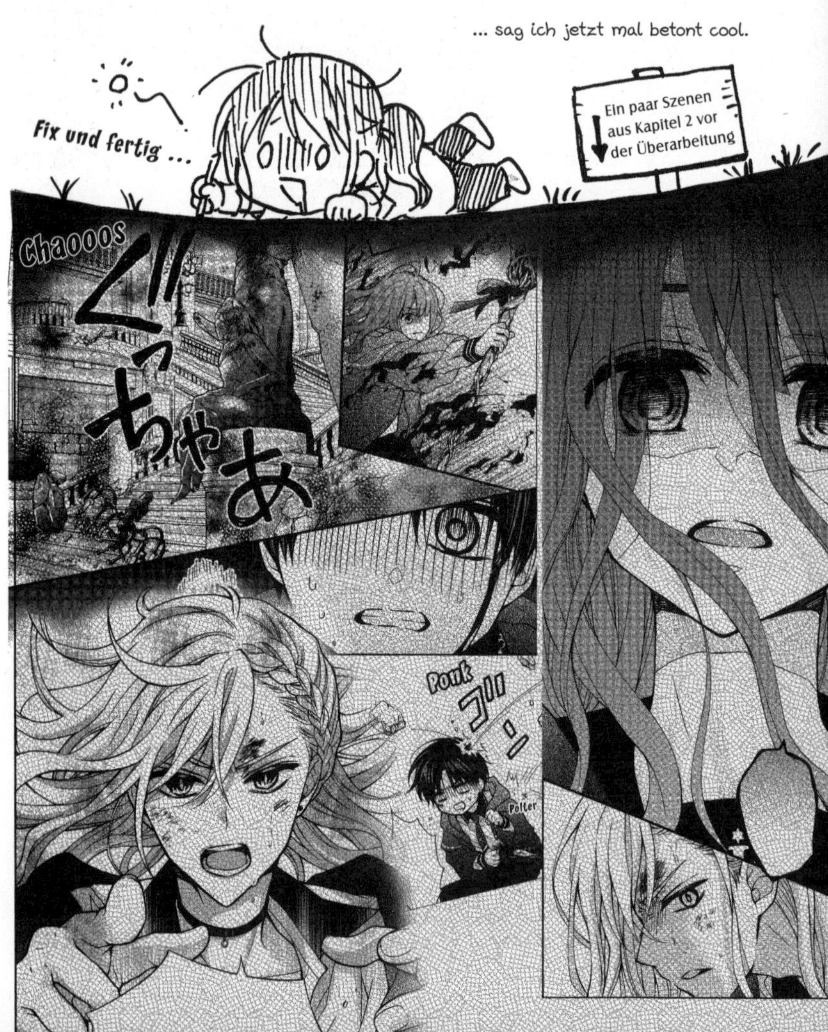

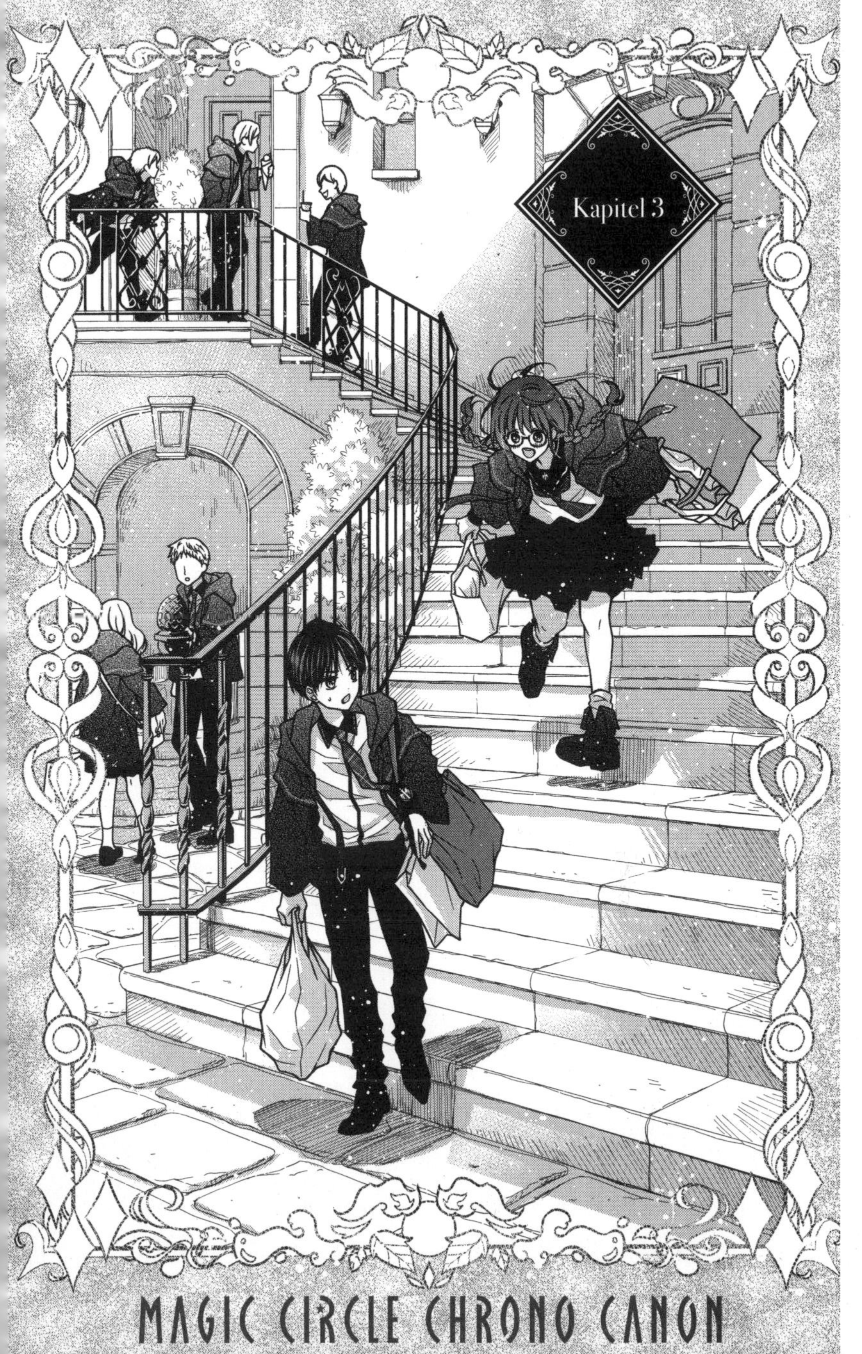

MAGIC CIRCLE CHRONO CANON

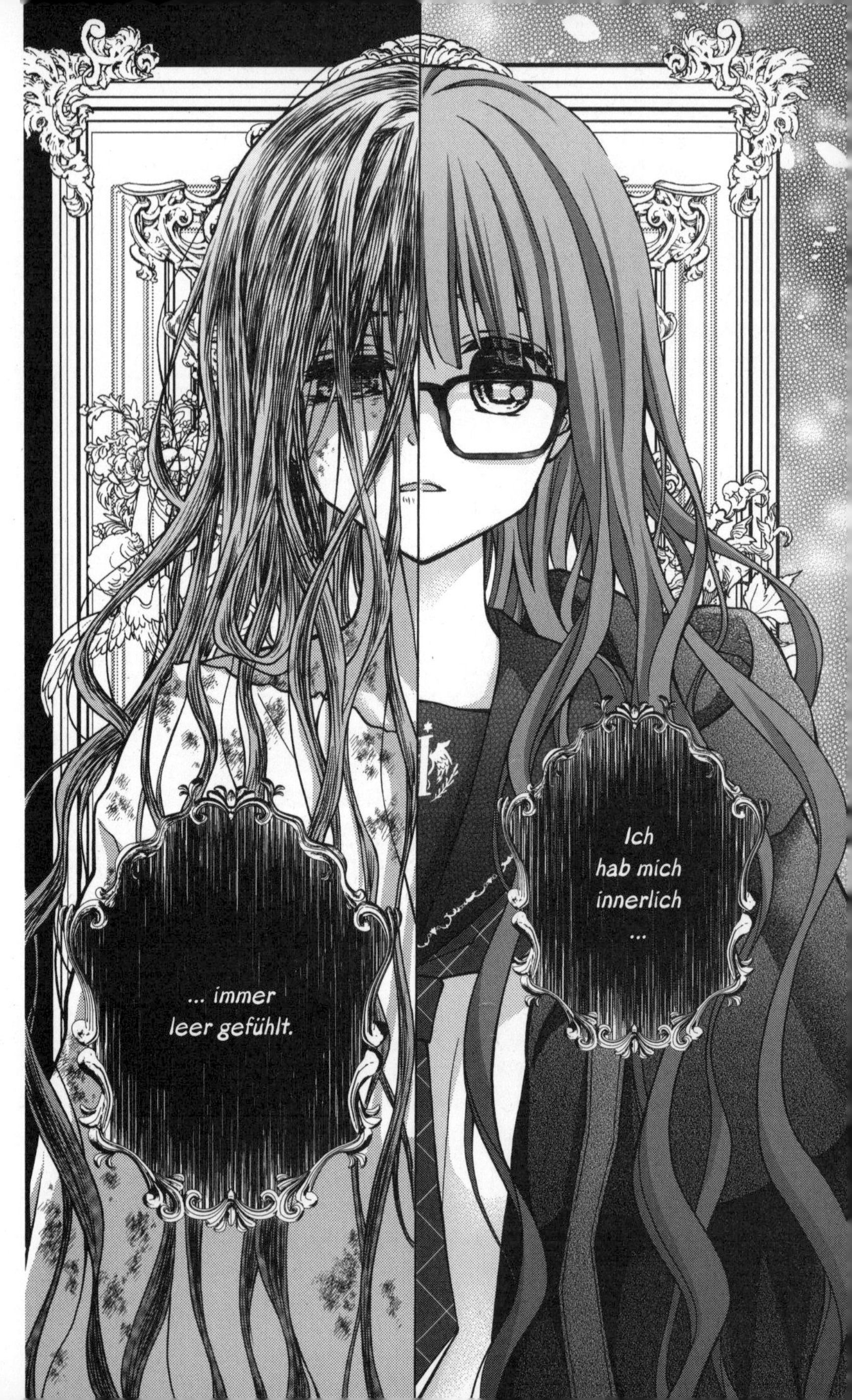
Ich hab mich innerlich ...
... immer leer gefühlt.

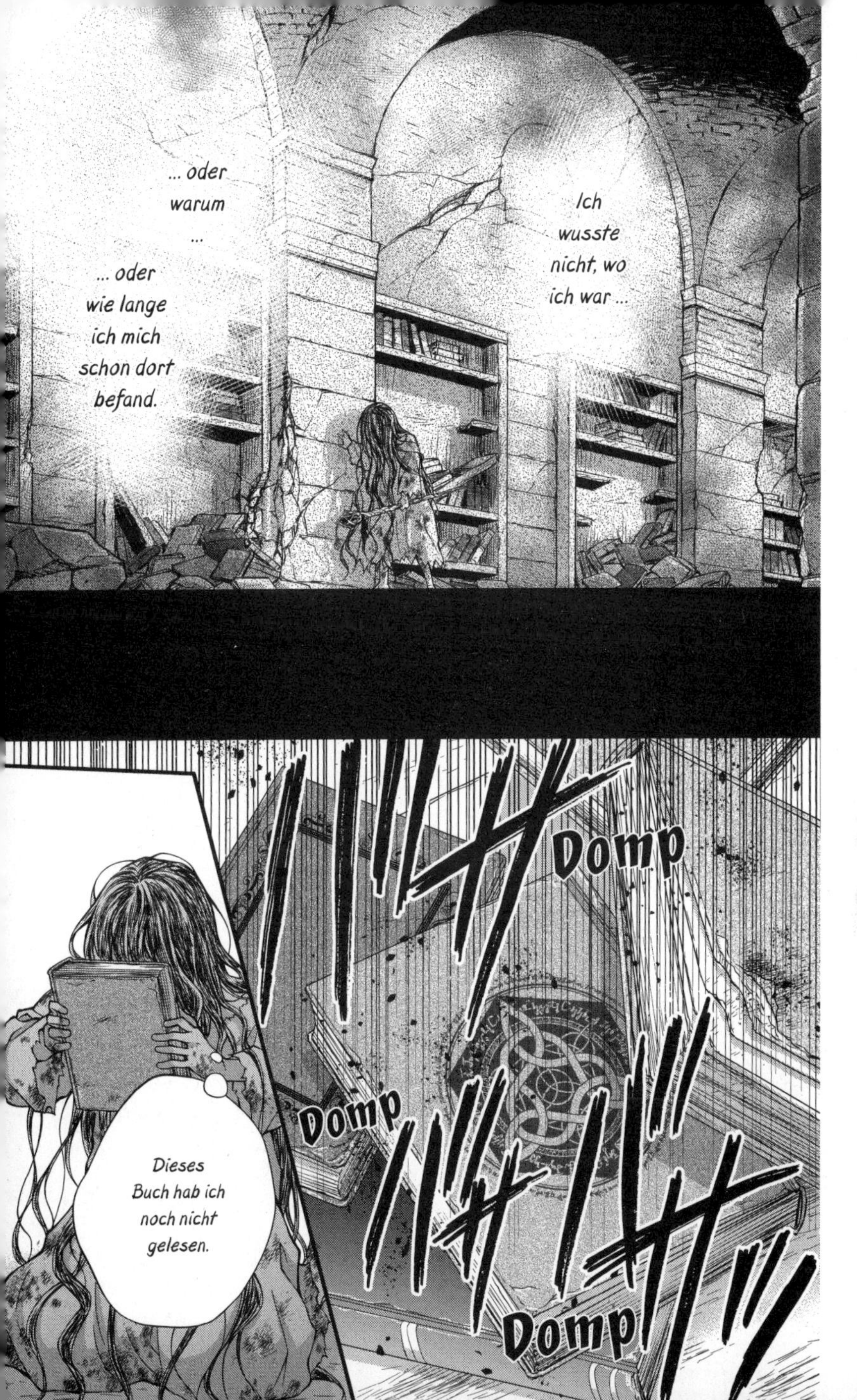
Ich wusste nicht, wo ich war ...
... oder warum ...
... oder wie lange ich mich schon dort befand.
Domp
Domp
Domp
Dieses Buch hab ich noch nicht gelesen.

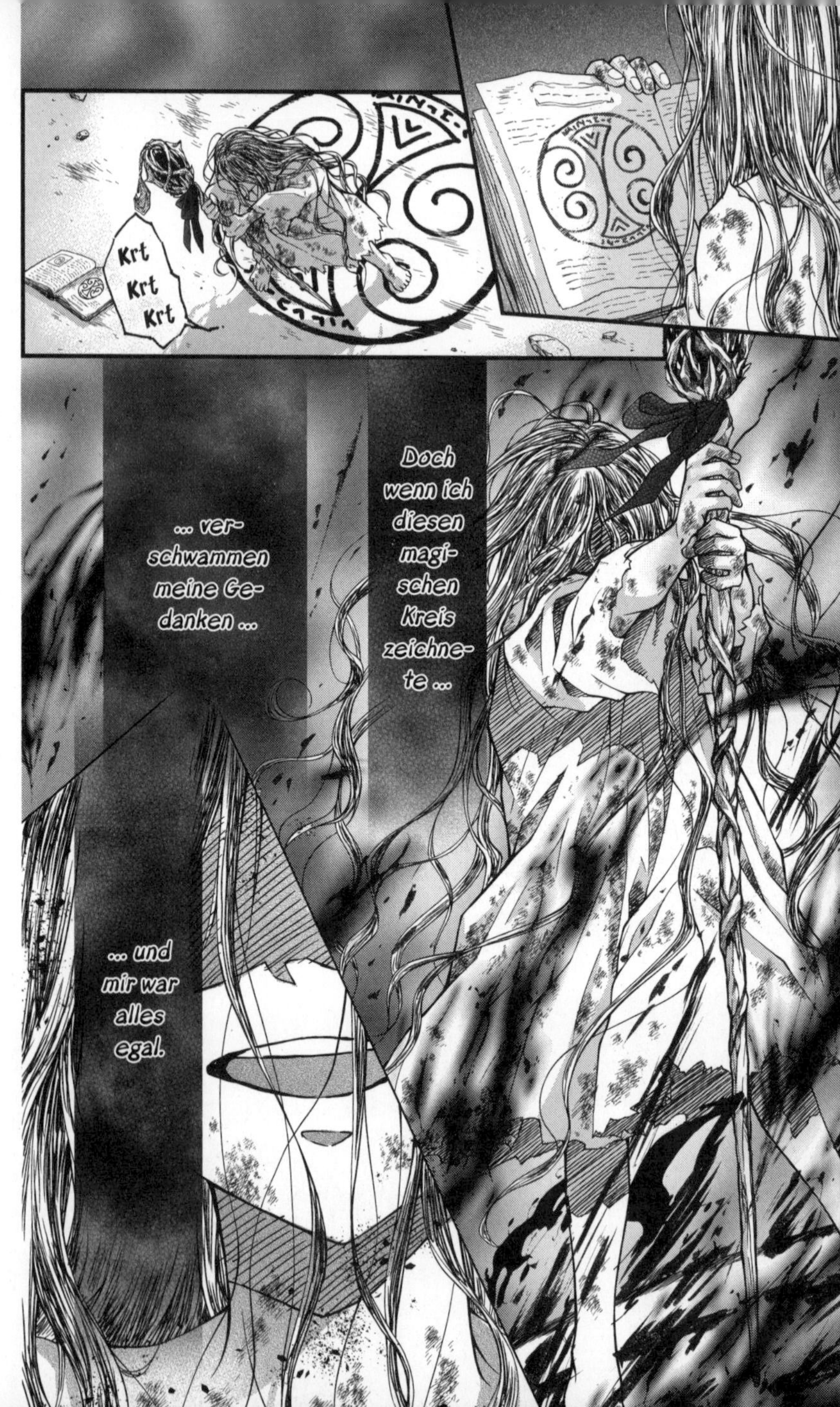
Krt Krt Krt
Doch wenn ich diesen magischen Kreis zeichnete ...
... verschwammen meine Gedanken ...
... und mir war alles egal.

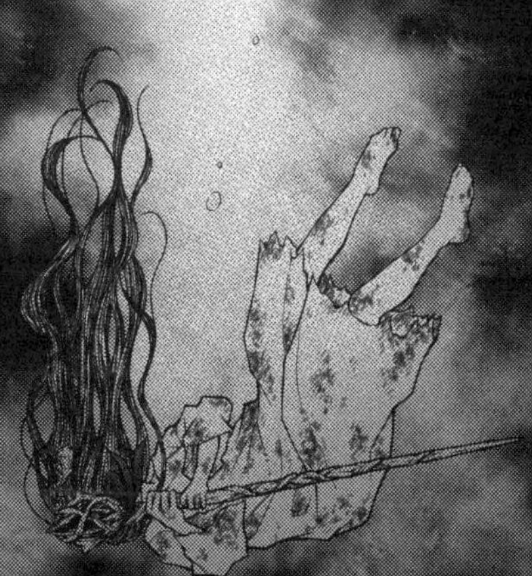
Ich wurde ...
... in die Dunkelheit hinabgezo-gen ...
... und brauchte ...
... an nichts mehr ...
... zu denken.

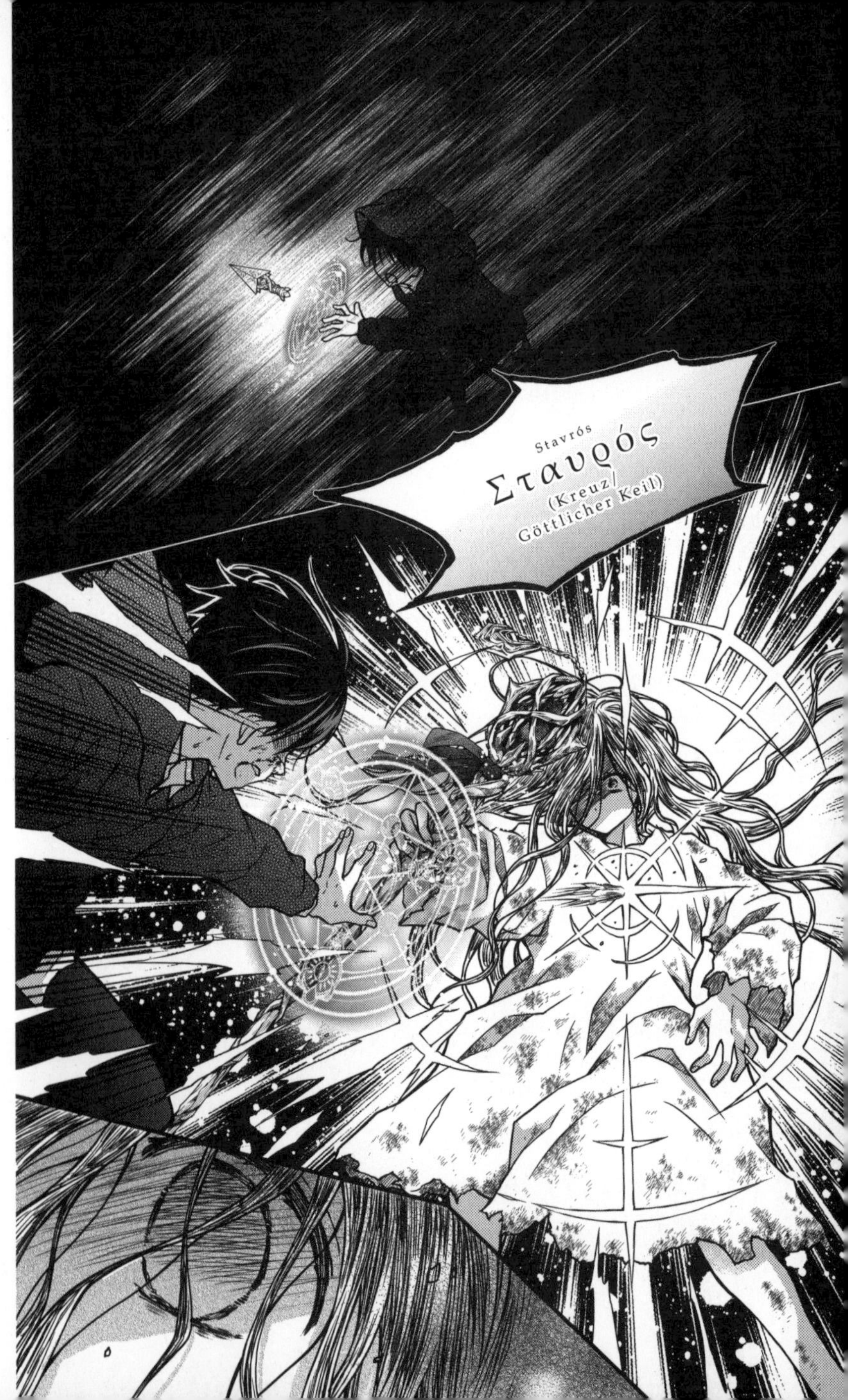
Stavrós
Σταυρός
(Kreuz/
Göttlicher Keil)

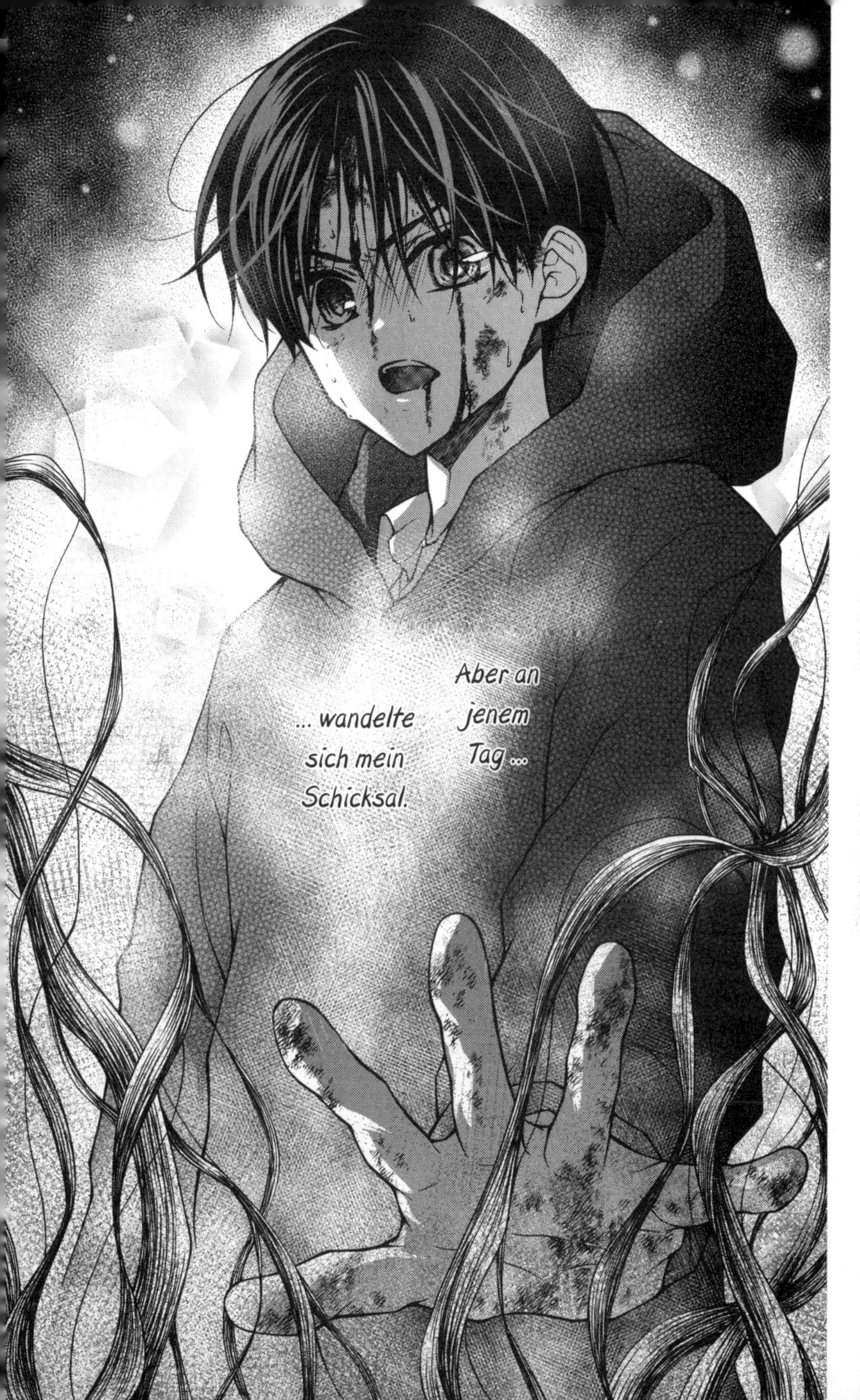
Aber an jenem Tag ...
... wandelte sich mein Schicksal.

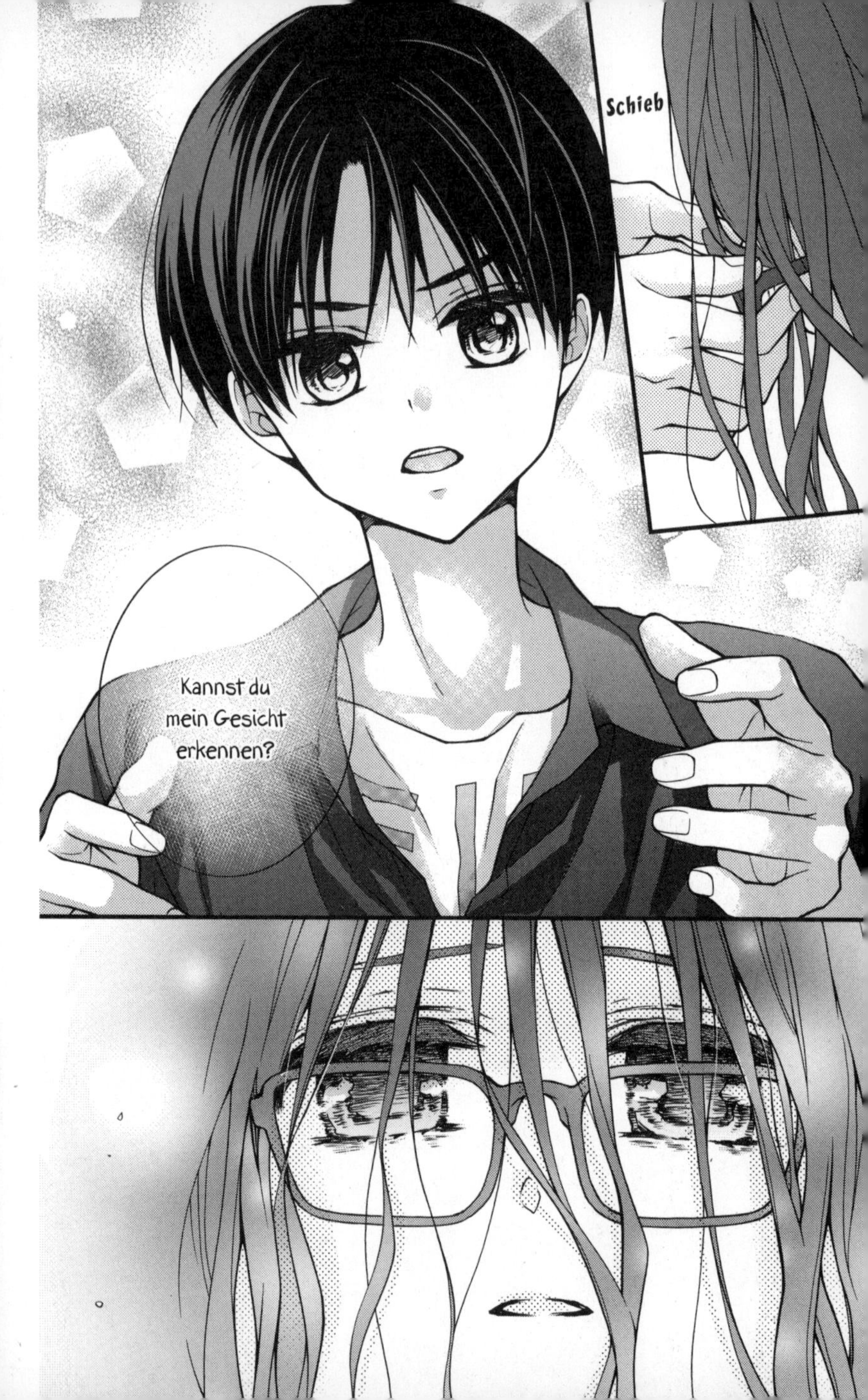
Schieb
Kannst du mein Gesicht erkennen?

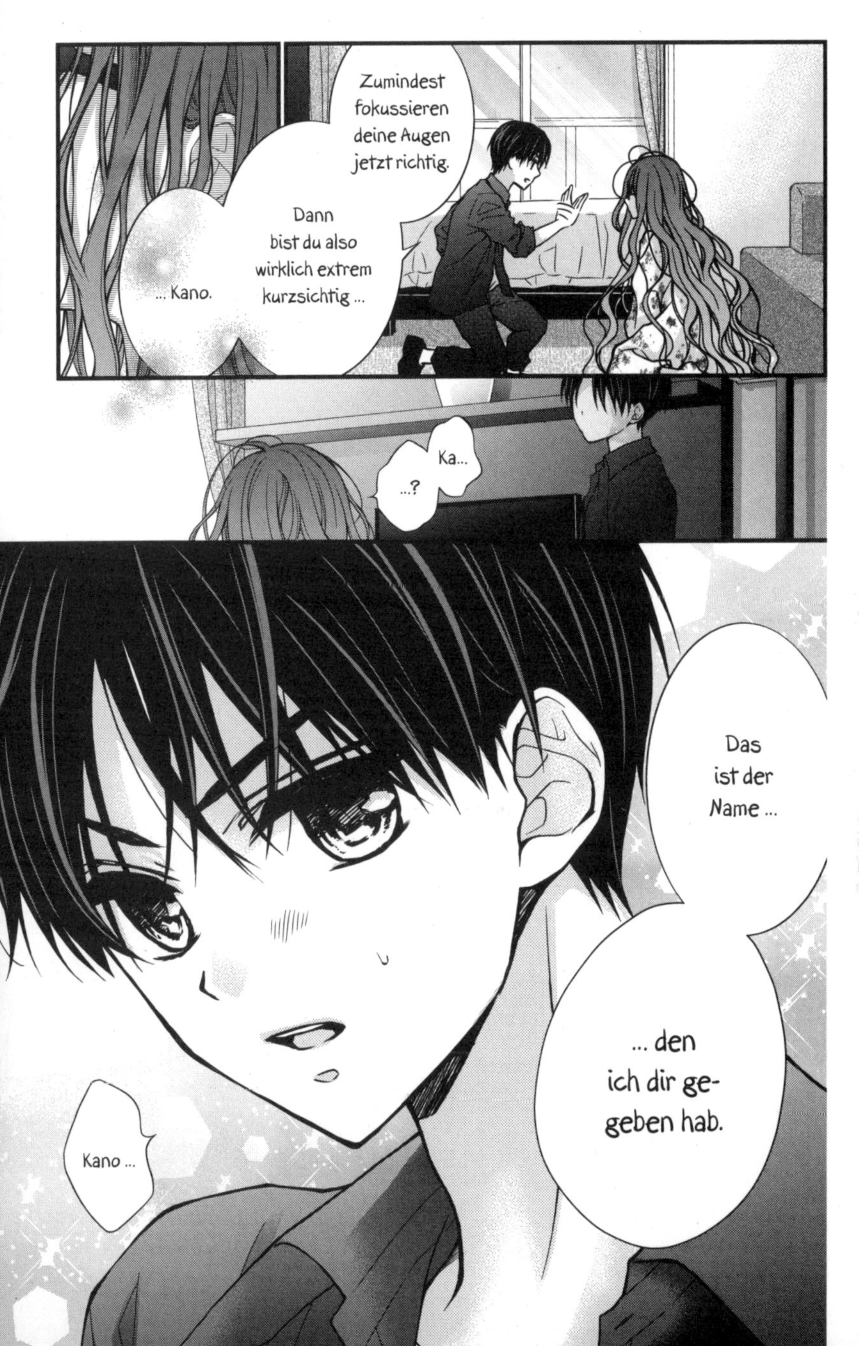
Zumindest fokussieren deine Augen jetzt richtig.
Dann bist du also wirklich extrem kurzsichtig ...
... Kano.
Ka...
...?
Das ist der Name ...
... den ich dir ge-geben hab.
Kano ...

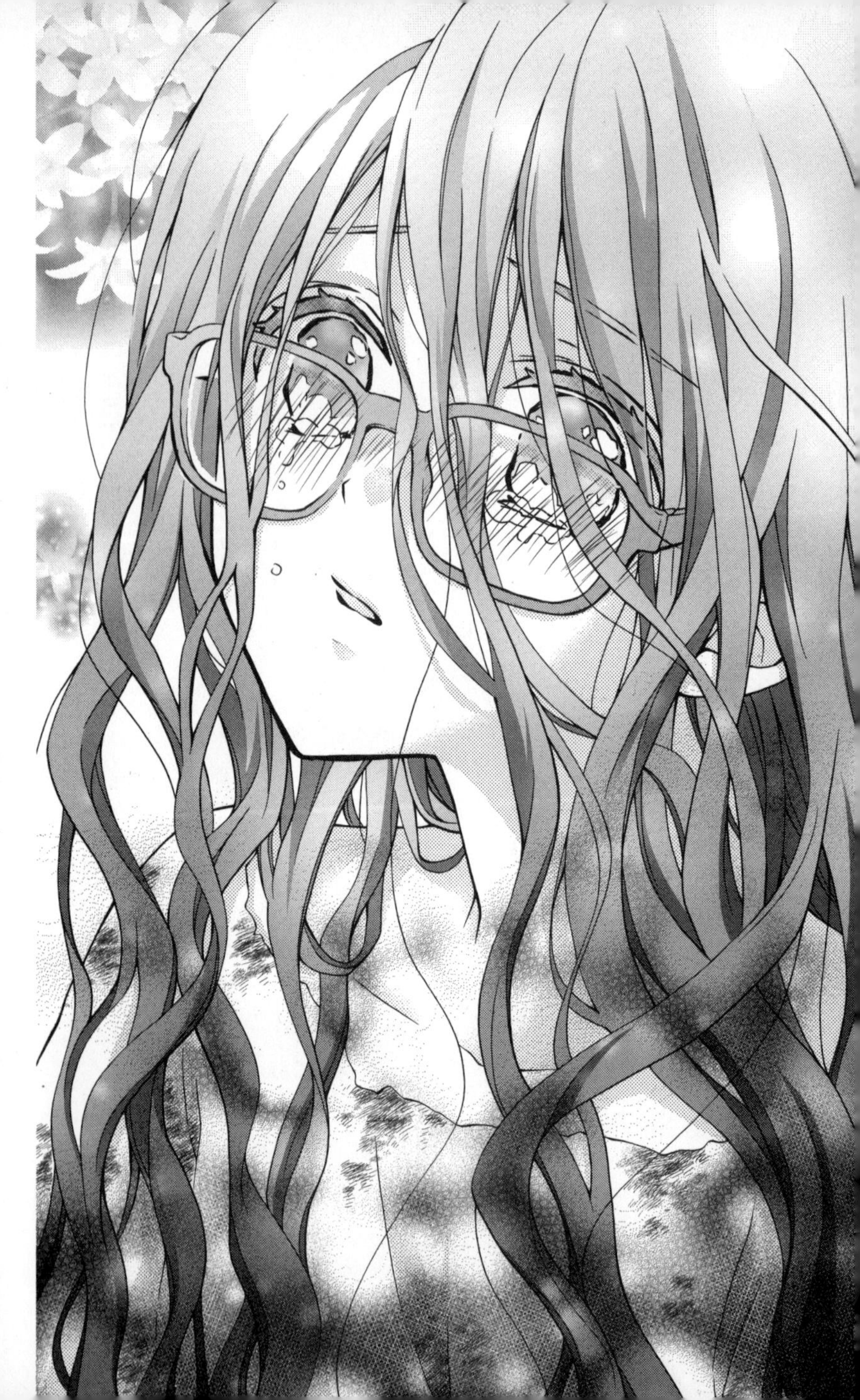

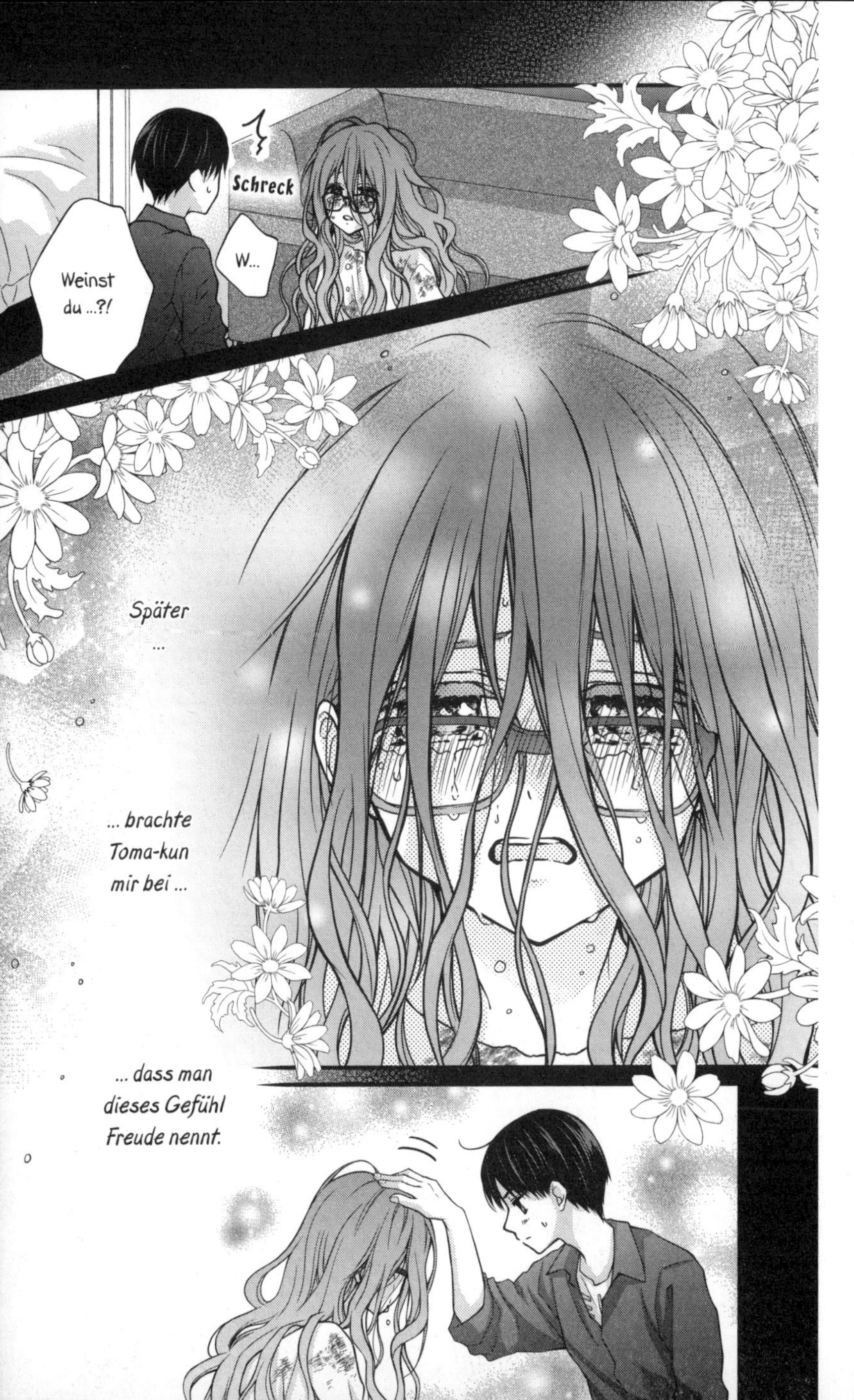
Schreck
W...
Weinst du ...?!
Später ...
... brachte Toma-kun mir bei ...
... dass man dieses Gefühl Freude nennt.

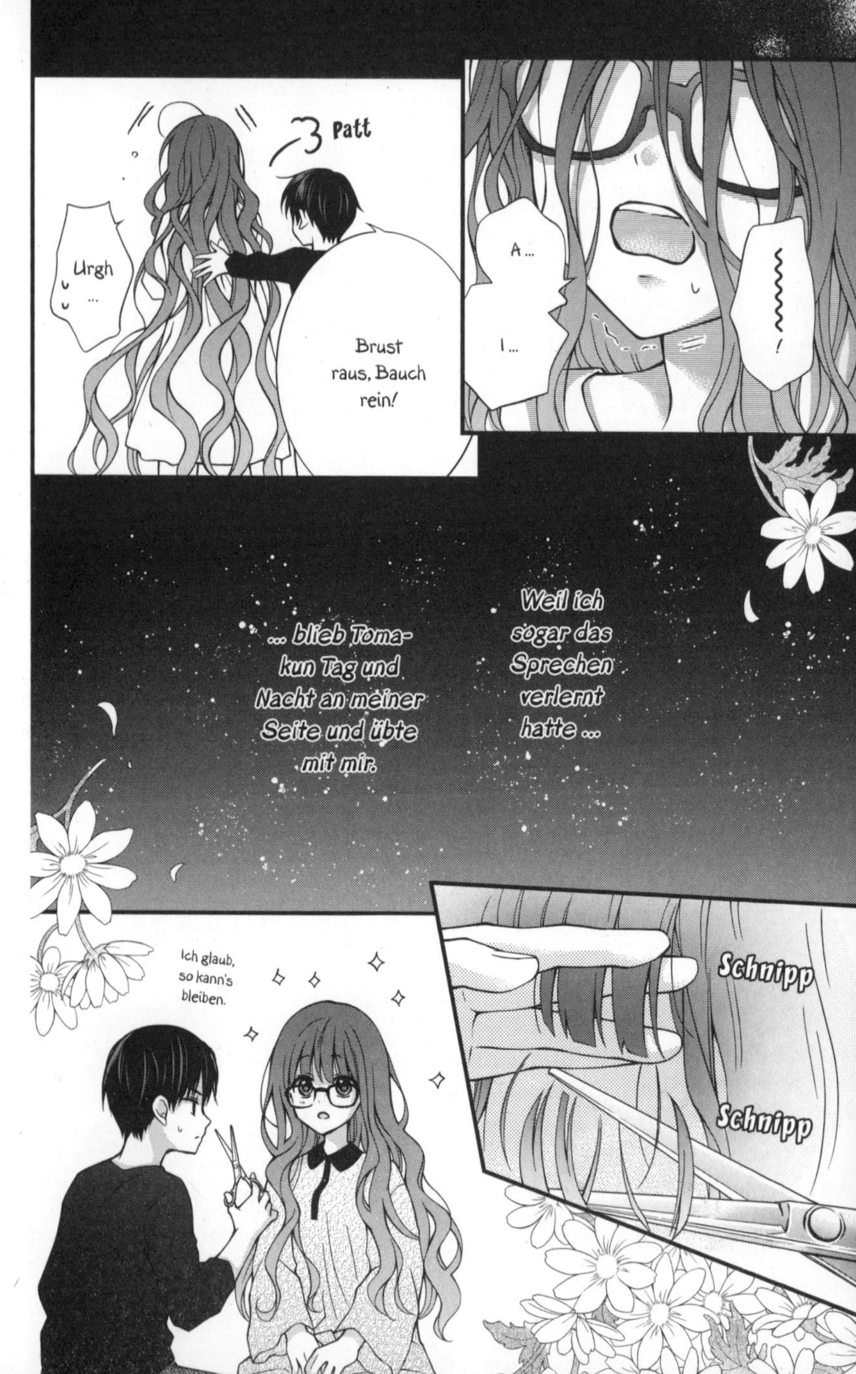
Patt
Urgh ...
Brust raus, Bauch rein!
A ...
I ...
~~~~!
Weil ich sogar das Sprechen verlernt hatte ...
... blieb Toma-kun Tag und Nacht an meiner Seite und übte mit mir.
Schnipp
Schnipp
Ich glaub, so kann's bleiben.
~~~~

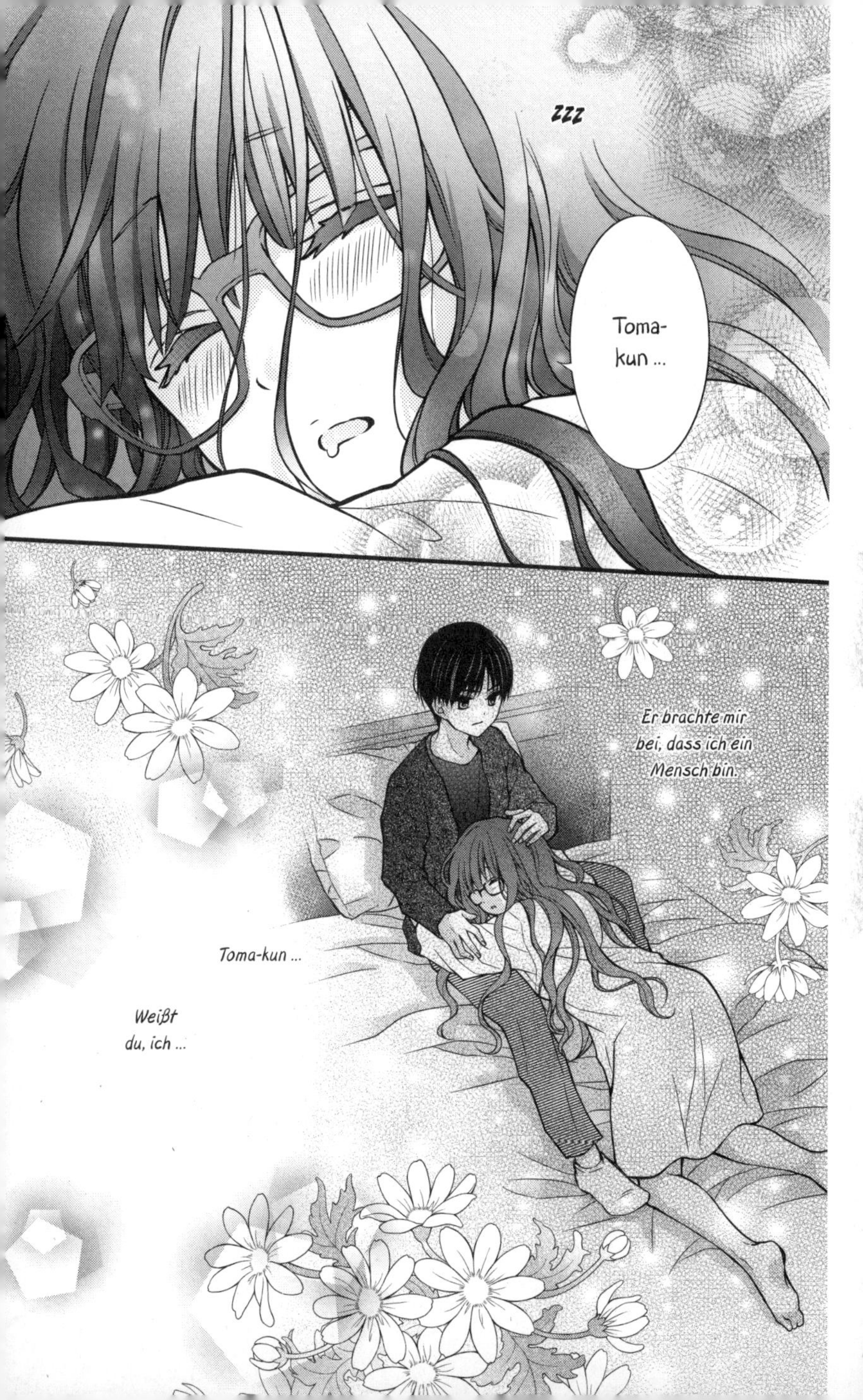
ZZZ
Toma-kun ...
Er brachte mir bei, dass ich ein Mensch bin.
Toma-kun ...
Weißt du, ich ...

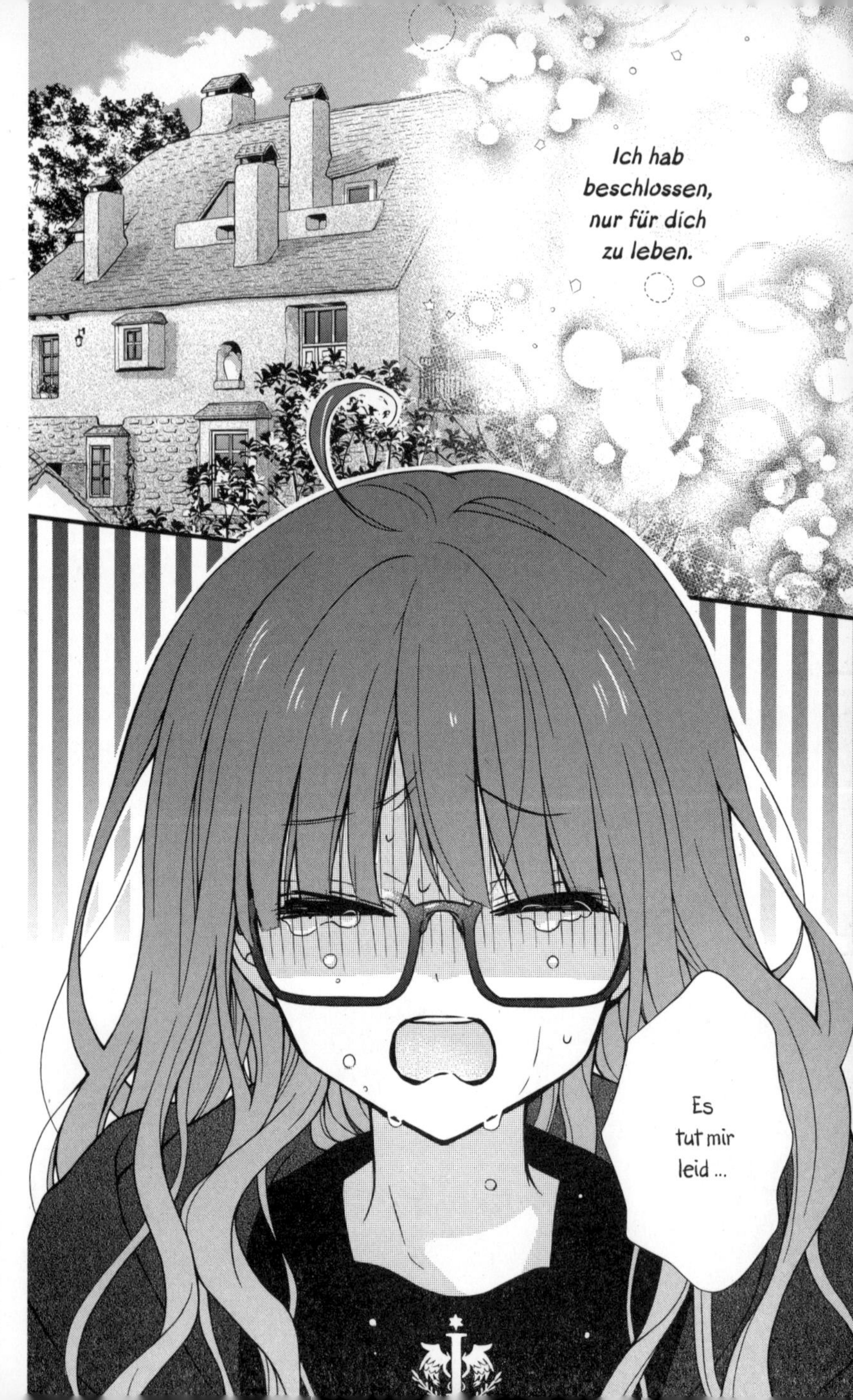
Ich hab beschlossen, nur für dich zu leben.
Es tut mir leid ...

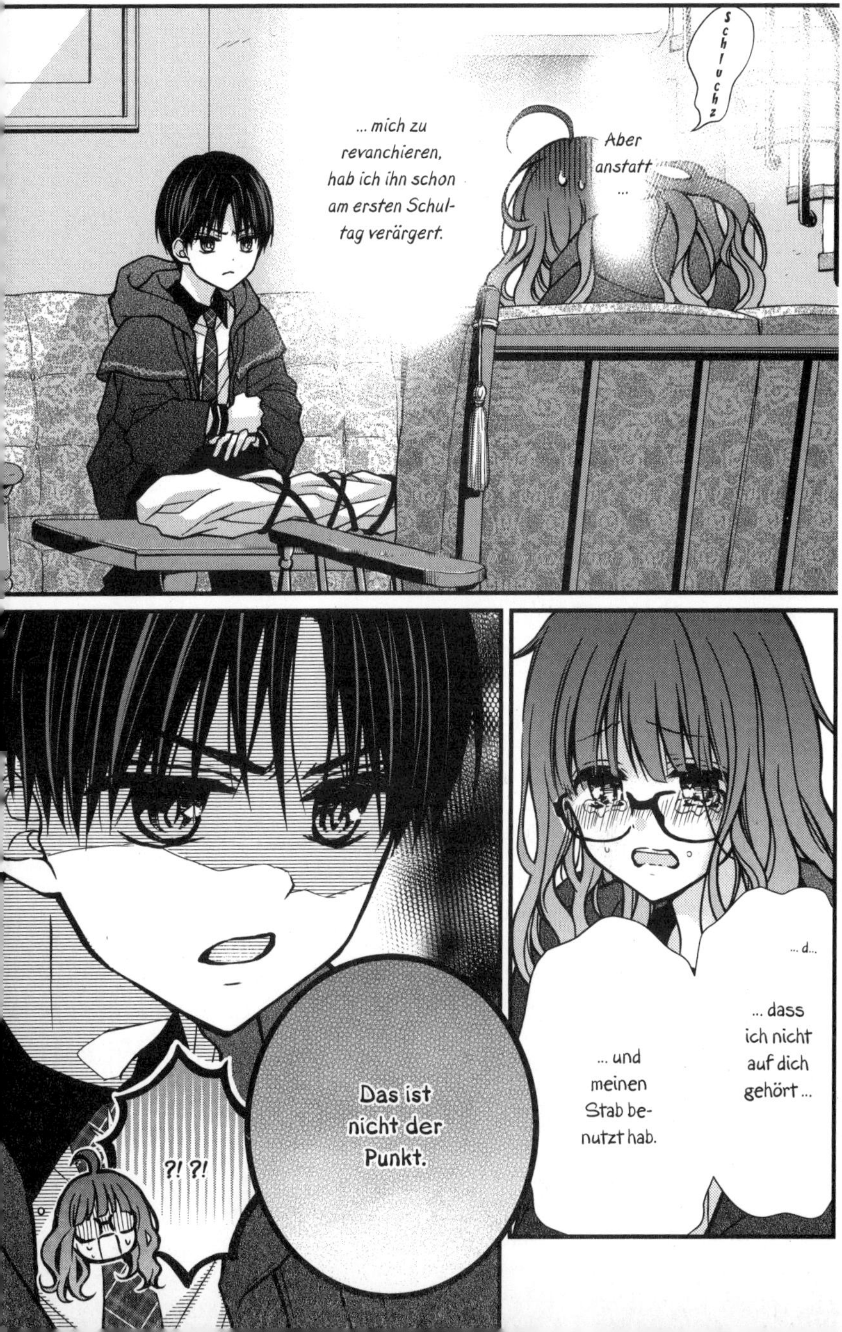

Schluchz

Aber anstatt ...

... mich zu revanchieren, hab ich ihn schon am ersten Schultag verärgert.

... d...

... dass ich nicht auf dich gehört ...

... und meinen Stab benutzt hab.

Das ist nicht der Punkt.

?! ?!

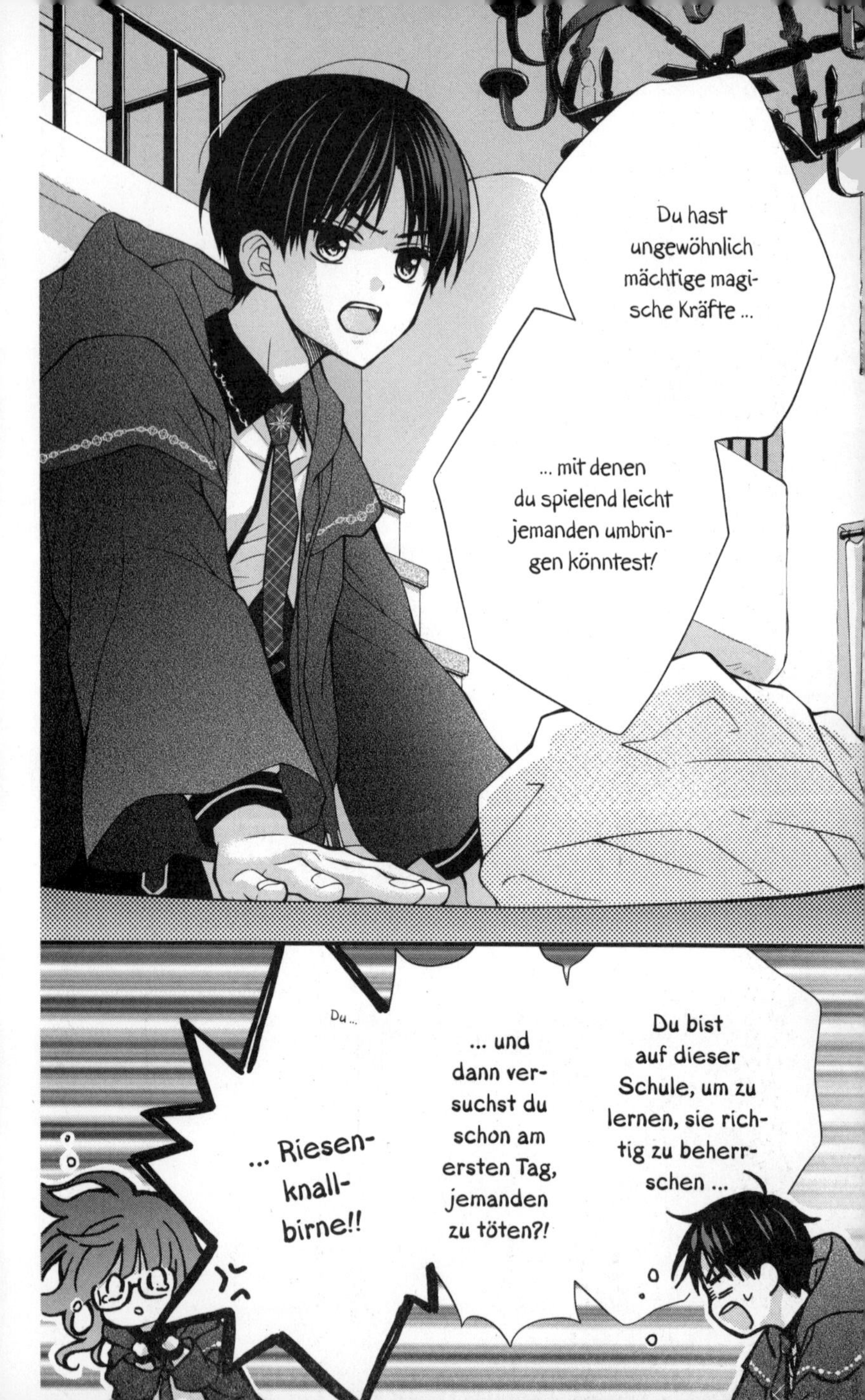
Du hast ungewöhnlich mächtige magische Kräfte ...
... mit denen du spielend leicht jemanden umbringen könntest!
Du bist auf dieser Schule, um zu lernen, sie richtig zu beherrschen ...
... und dann versuchst du schon am ersten Tag, jemanden zu töten?!
Du ...
... Riesenknallbirne!!

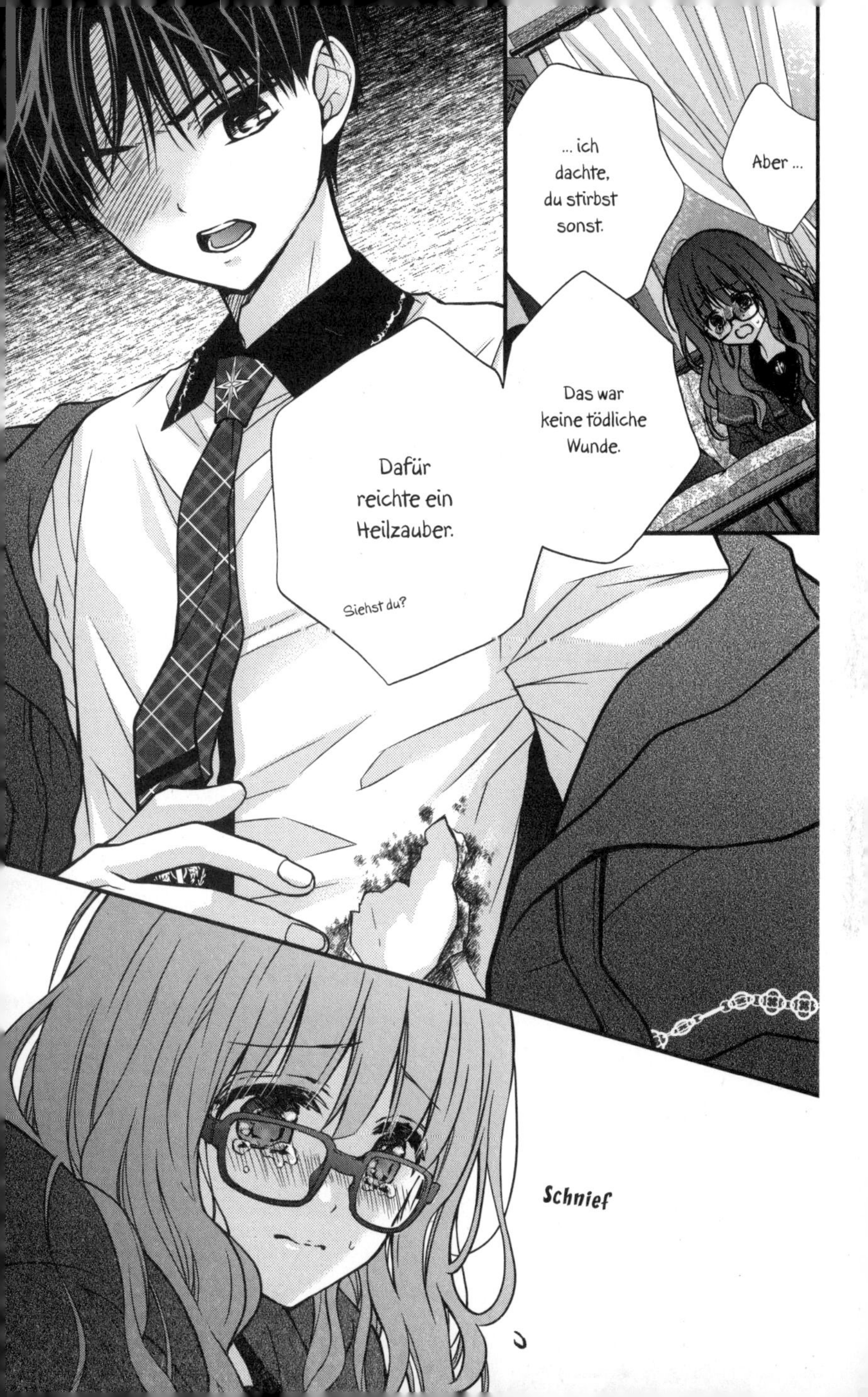
Aber ...
... ich dachte, du stirbst sonst.
Das war keine tödliche Wunde.
Dafür reichte ein Heilzauber.
Siehst du?
Schnief

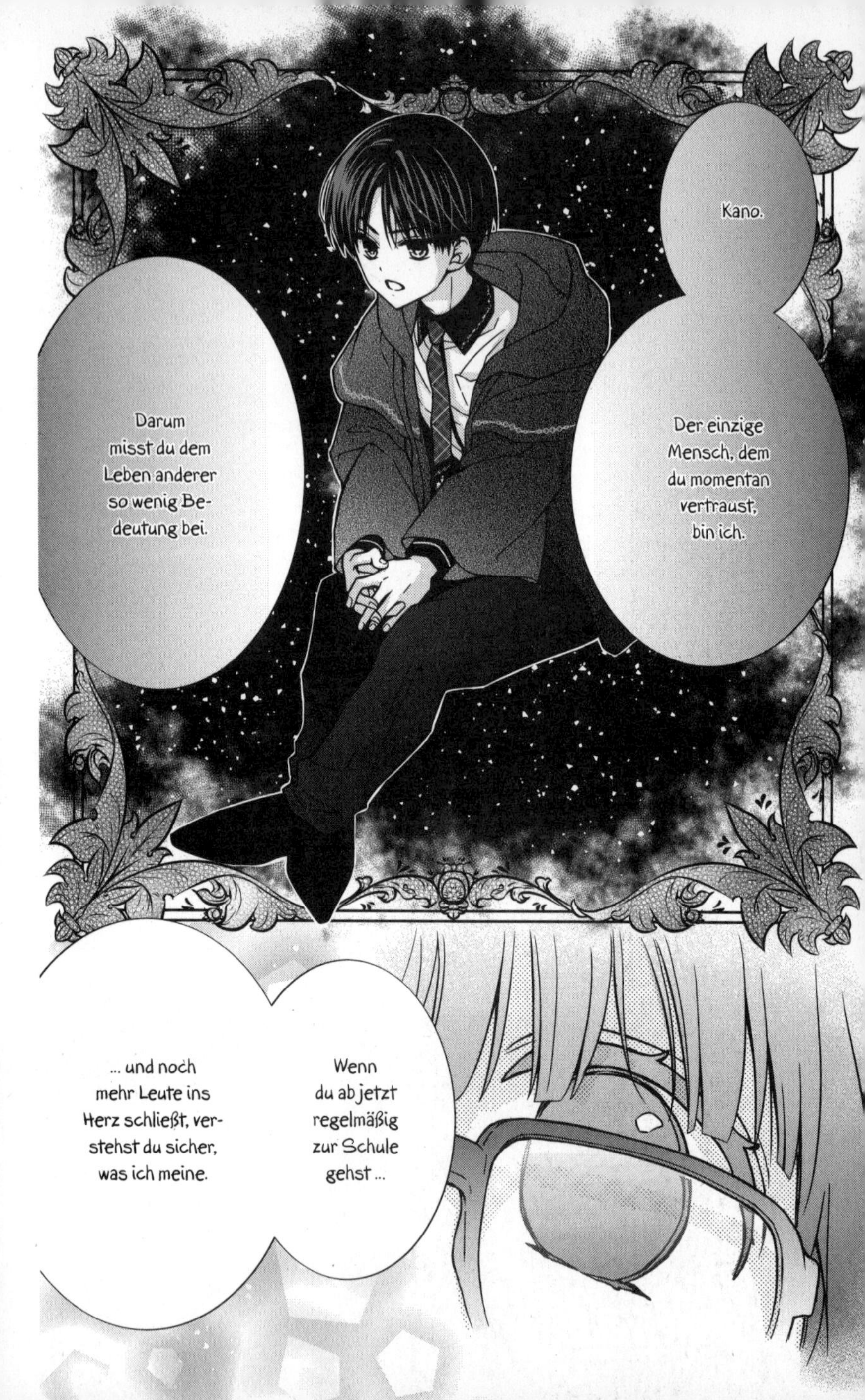
Kano.
Der einzige Mensch, dem du momentan vertraust, bin ich.
Darum misst du dem Leben anderer so wenig Bedeutung bei.
Wenn du ab jetzt regelmäßig zur Schule gehst ...
... und noch mehr Leute ins Herz schließt, verstehst du sicher, was ich meine.

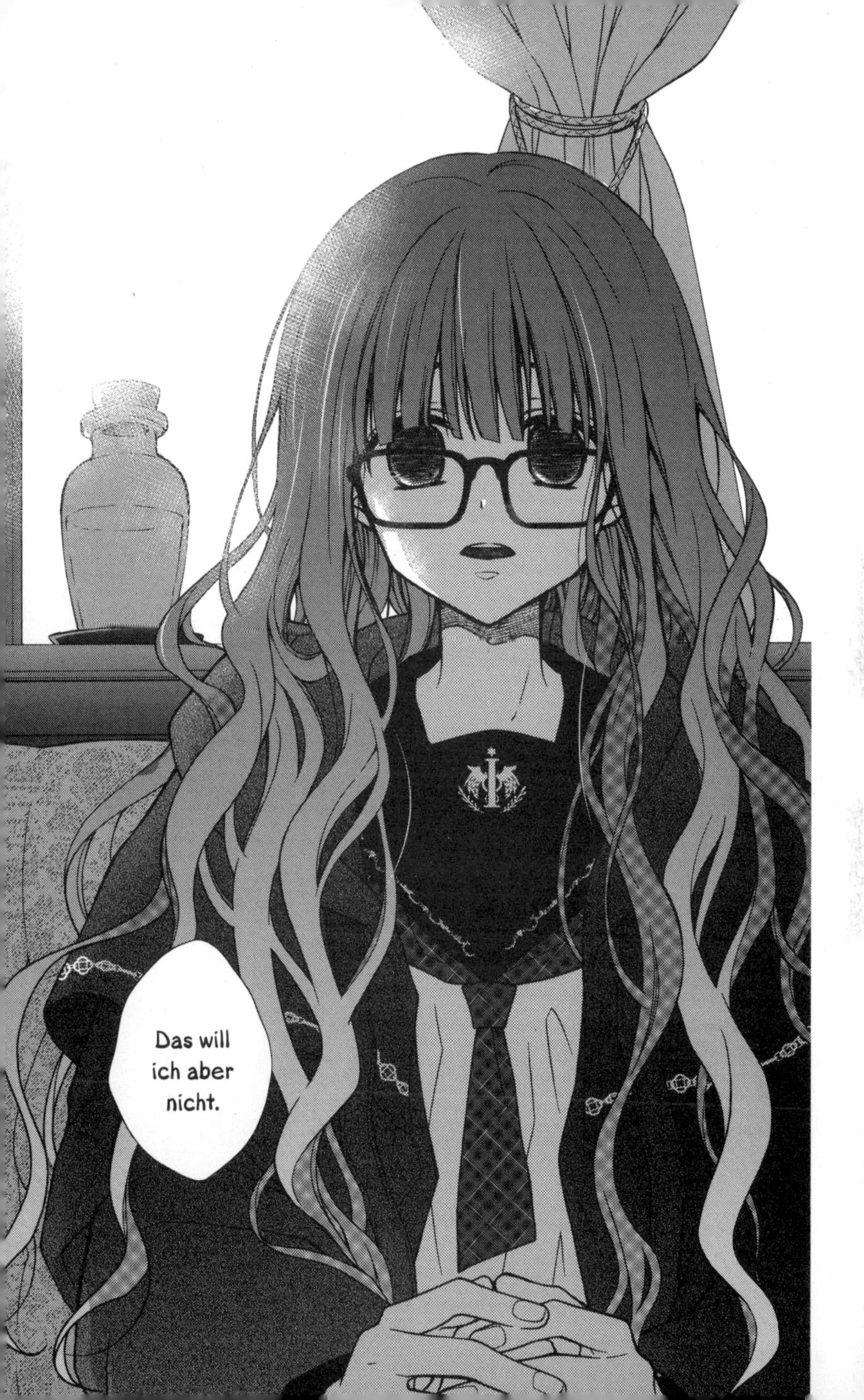
Das will ich aber nicht.

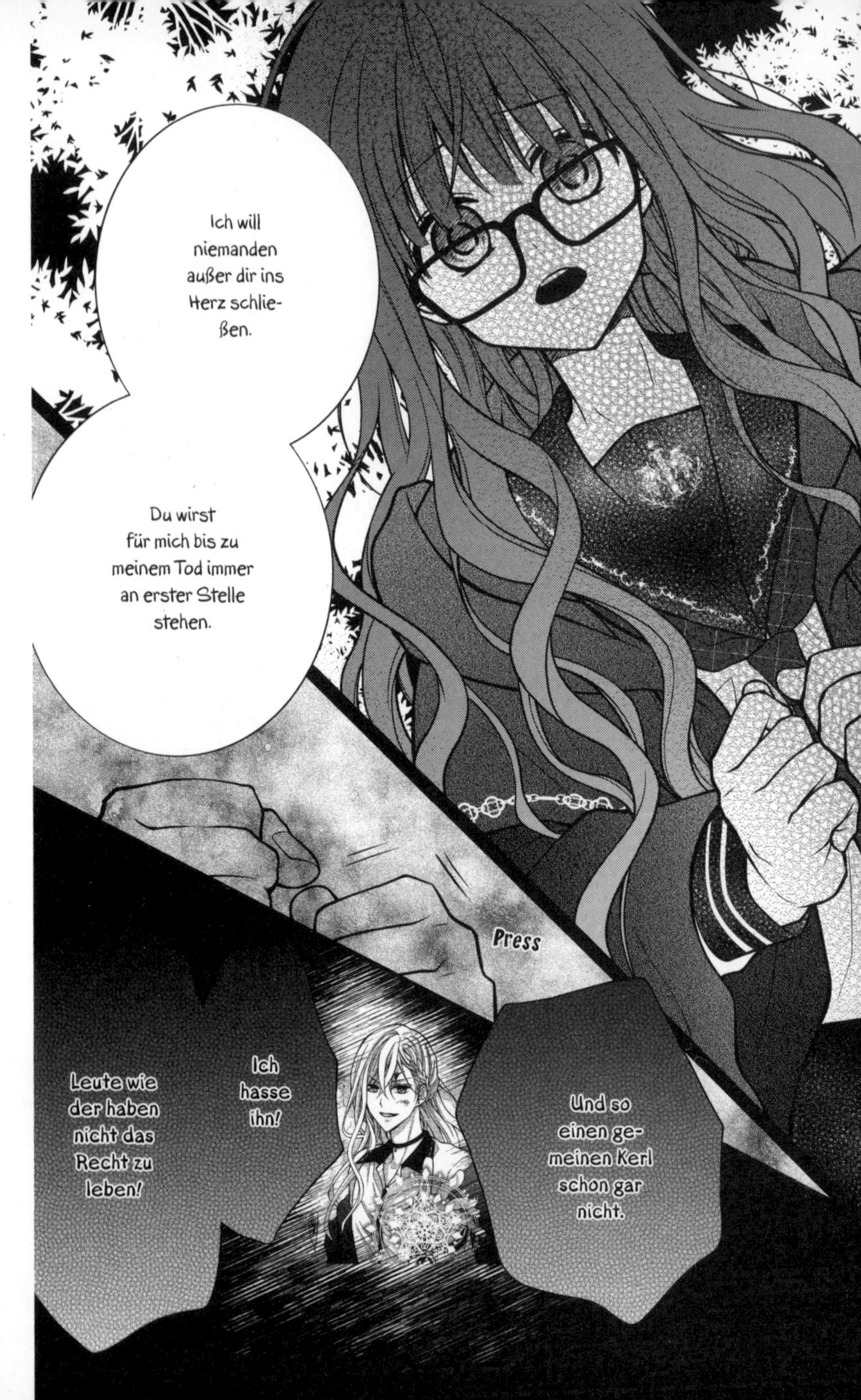
Ich will niemanden außer dir ins Herz schlie-ßen.
Du wirst für mich bis zu meinem Tod immer an erster Stelle stehen.
Press
Und so einen ge-meinen Kerl schon gar nicht.
Ich hasse ihn!
Leute wie der haben nicht das Recht zu leben!

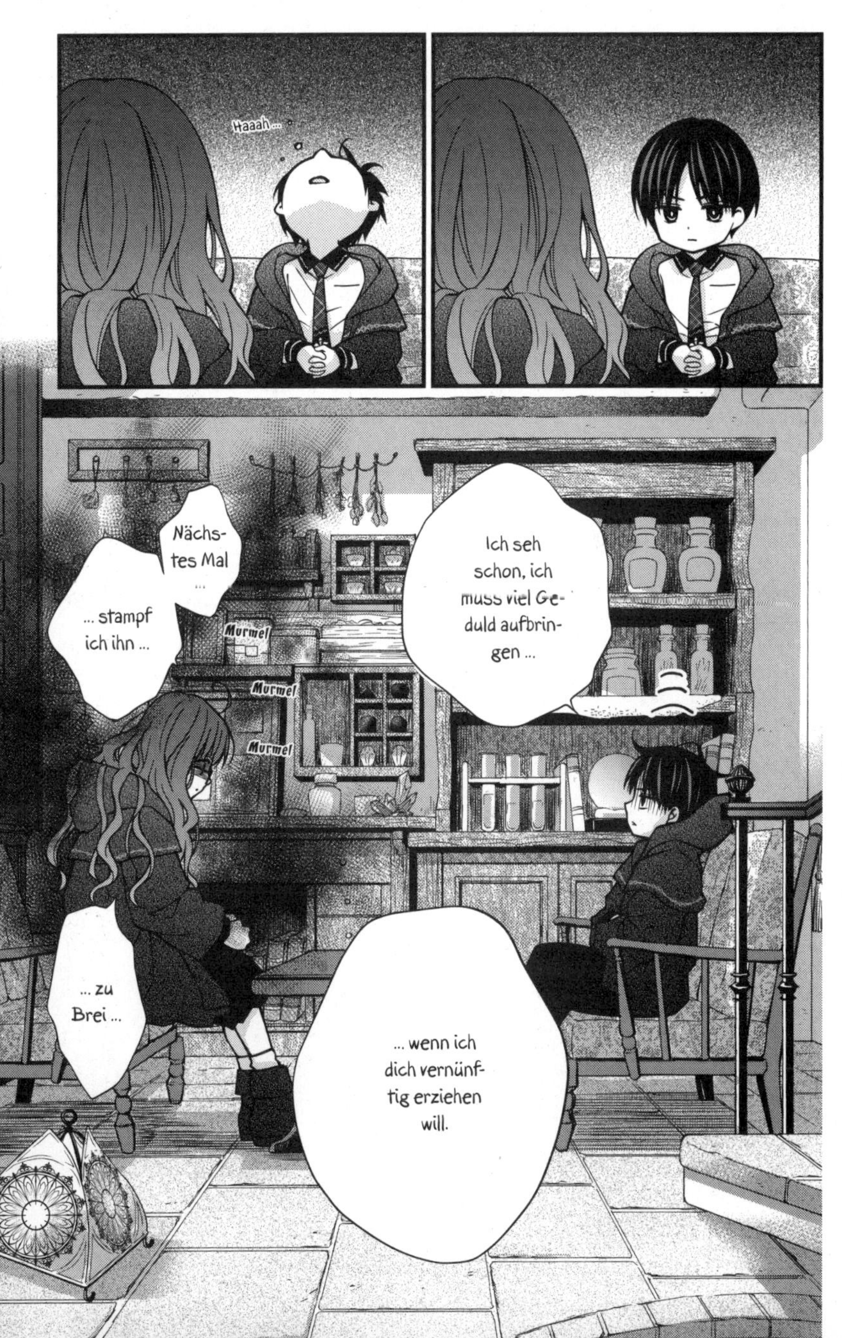
Haaah ...
Ich seh schon, ich muss viel Geduld aufbringen ...
Nächstes Mal ...
... stampf ich ihn ...
Murmel
Murmel
Murmel
... wenn ich dich vernünftig erziehen will.
... zu Brei ...

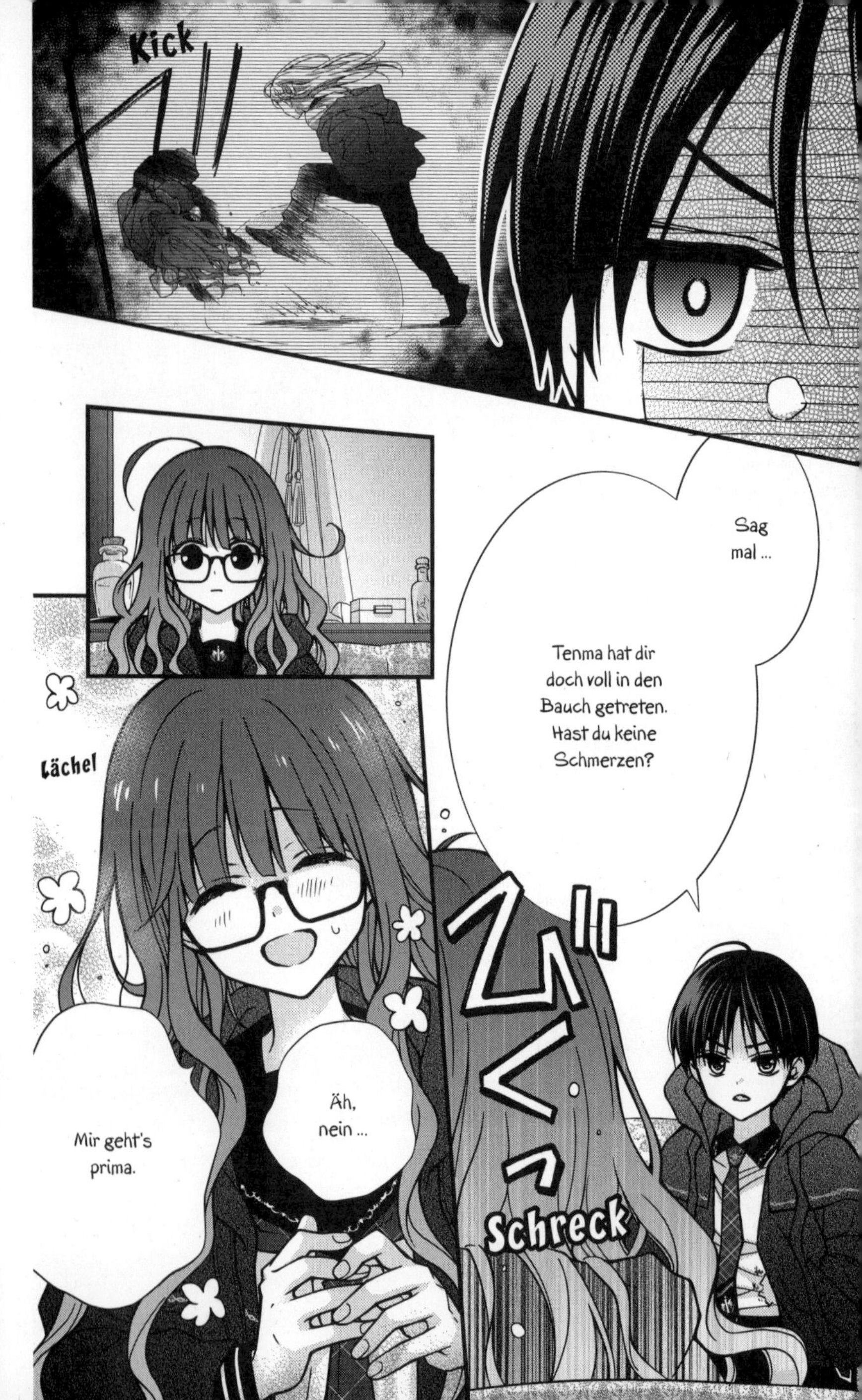
Kick
Sag mal ...
Tenma hat dir doch voll in den Bauch getreten. Hast du keine Schmerzen?
Schreck
Äh, nein ...
Lächel
Mir geht's prima.

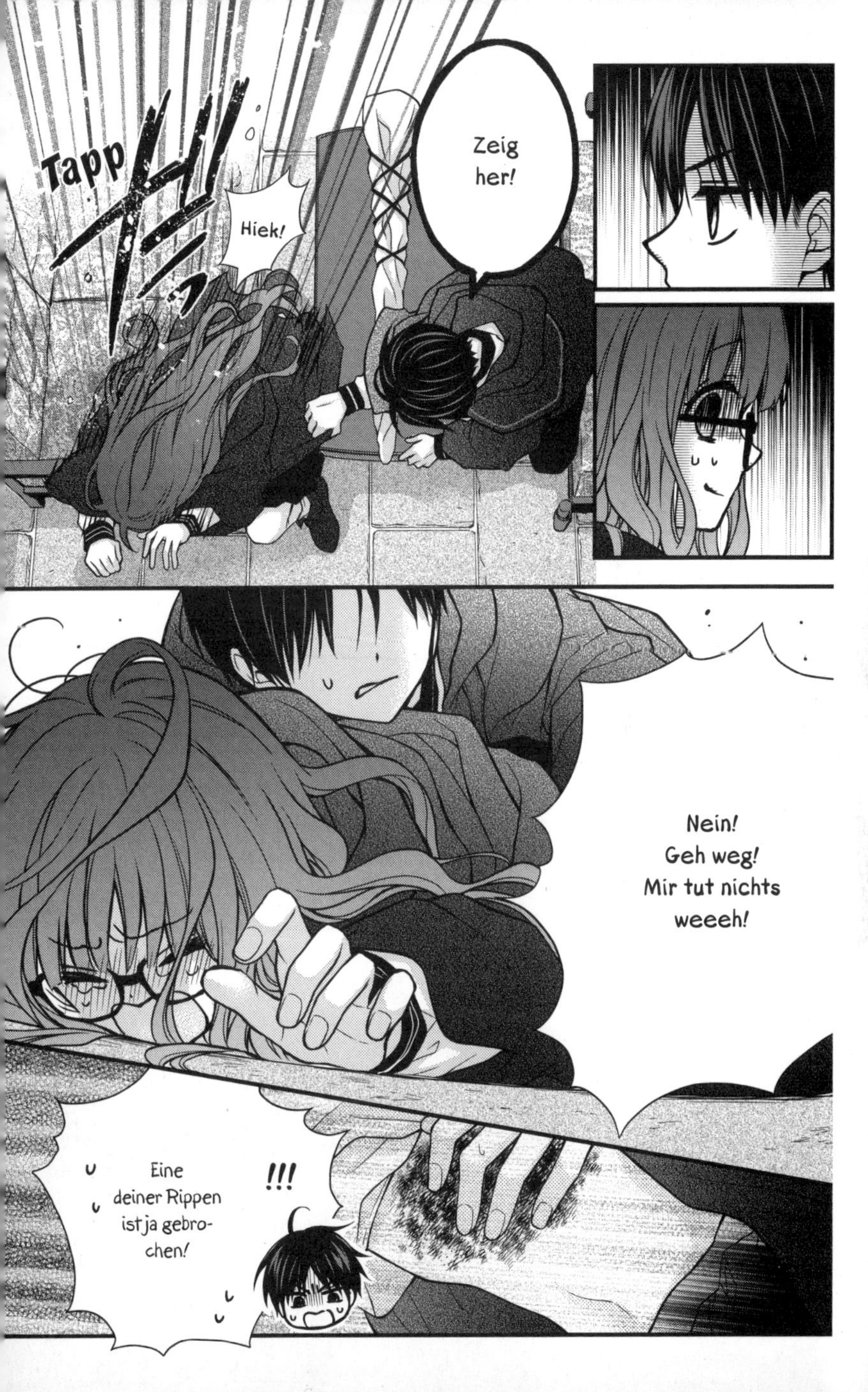
Zeig her!
Tapp
Hiek!
Nein! Geh weg! Mir tut nichts weeeh!
Eine deiner Rippen ist ja gebrochen!
!!!

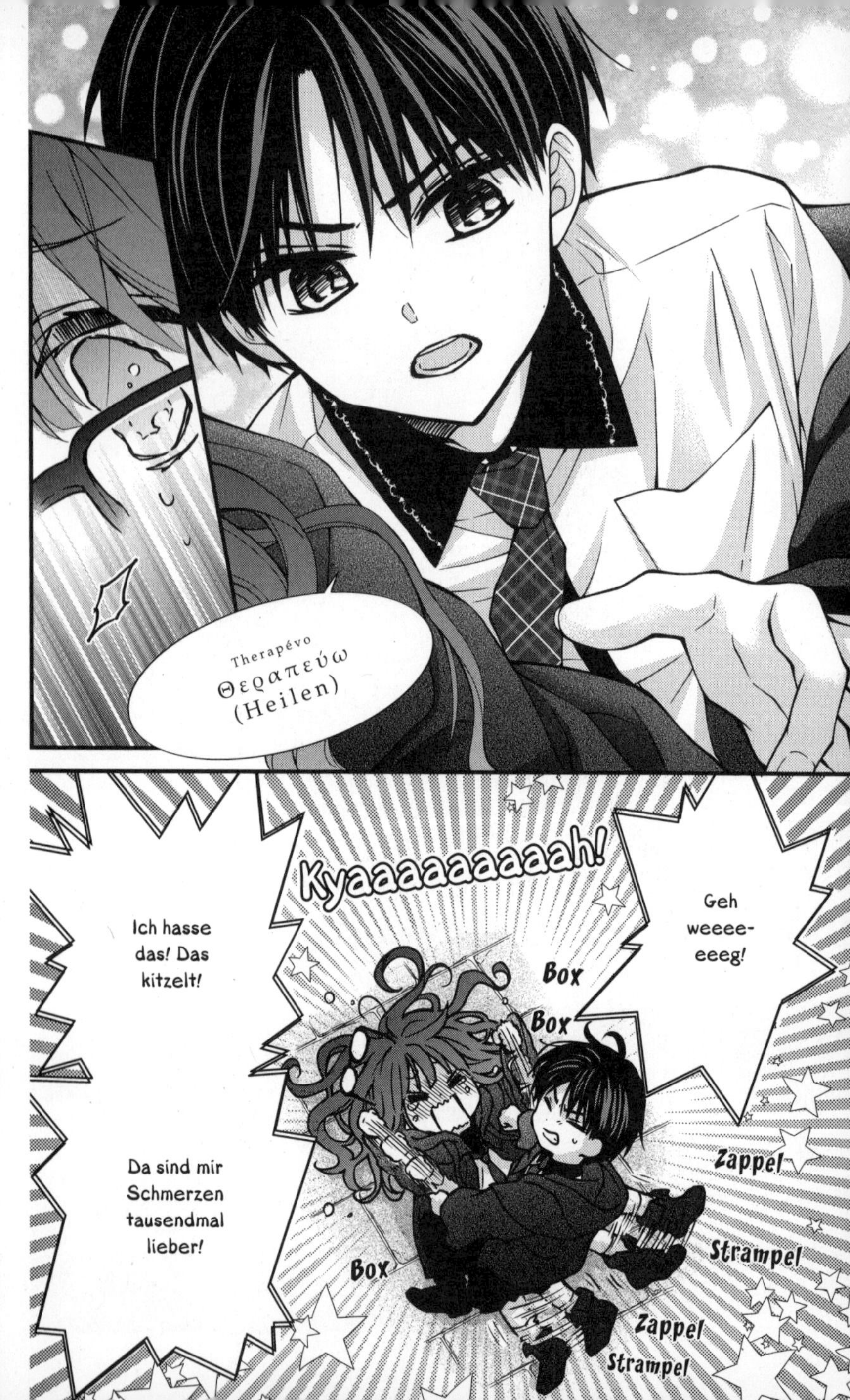
Therapévo
Θεραπεύω
(Heilen)
Kyaaaaaaaaah!
Geh weeee-eeeg!
Ich hasse das! Das kitzelt!
Box
Box
Da sind mir Schmerzen tausendmal lieber!
Zappel
Strampel
Box
Zappel
Strampel

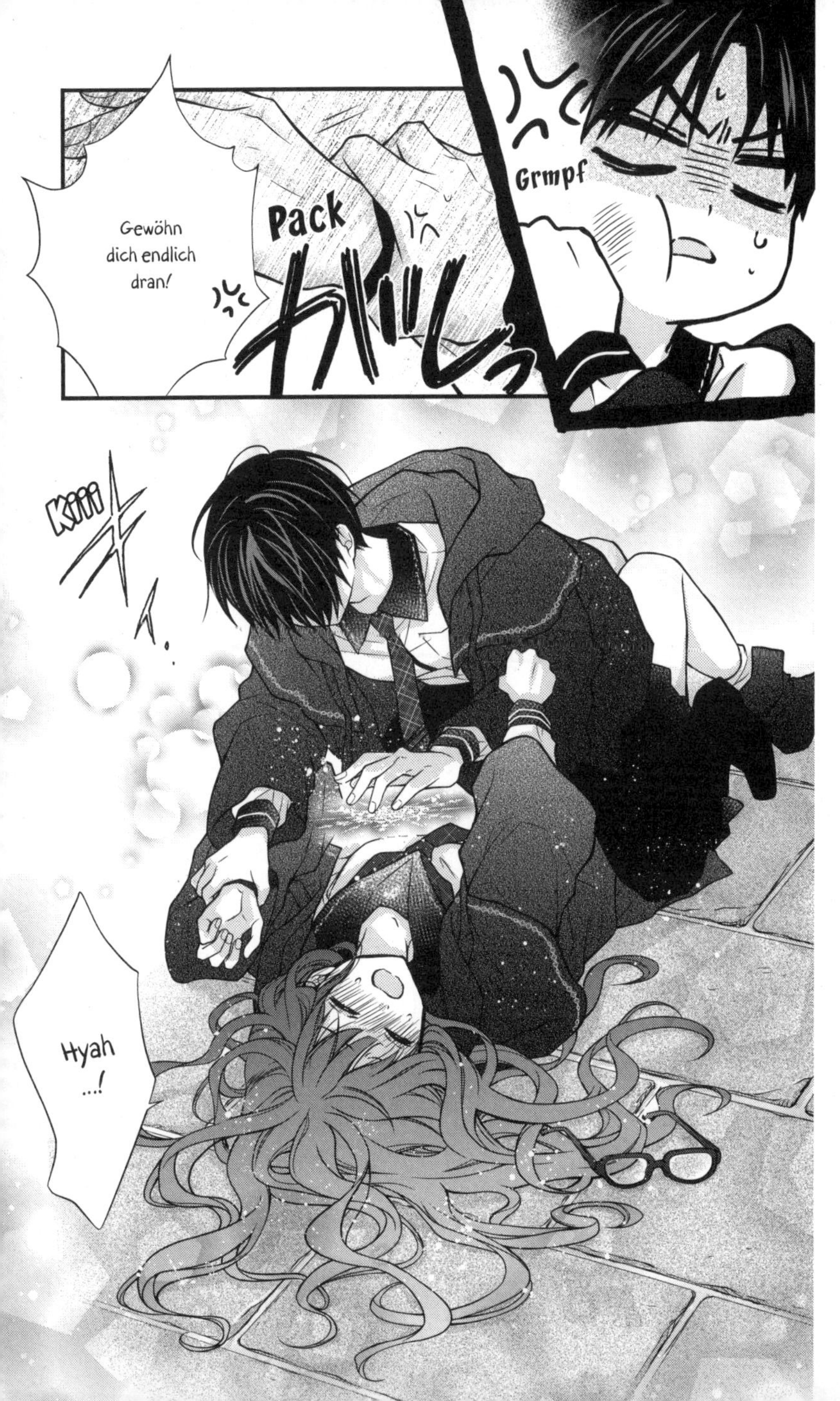
Grmpf
Pack
Gewöhn dich endlich dran!
Kiiii
Hyah ...!

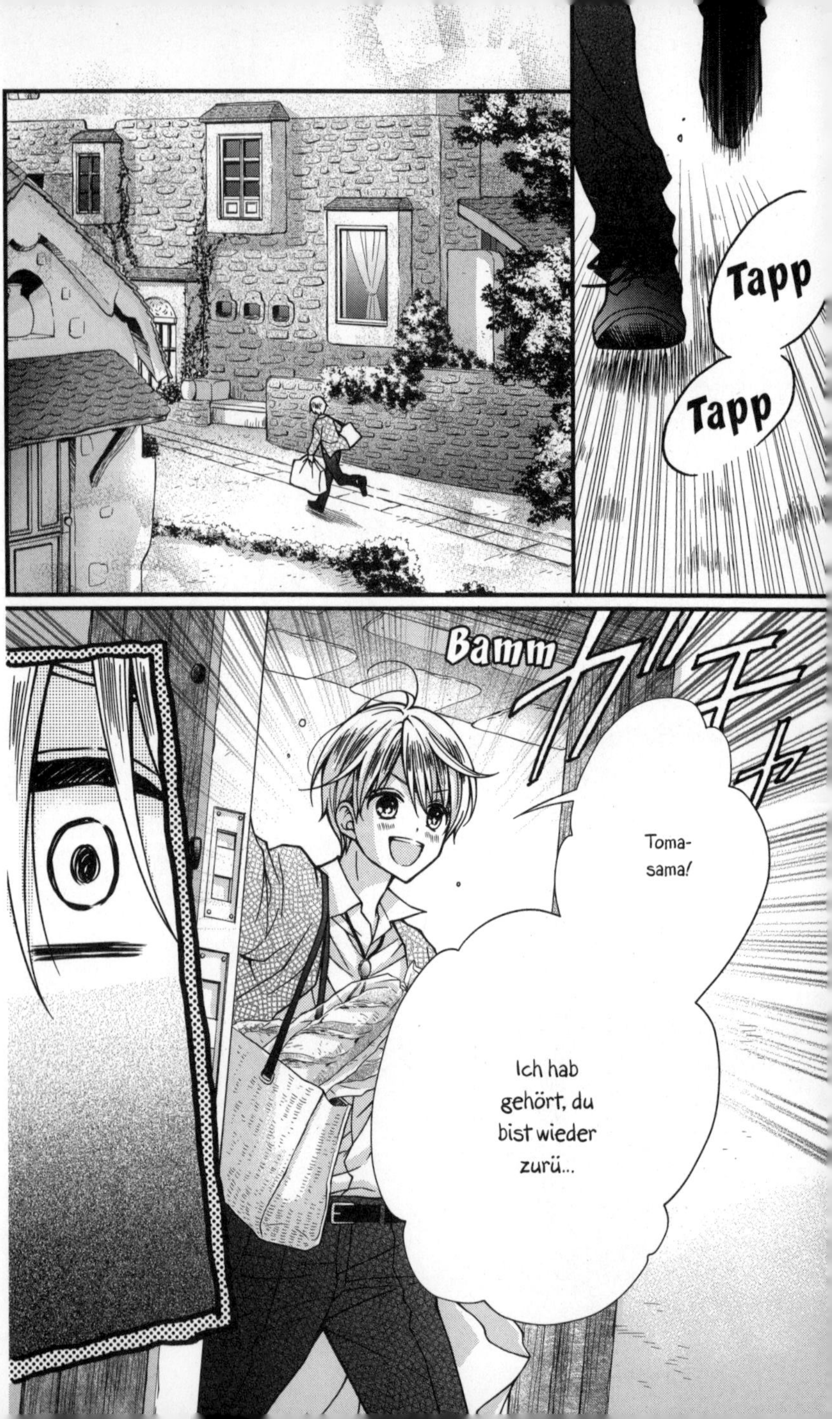

Tapp
Tapp
Bamm
ガチャ
Toma-sama!
Ich hab gehört, du bist wieder zurü...

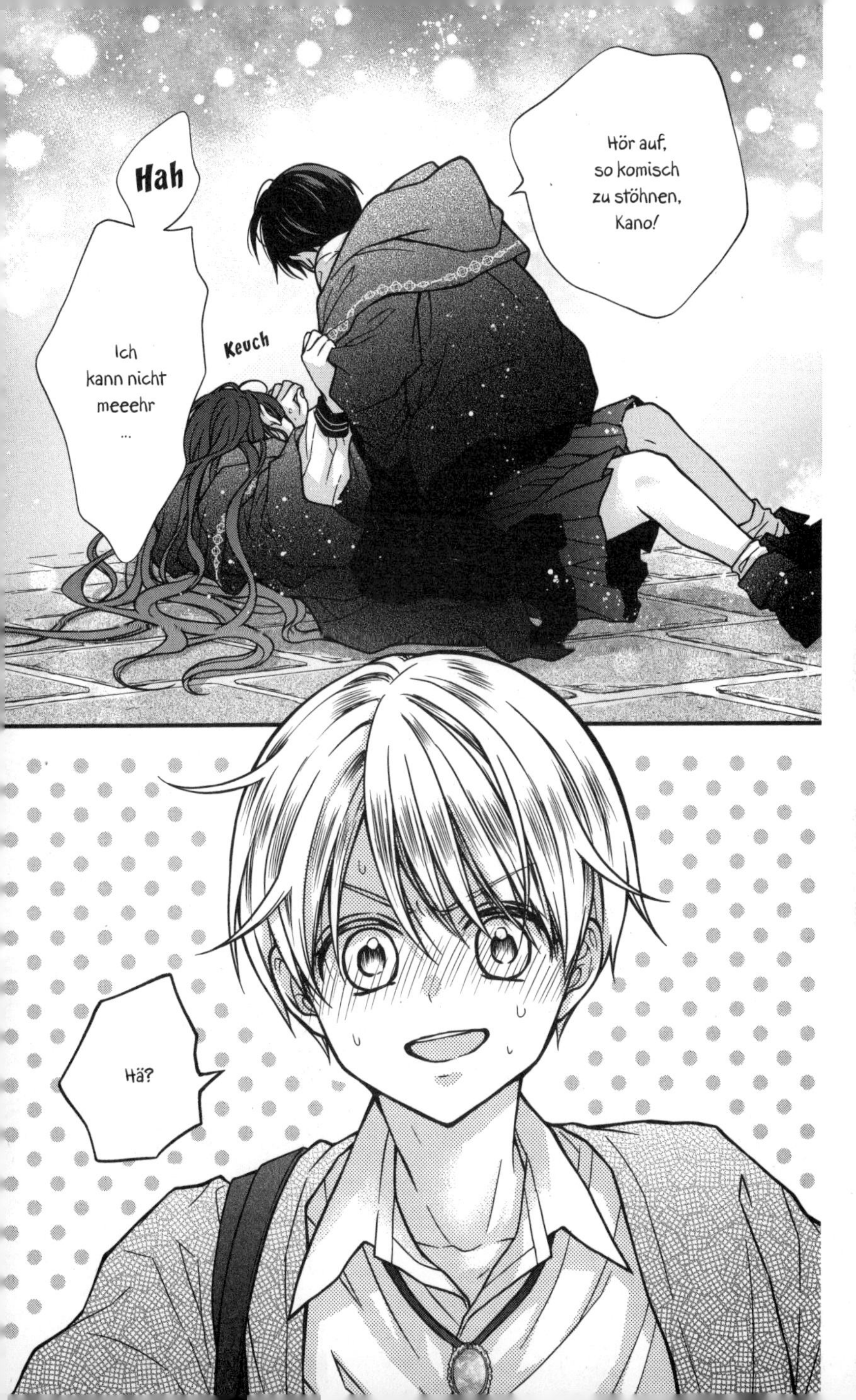
Hör auf, so komisch zu stöhnen, Kano!
Hah
Keuch
Ich kann nicht meeehr ...
Hä?

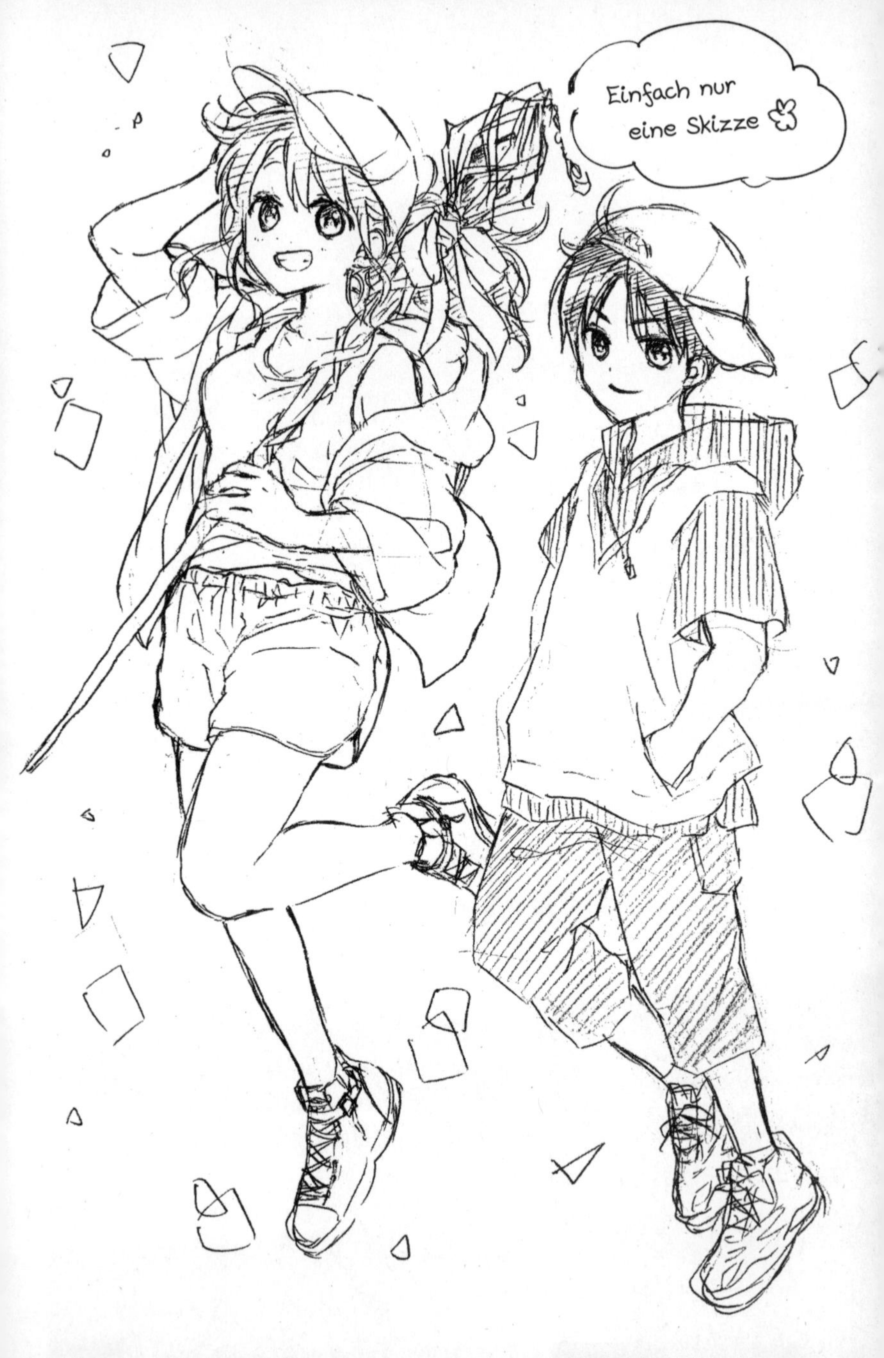
Einfach nur
eine Skizze

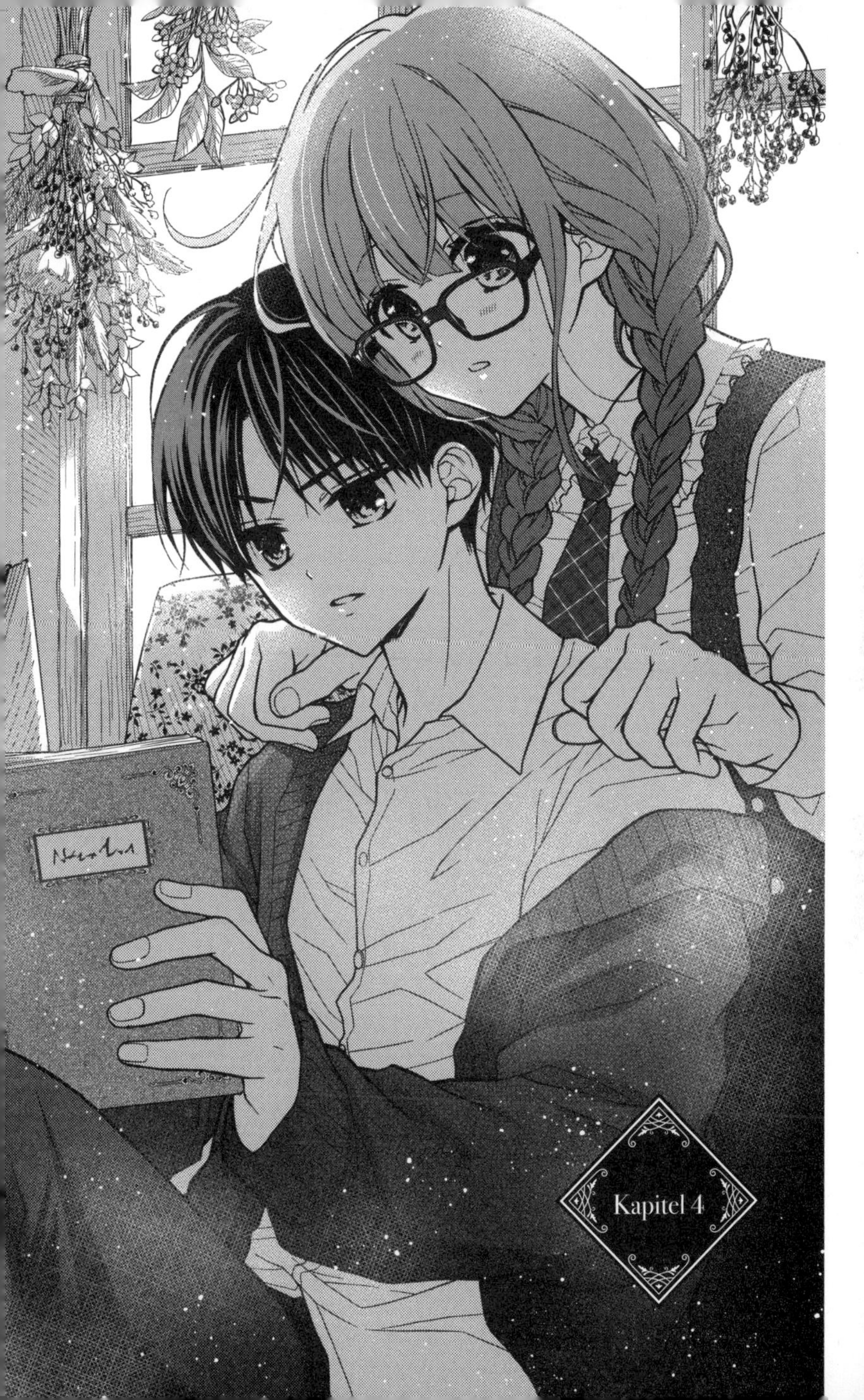
Kapitel 4

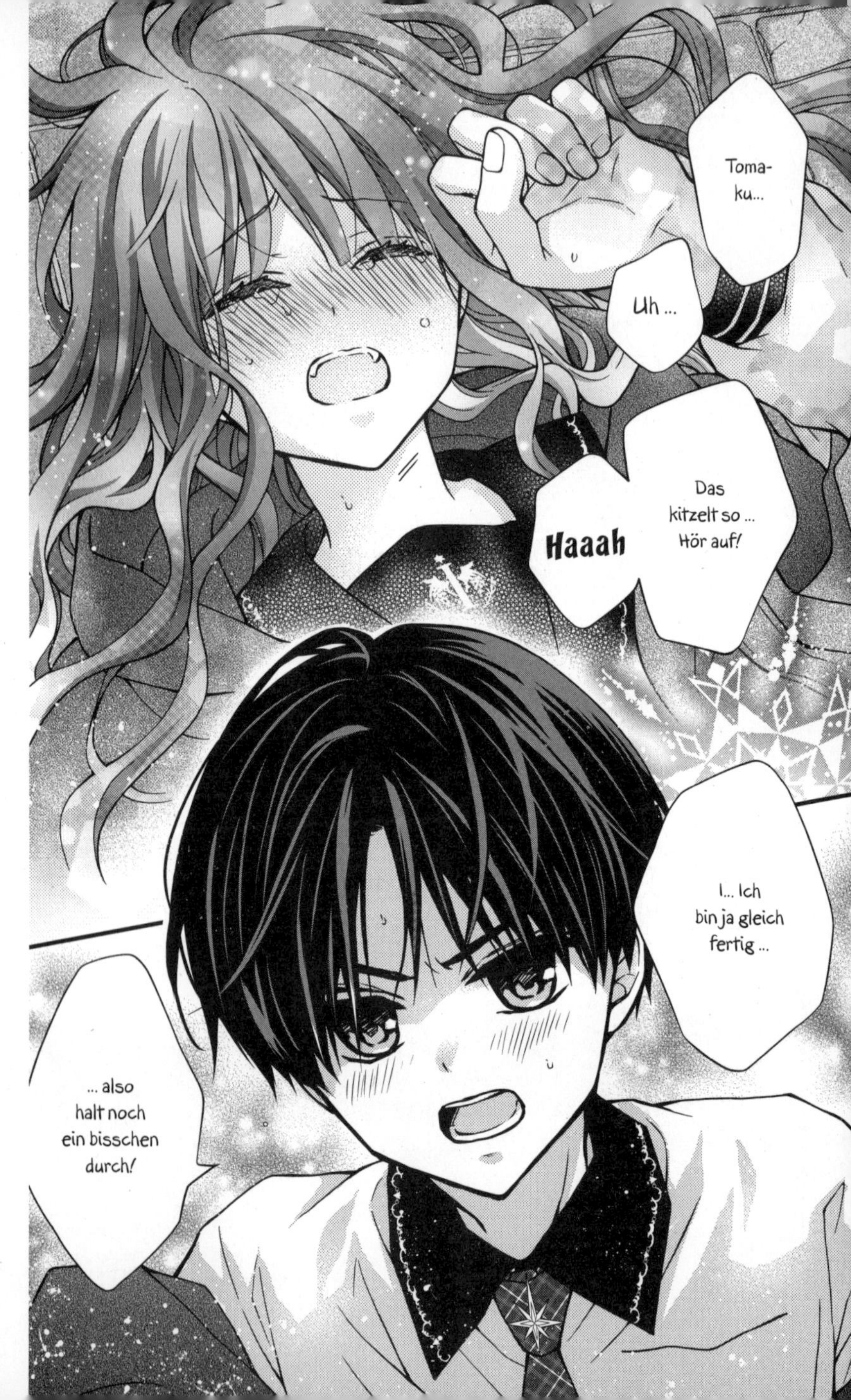
Toma-
ku...
Uh ...
Haaah
Das kitzelt so ... Hör auf!
I... Ich bin ja gleich fertig ...
... also halt noch ein bisschen durch!

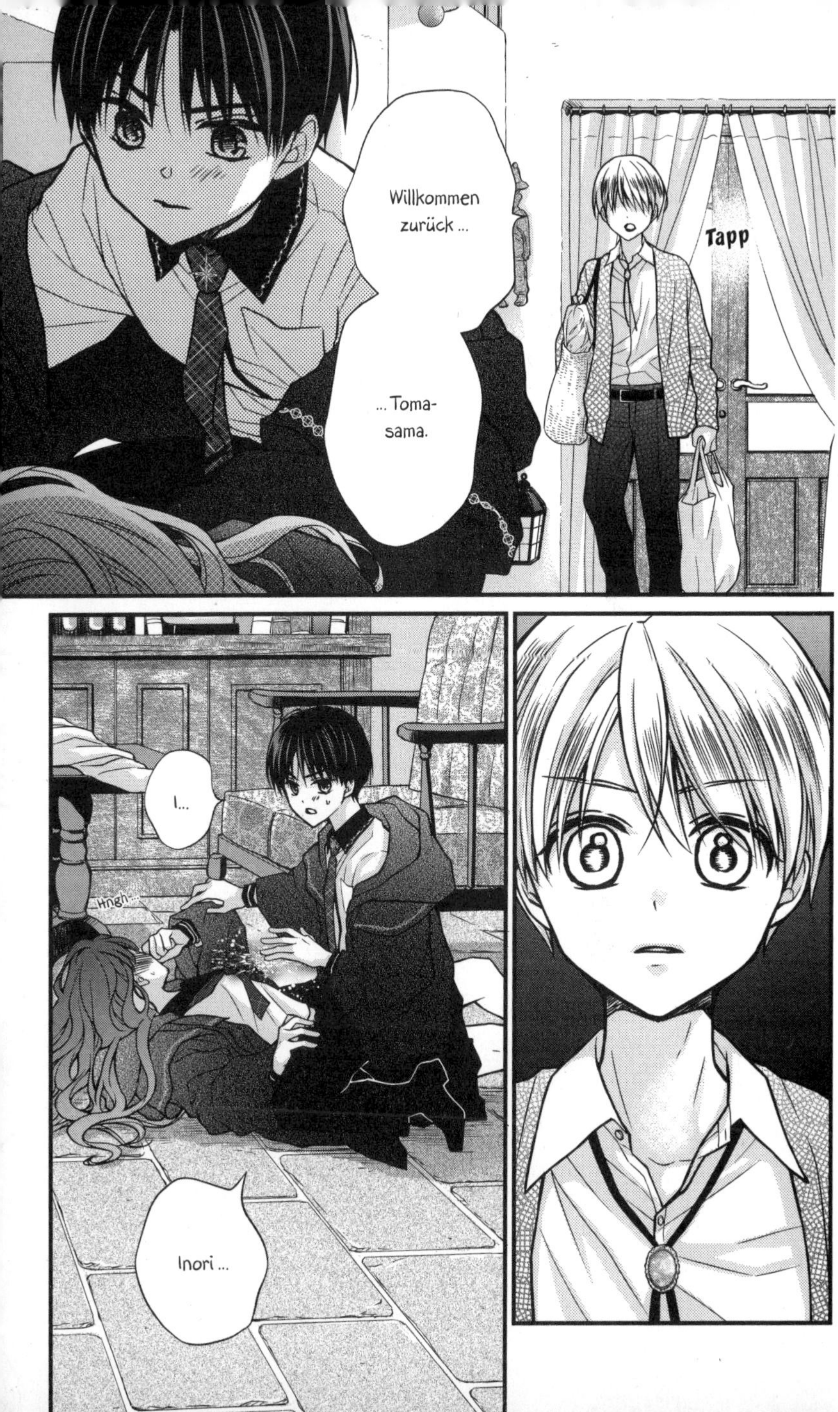

Tapp

Willkommen zurück ...

... Toma-sama.

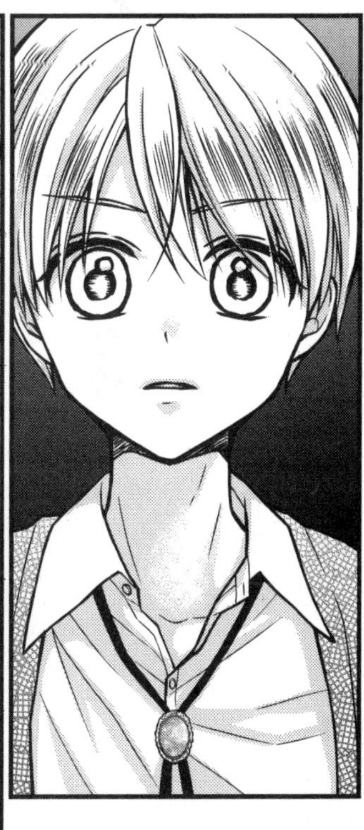

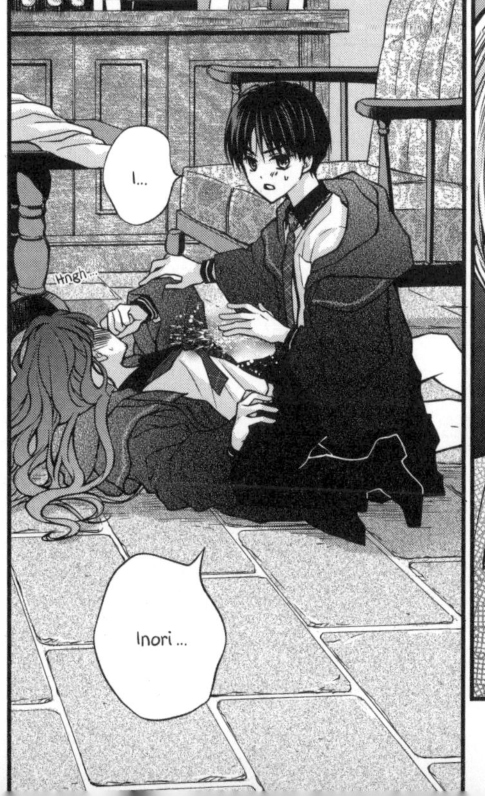

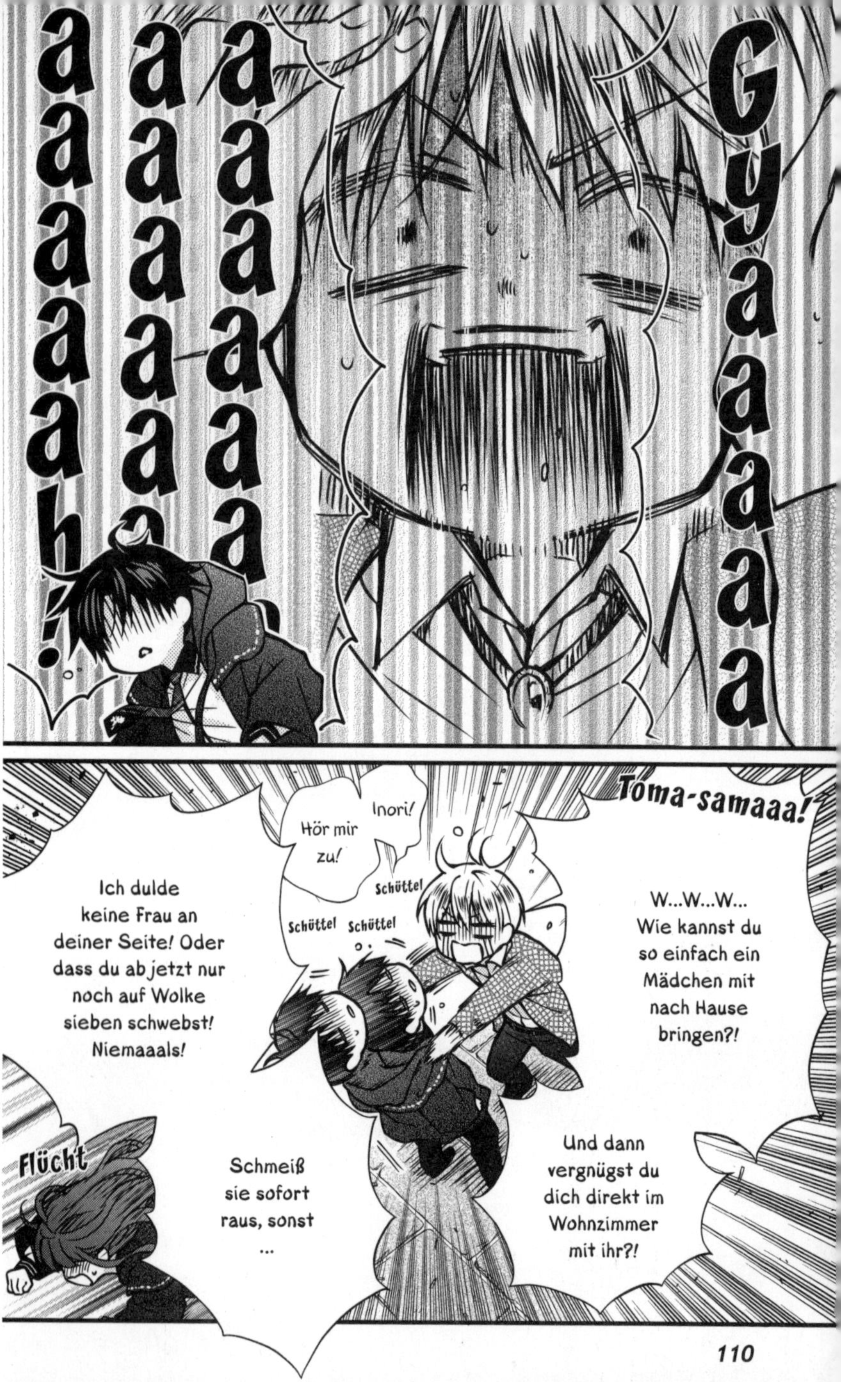

Gyaaaaaa

aaaaaaa

aaaaaaa

aaaaaah!

Tōma-samaaa!

W...W...W... Wie kannst du so einfach ein Mädchen mit nach Hause bringen?!

Inori!

Hör mir zu!

Schüttel

Schüttel

Schüttel

Ich dulde keine Frau an deiner Seite! Oder dass du ab jetzt nur noch auf Wolke sieben schwebst! Niemaaals!

Und dann vergnügst du dich direkt im Wohnzimmer mit ihr?!

Schmeiß sie sofort raus, sonst ...

Flücht

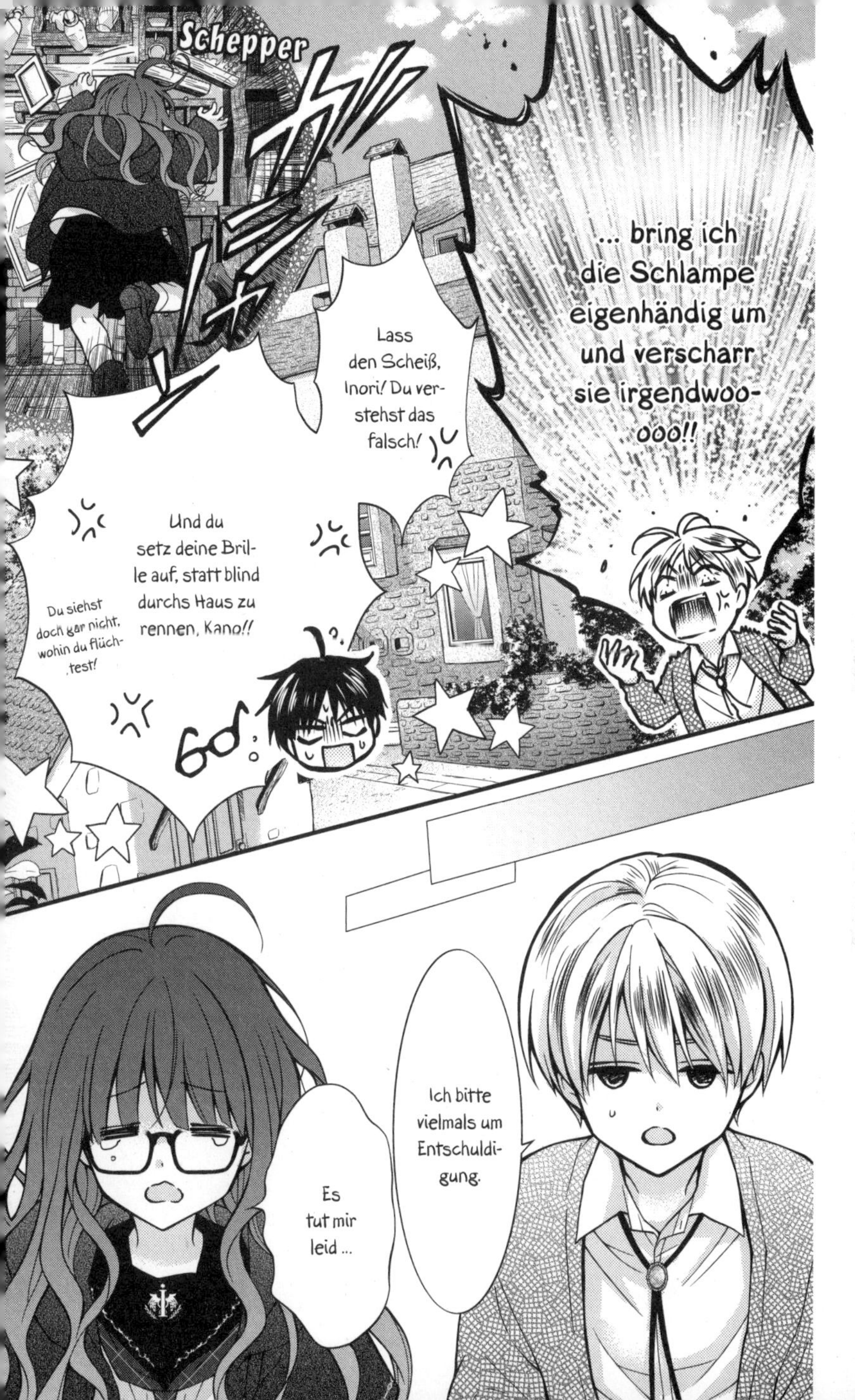

Schepper
... bring ich die Schlampe eigenhändig um und verscharr sie irgendwoo-ooo!!
Lass den Scheiß, Inori! Du versteh st das falsch!
Und du setz deine Brille auf, statt blind durchs Haus zu rennen, Kano!!
Du siehst doch gar nicht, wohin du flüchtest!
Ich bitte vielmals um Entschuldigung.
Es tut mir leid ...

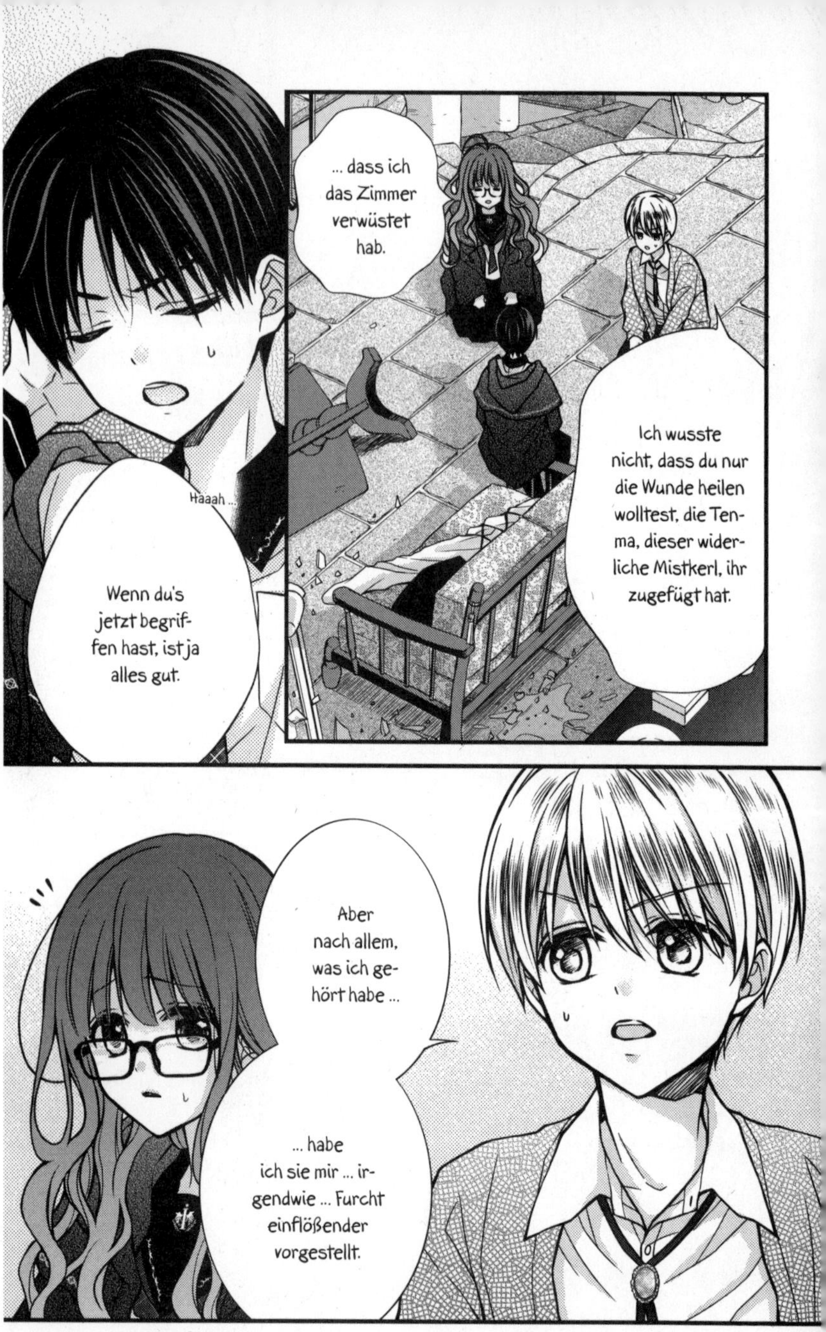

Ich wusste nicht, dass du nur die Wunde heilen wolltest, die Tenma, dieser widerliche Mistkerl, ihr zugefügt hat.

... dass ich das Zimmer verwüstet hab.

Haaah ...

Wenn du's jetzt begriffen hast, ist ja alles gut.

Aber nach allem, was ich gehört habe ...

... habe ich sie mir ... irgendwie ... Furcht einflößender vorgestellt.

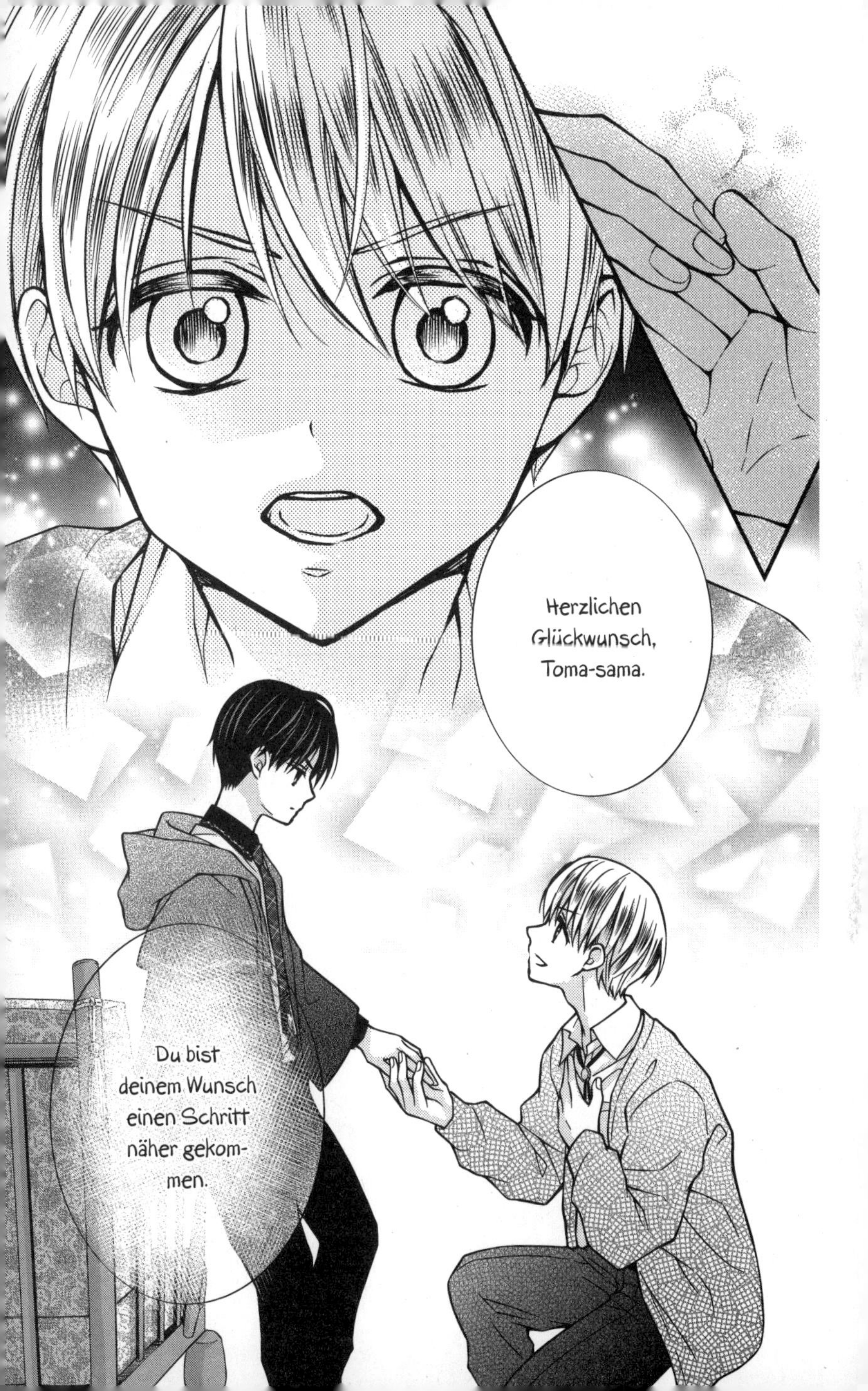
Herzlichen Glückwunsch, Toma-sama.
Du bist deinem Wunsch einen Schritt näher gekommen.

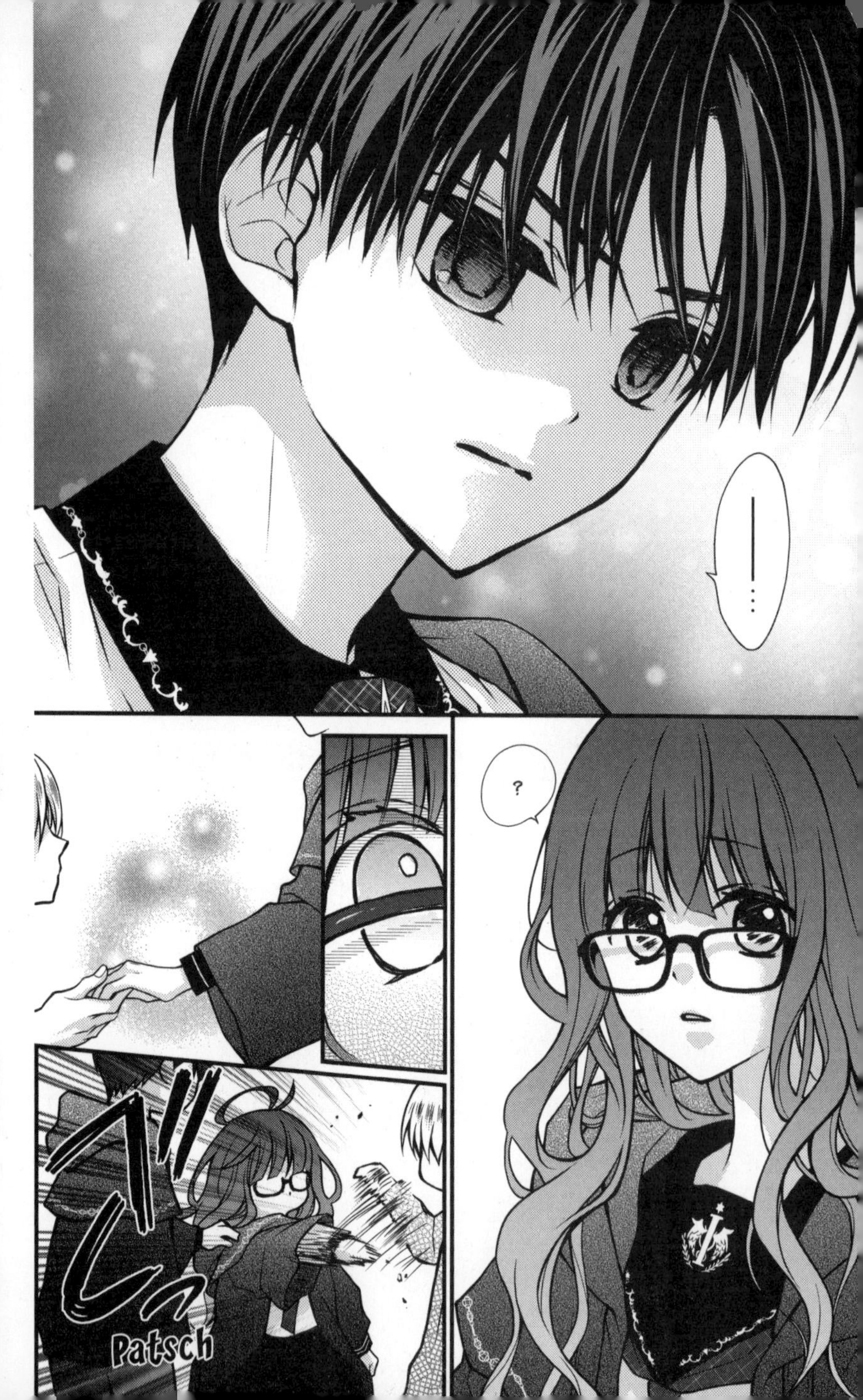
—...
?
Patsch

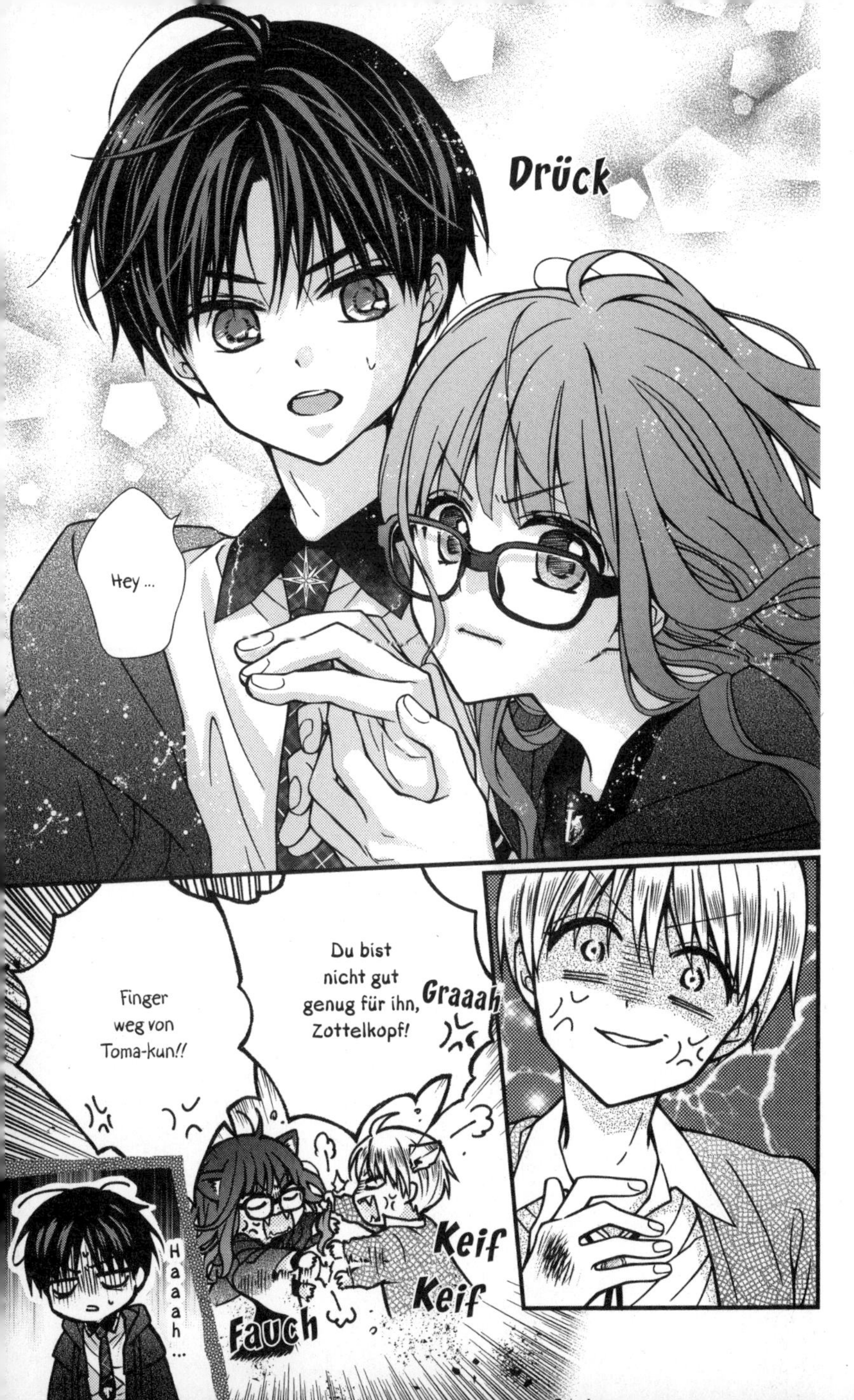
Drück
Hey ...
Du bist nicht gut genug für ihn, Zottelkopf!
Graaah
Finger weg von Toma-kun!!
Keif
Keif
Fauch
Haaah ...

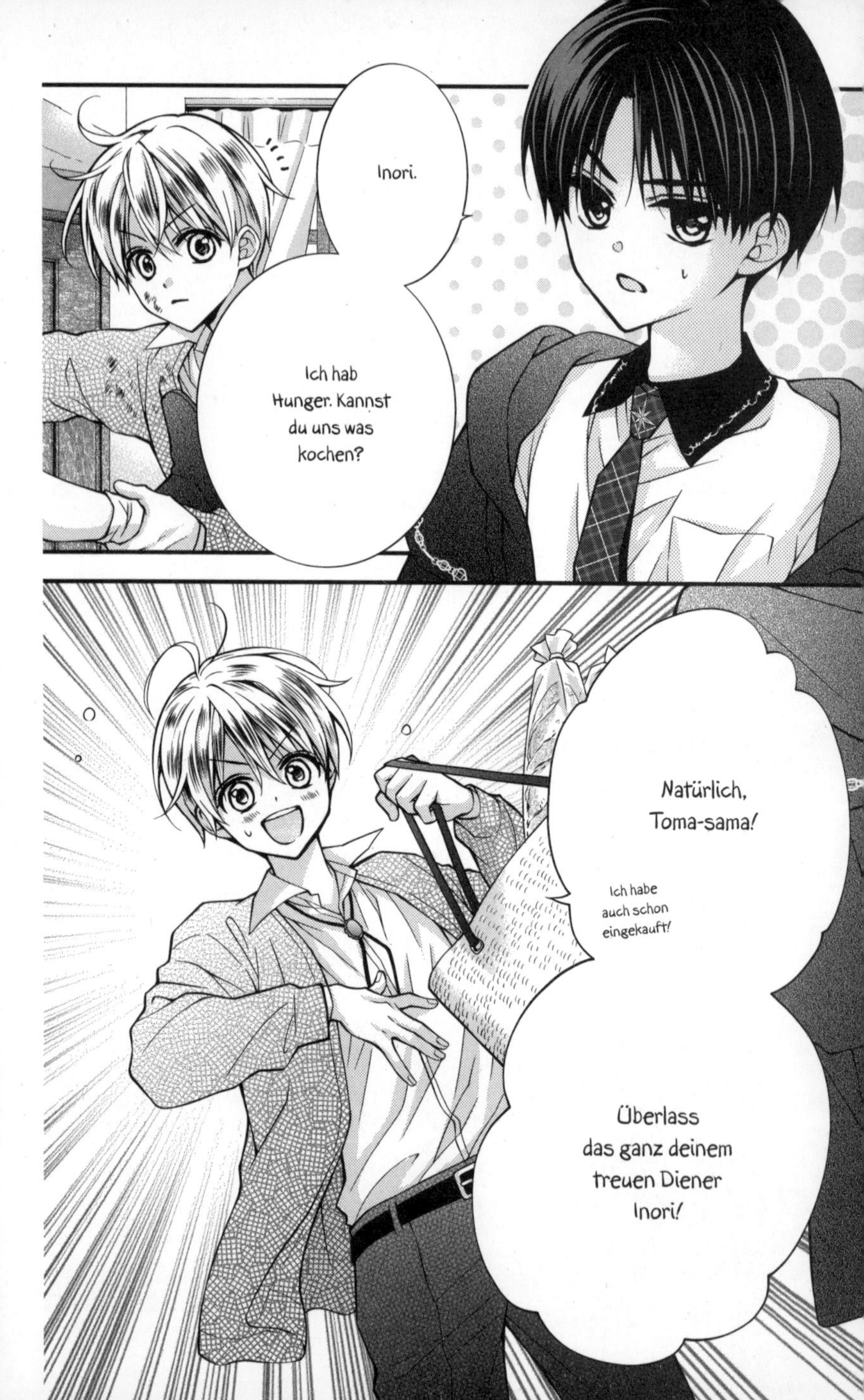
Inori.
Ich hab Hunger. Kannst du uns was kochen?
Natürlich, Toma-sama!
Ich habe auch schon eingekauft!
Überlass das ganz deinem treuen Diener Inori!

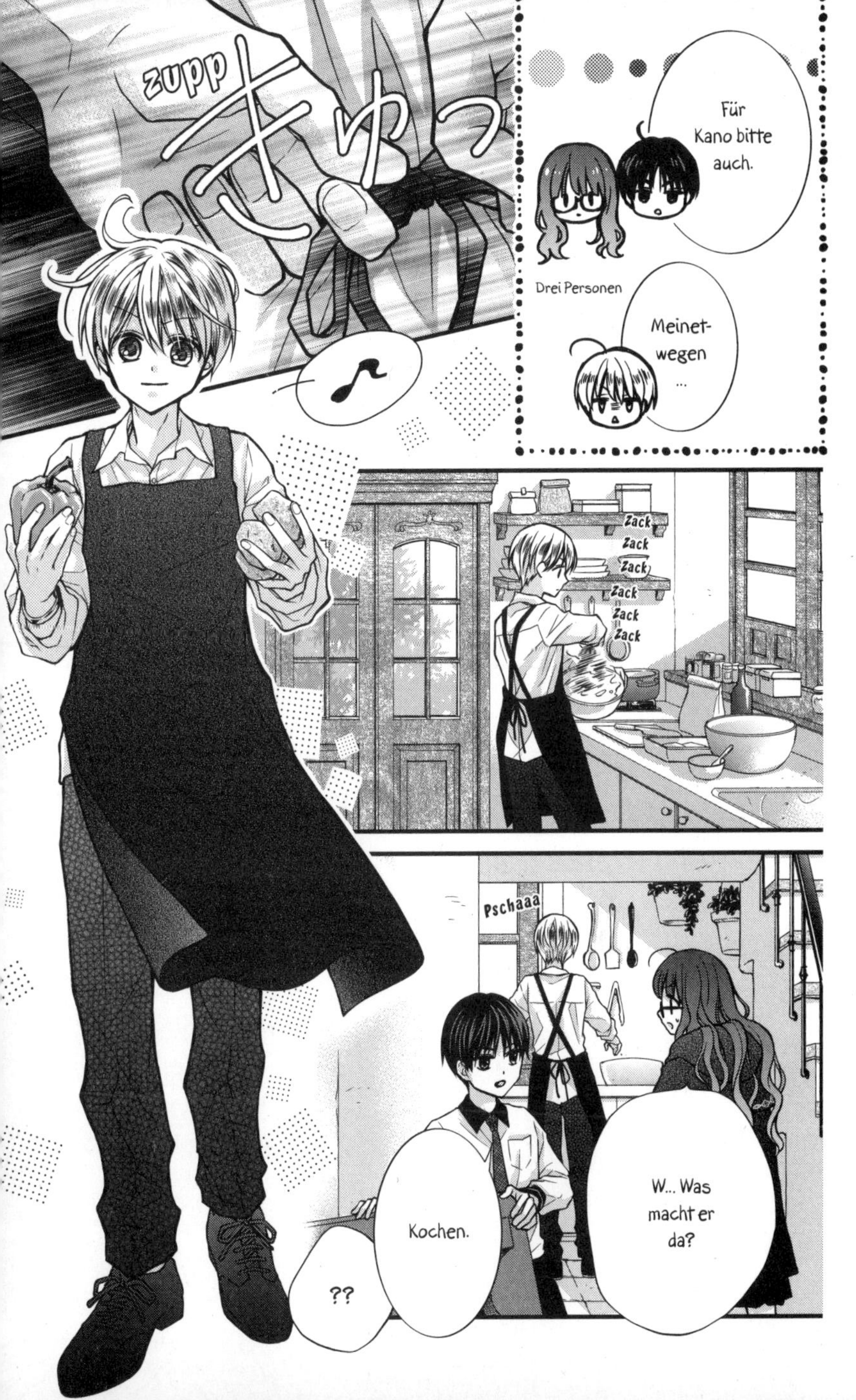

Für Kano bitte auch.
Drei Personen
Meinet-wegen ...
zupp
きゅっ
♪
Zack
Zack
Zack
Zack
Zack
Zack
Pschaaa
W... Was macht er da?
Kochen.
??

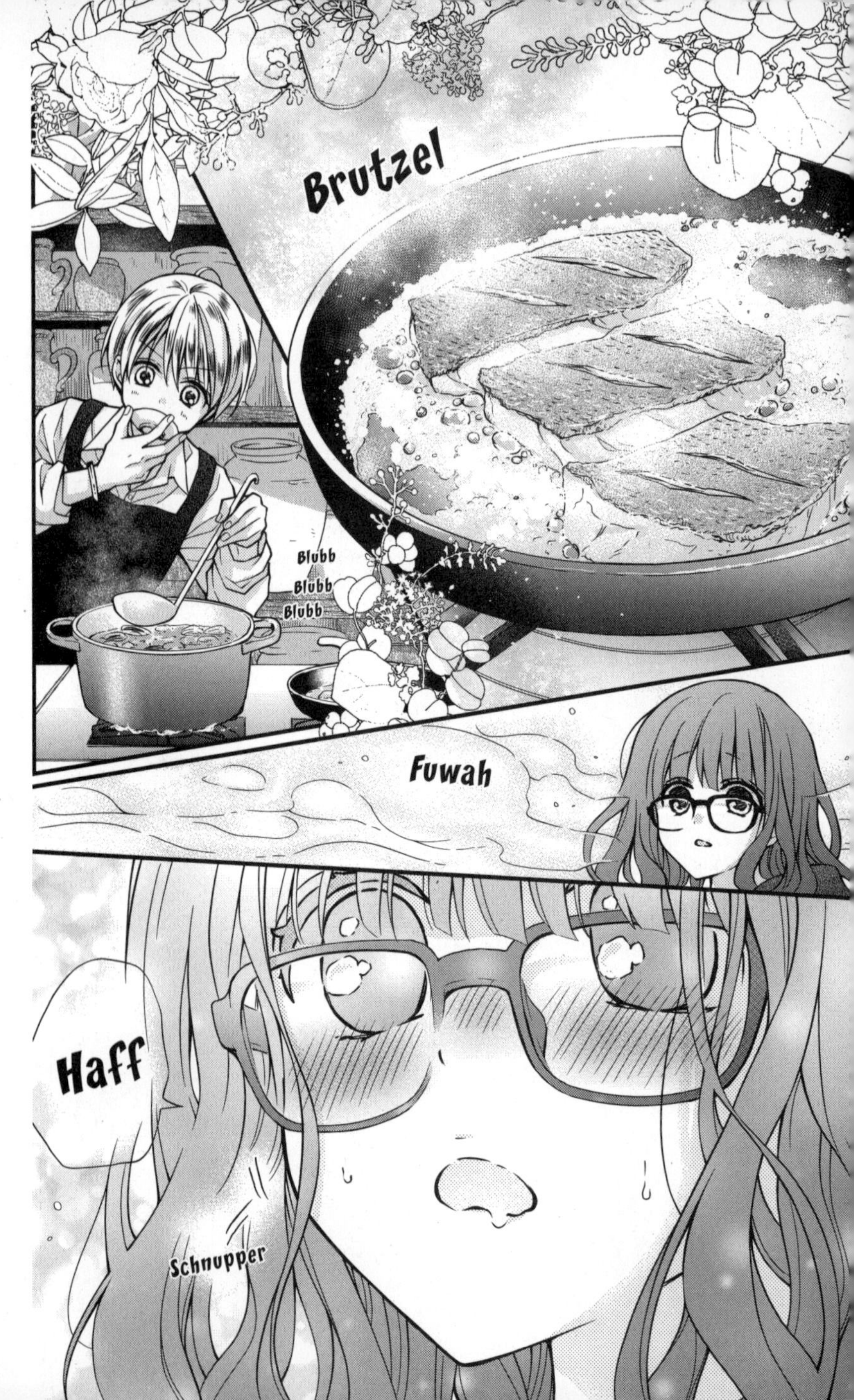

Brutzel
Blubb
Blubb
Blubb
Fuwah
Haff
Schnupper

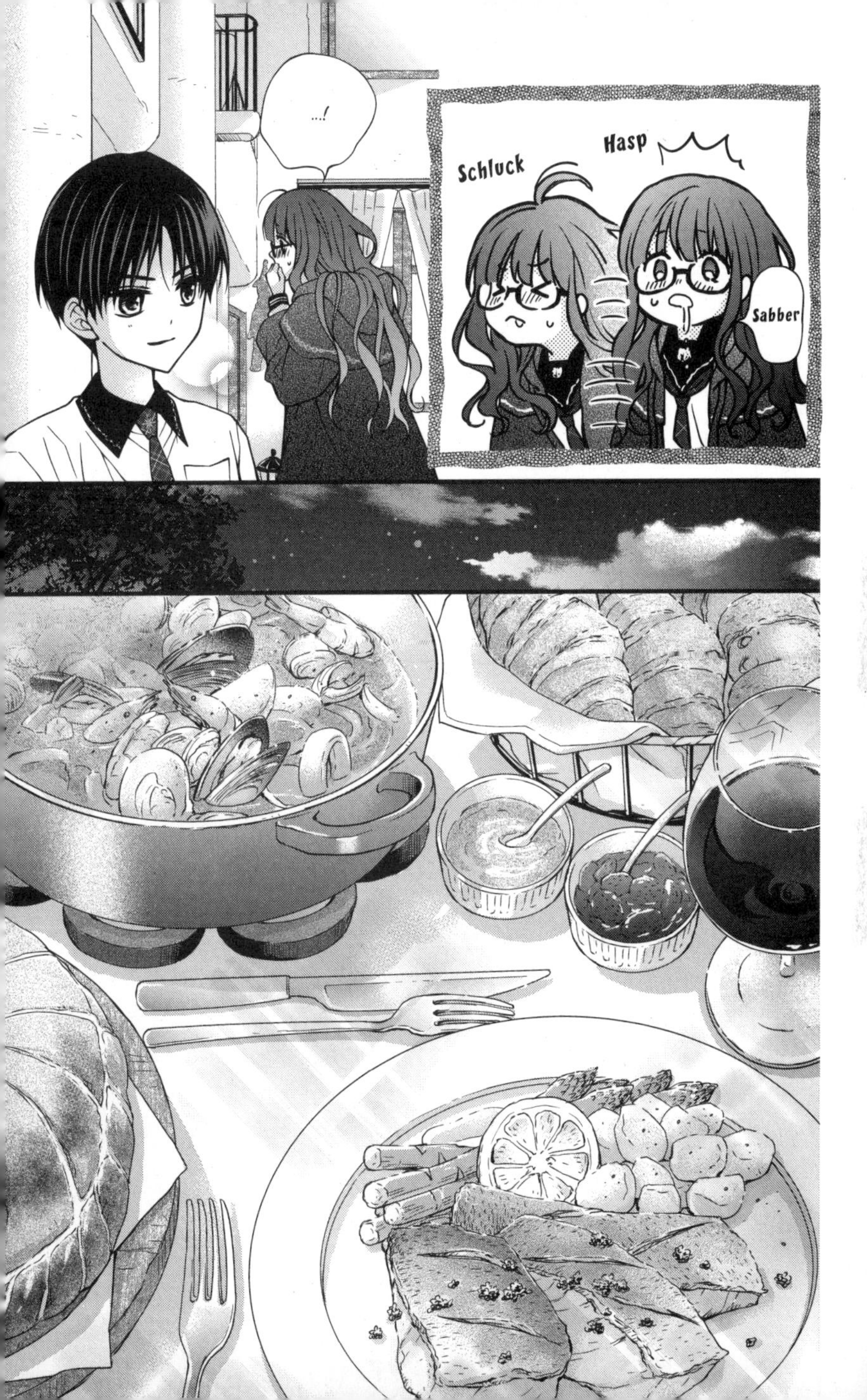

Hasp
Sabber
Schluck
...!

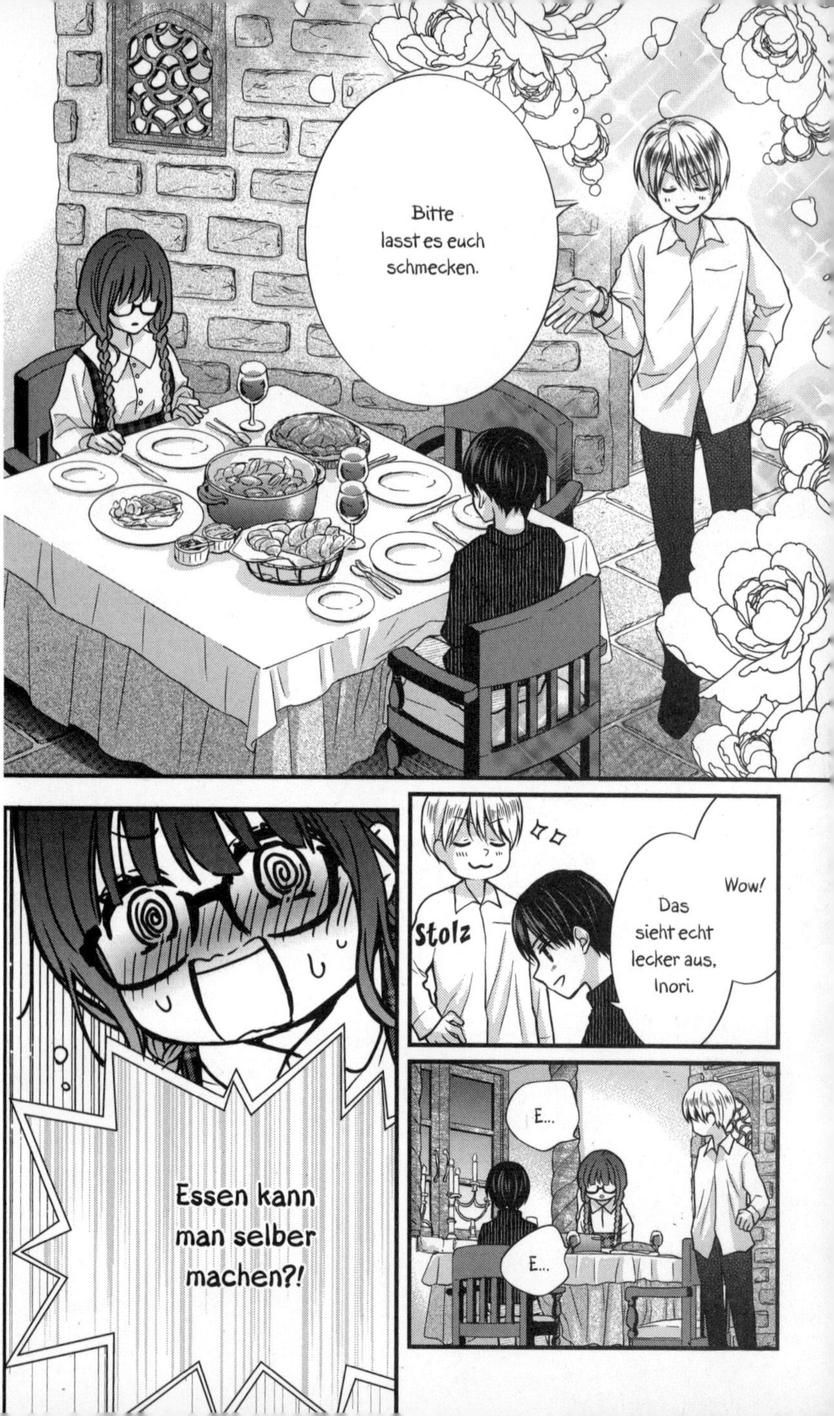

Bitte
lasst es euch
schmecken.

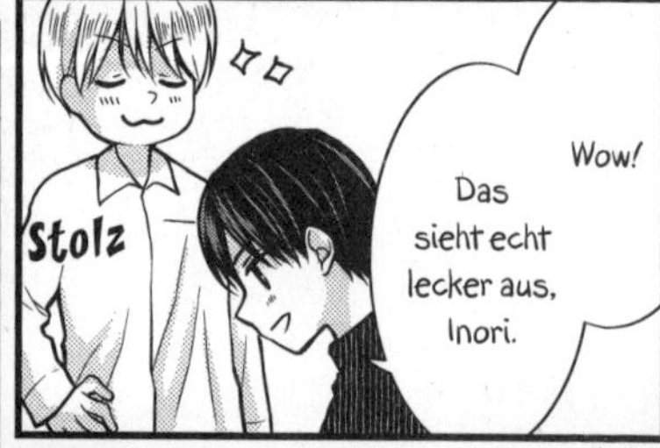

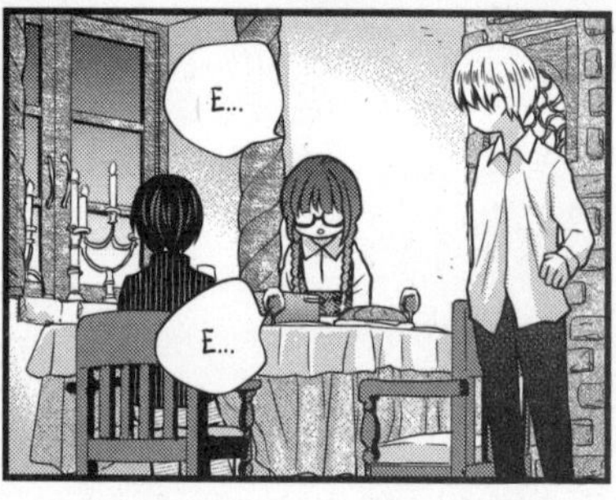

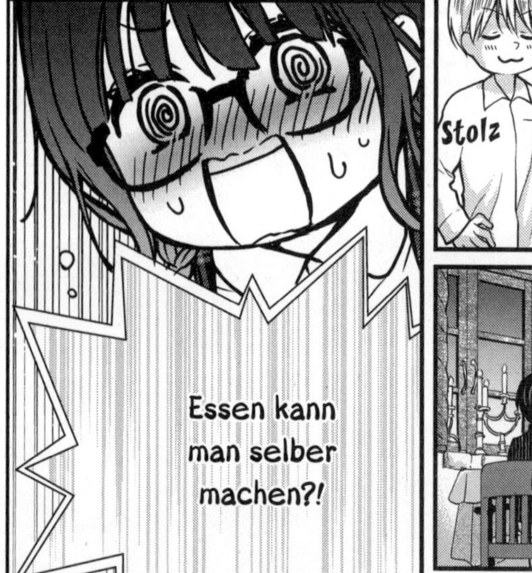

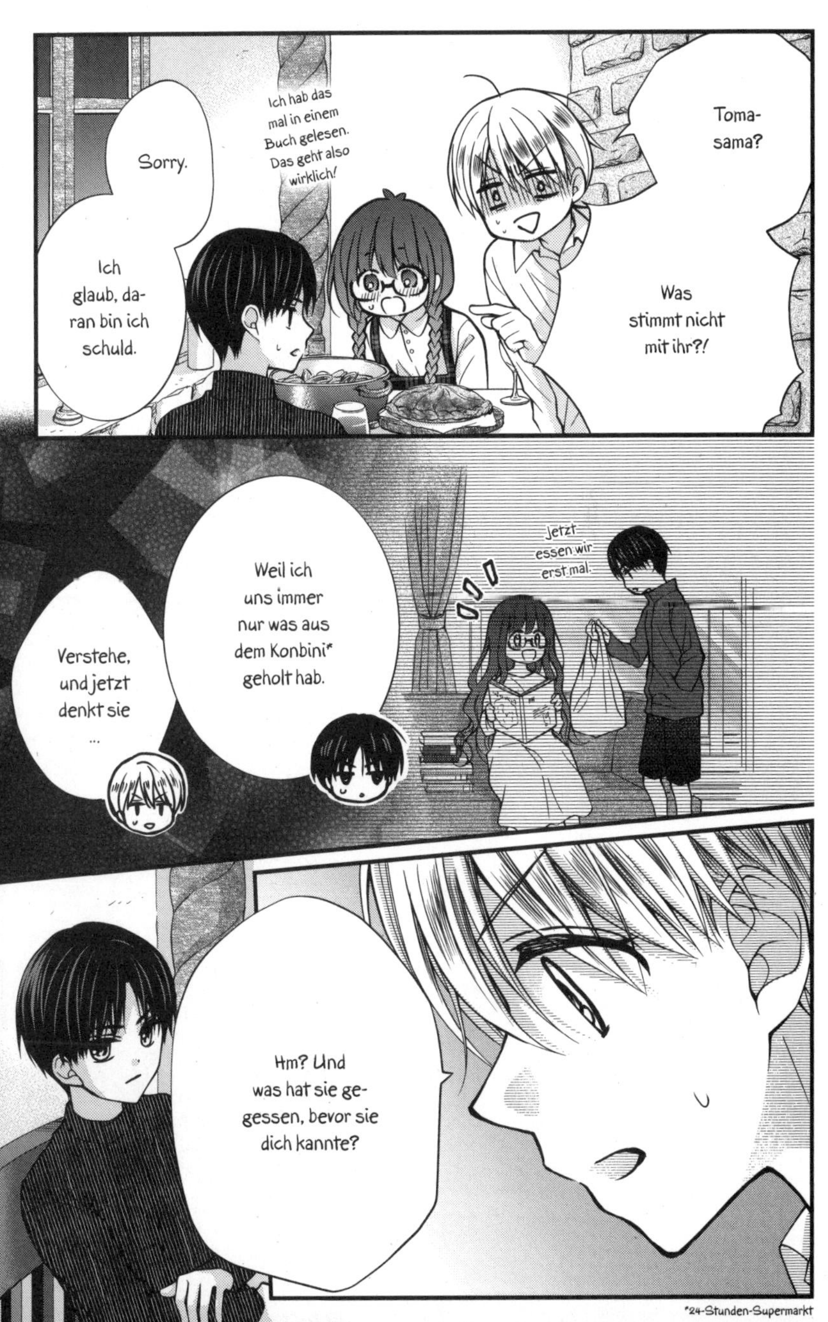
Toma-sama?
Was stimmt nicht mit ihr?!
Ich hab das mal in einem Buch gelesen. Das geht also wirklich!
Sorry.
Ich glaub, daran bin ich schuld.
Weil ich uns immer nur was aus dem Konbini* geholt hab.
Jetzt essen wir erst mal.
Verstehe, und jetzt denkt sie …
Hm? Und was hat sie gegessen, bevor sie dich kannte?
*24-Stunden-Supermarkt

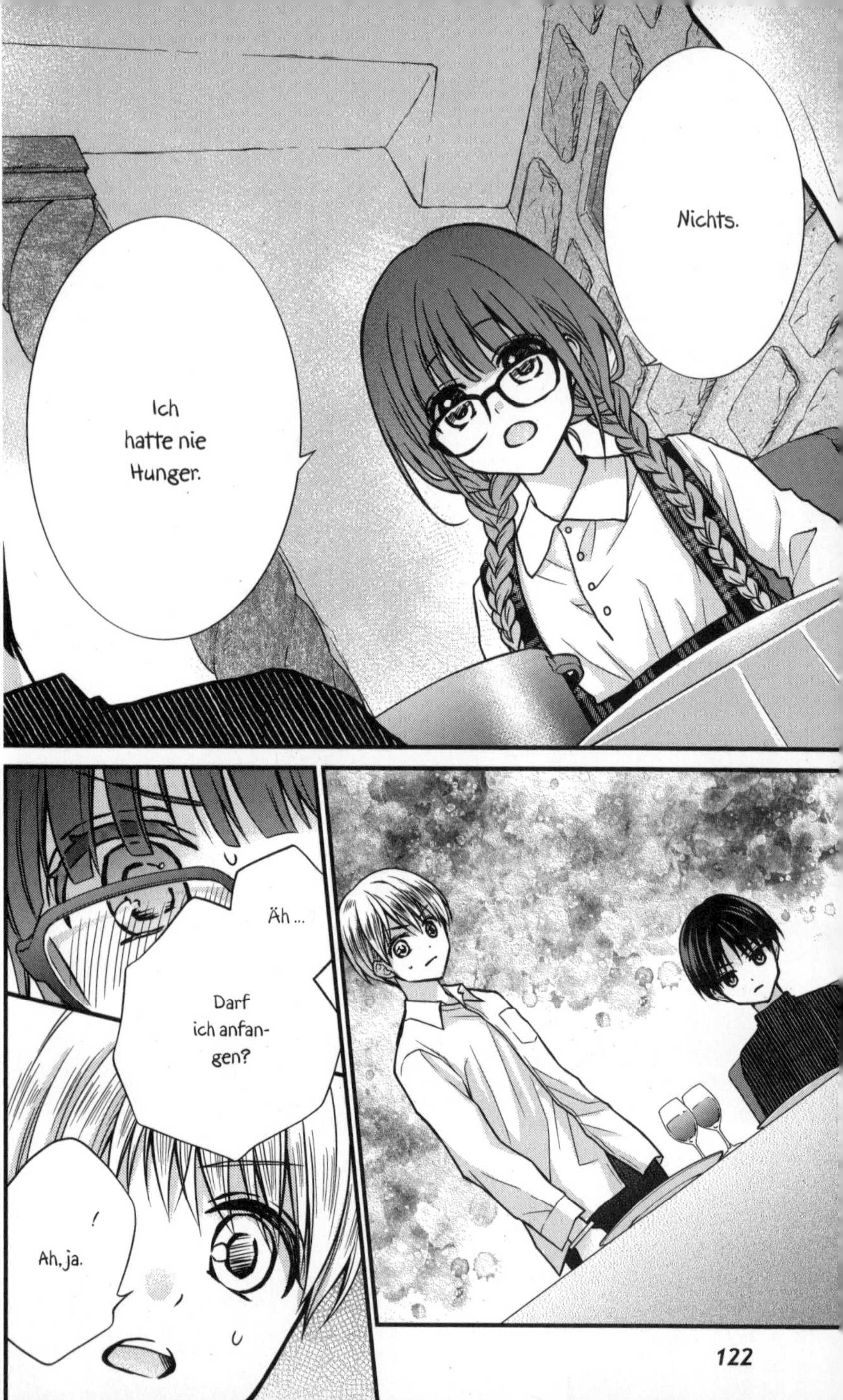

Nichts.

Ich hatte nie Hunger.

Äh ...

Darf ich anfangen?

!

Ah, ja.

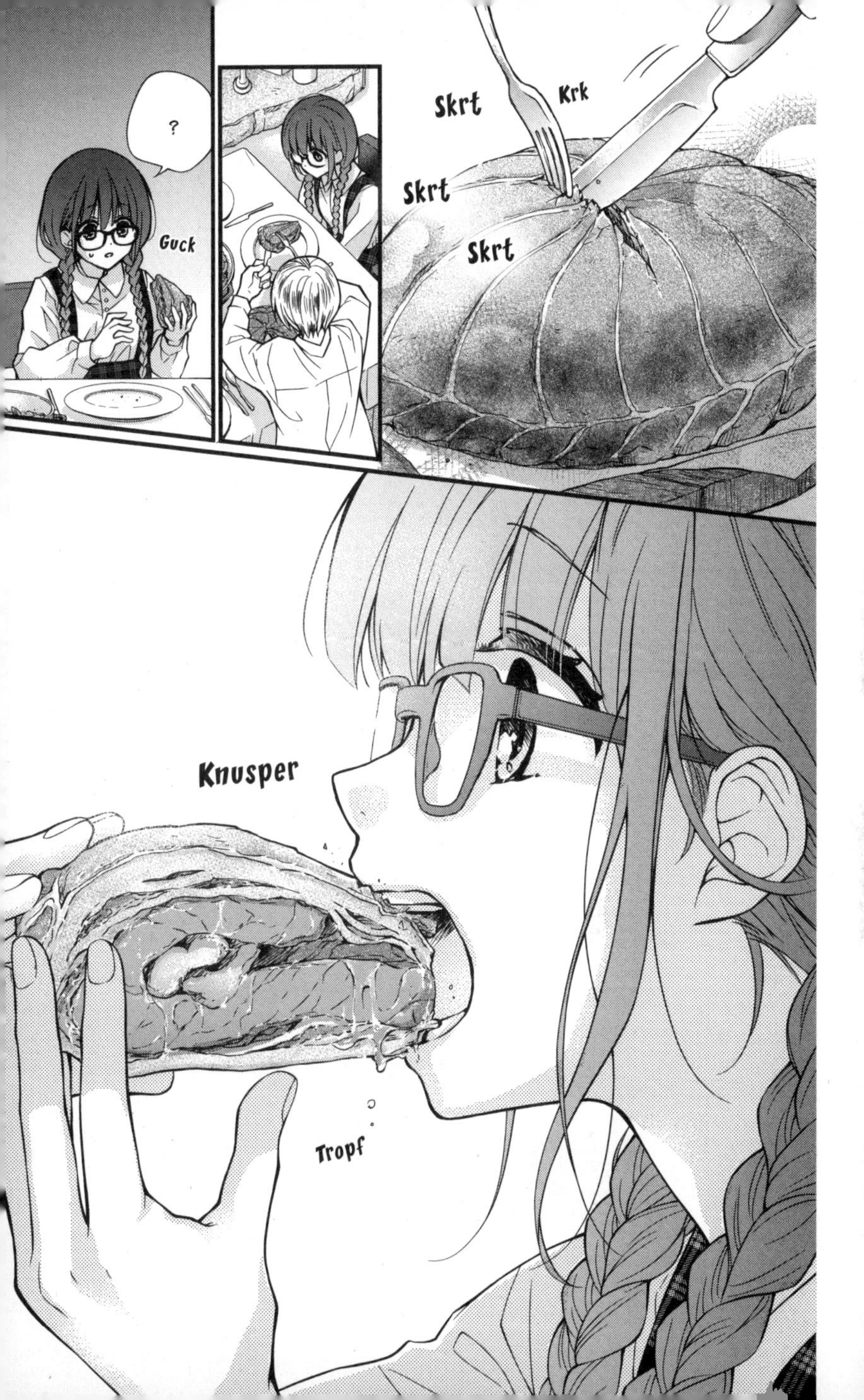

Krk
Skrt
Skrt
Skrt
Guck
?
Knusper
Tropf

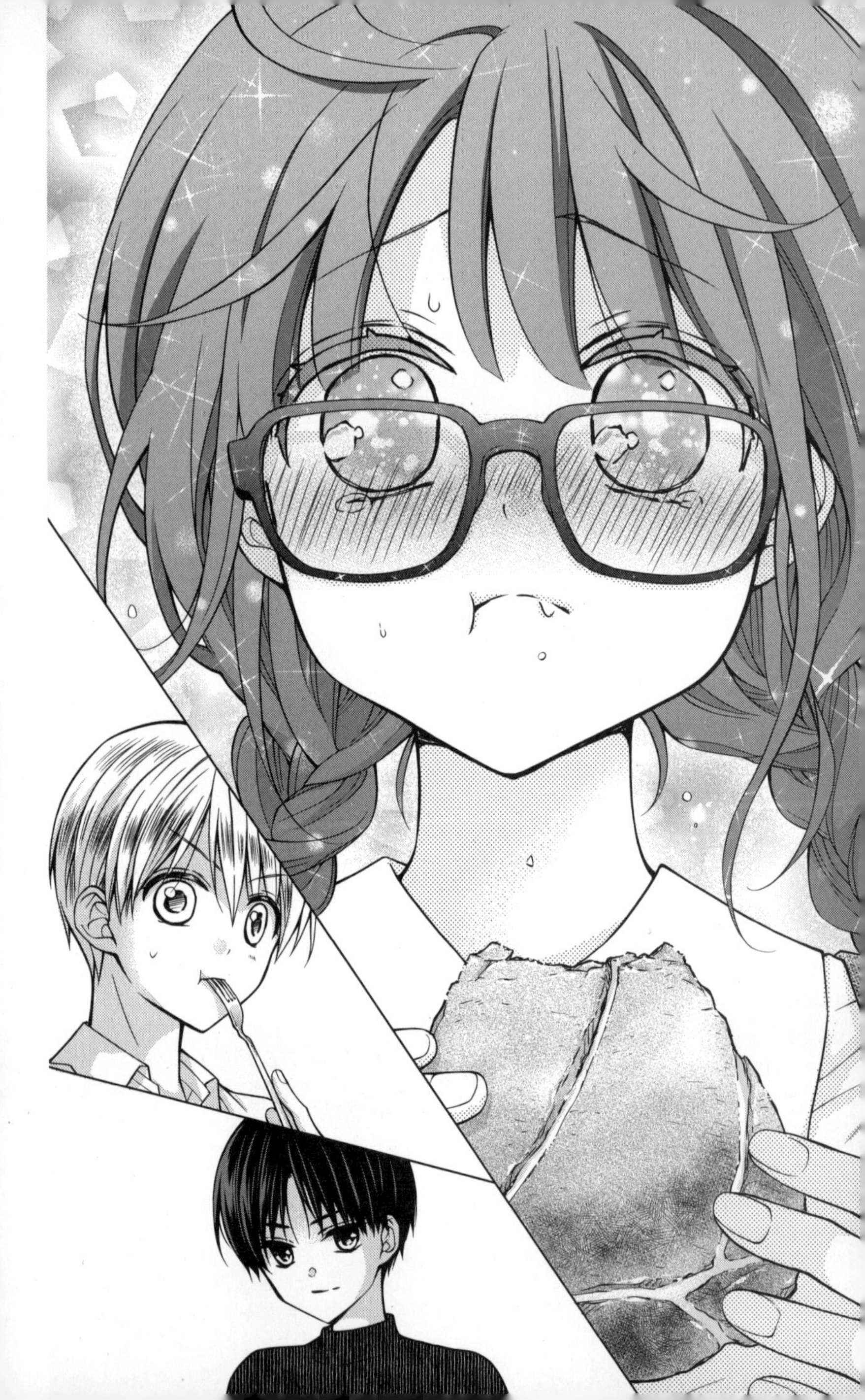

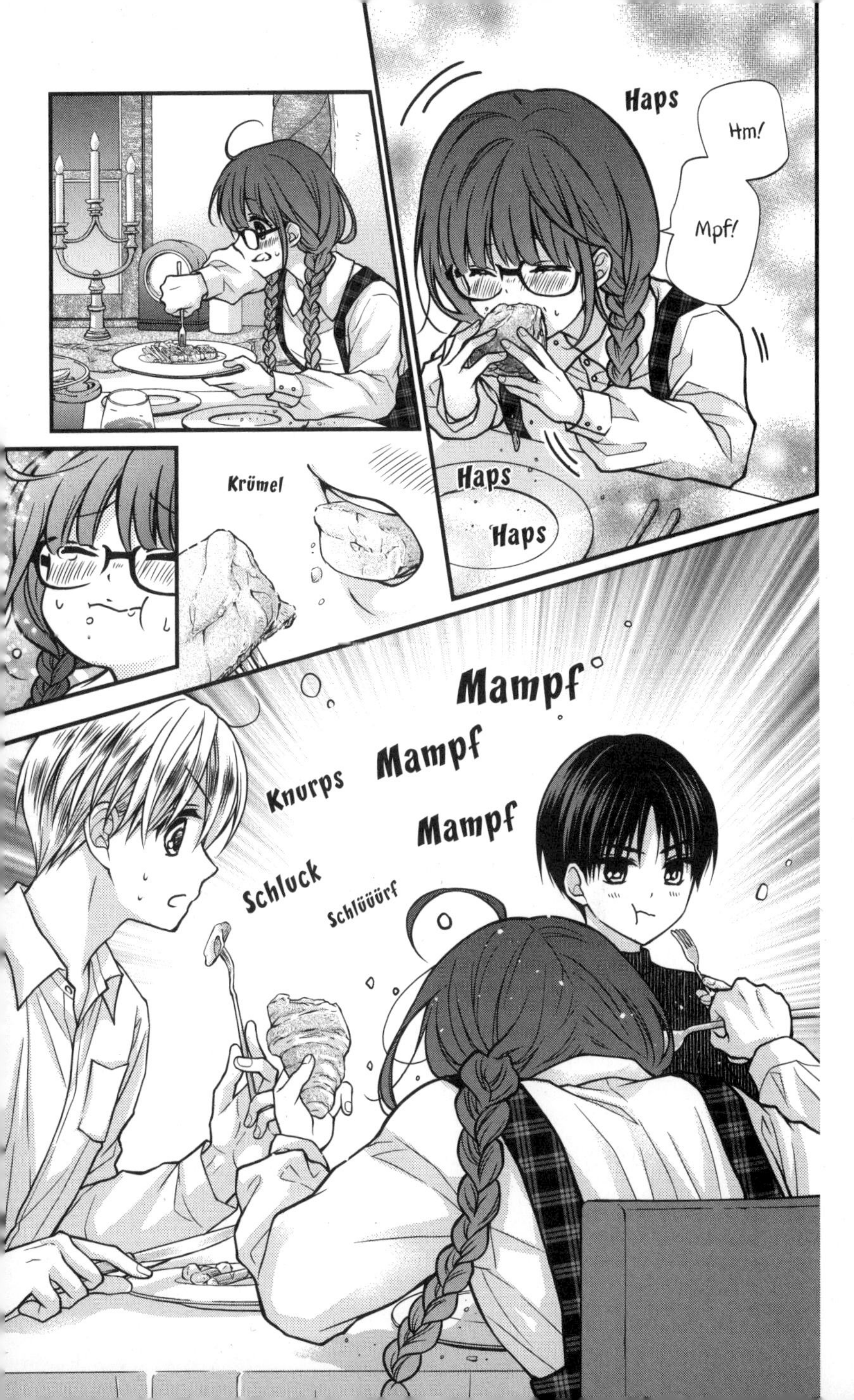
Haps
Hm!
Mpf!
Haps
Haps
Krümel
Mampf
Mampf
Knurps
Mampf
Schluck
Schlüüürf

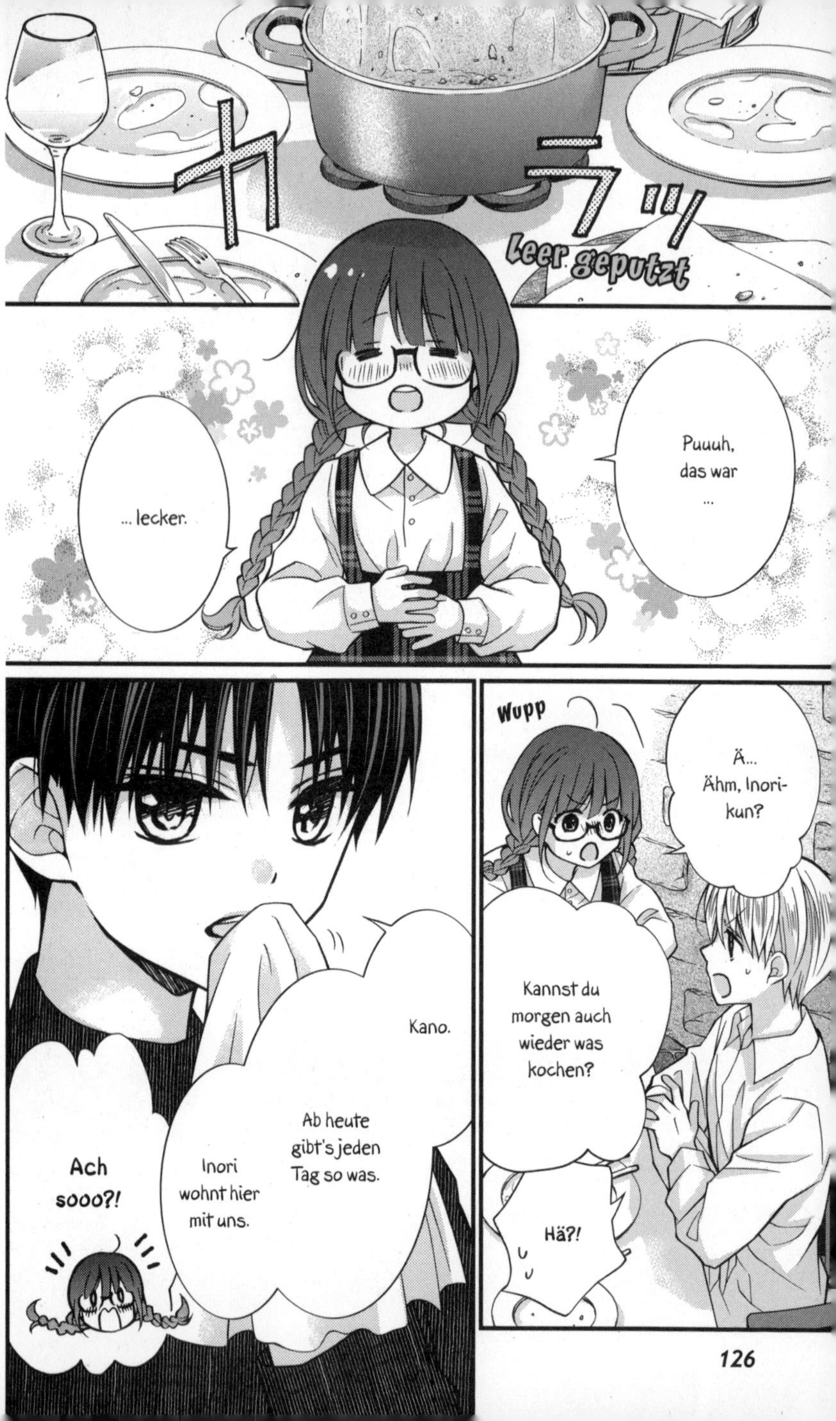

カラッ
Leer geputzt

Puuuh, das war ...

... lecker.

Wupp

Ä... Ähm, Inori-kun?

Kannst du morgen auch wieder was kochen?

Hä?!

Kano.

Ab heute gibt's jeden Tag so was.

Inori wohnt hier mit uns.

Ach sooo?!

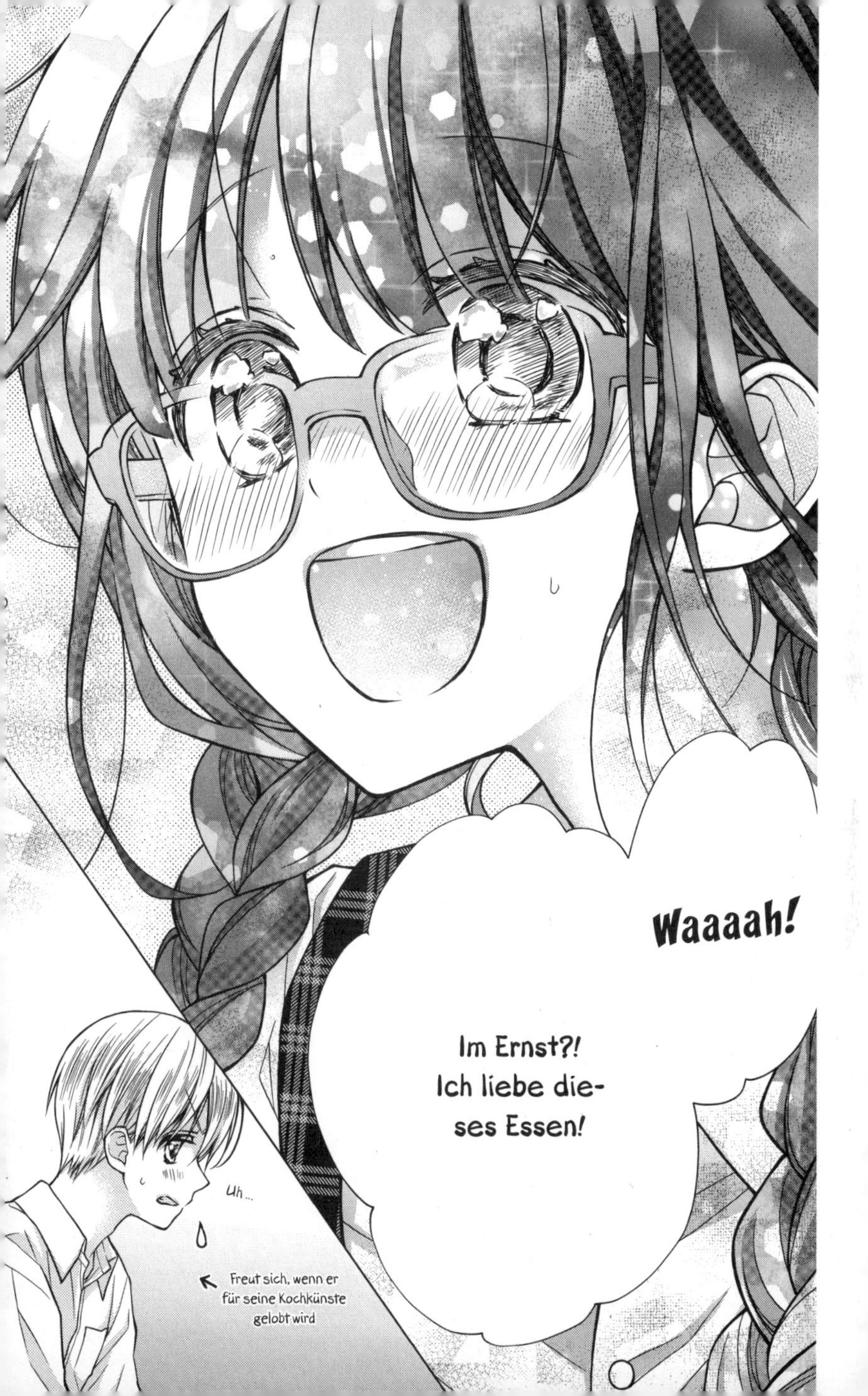
Waaaah!
Im Ernst?! Ich liebe dieses Essen!
Uh ...
Freut sich, wenn er für seine Kochkünste gelobt wird

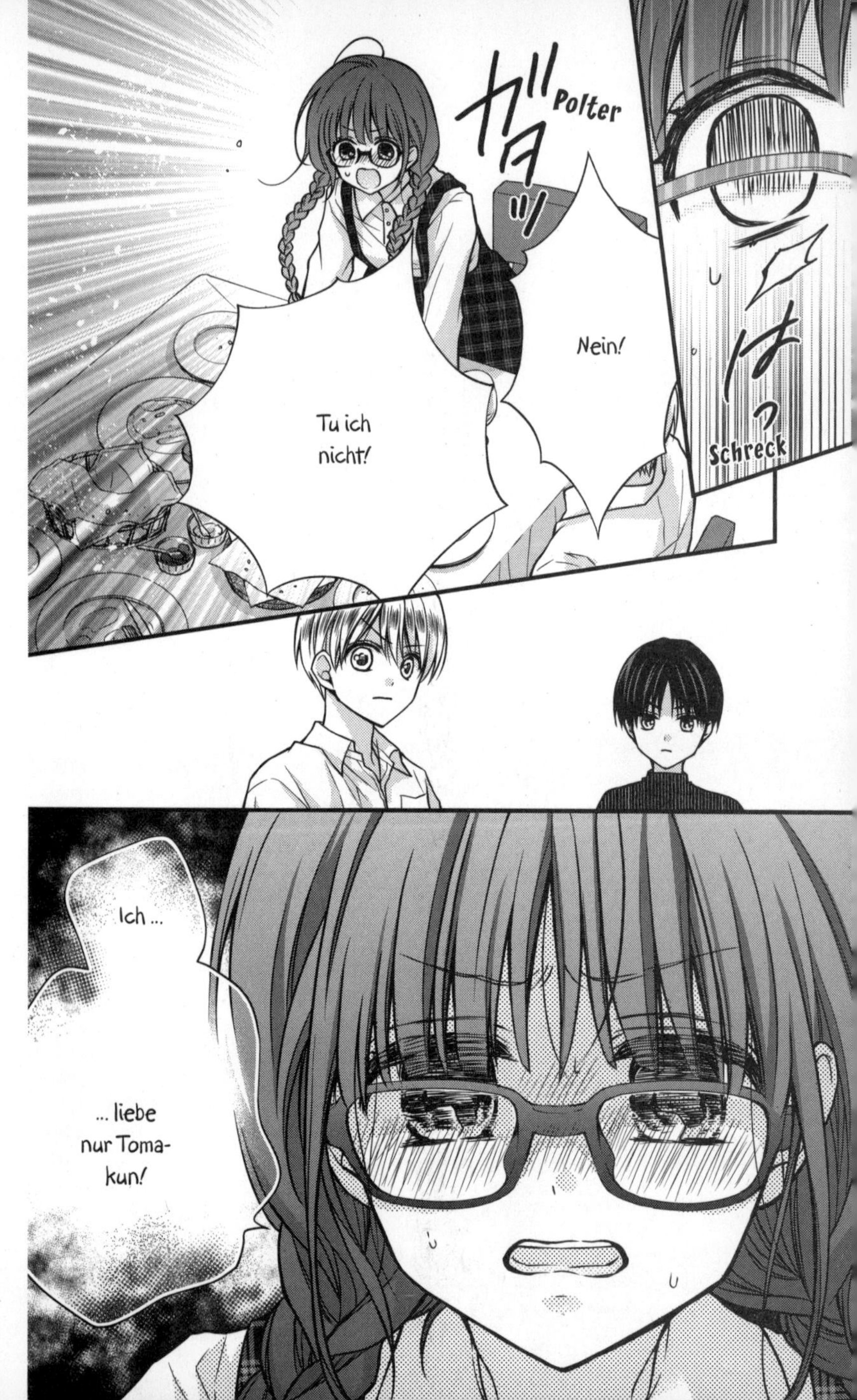

はっ
Schreck
ガタッ
Polter
Nein!
Tu ich nicht!
Ich ...
... liebe nur Toma-kun!

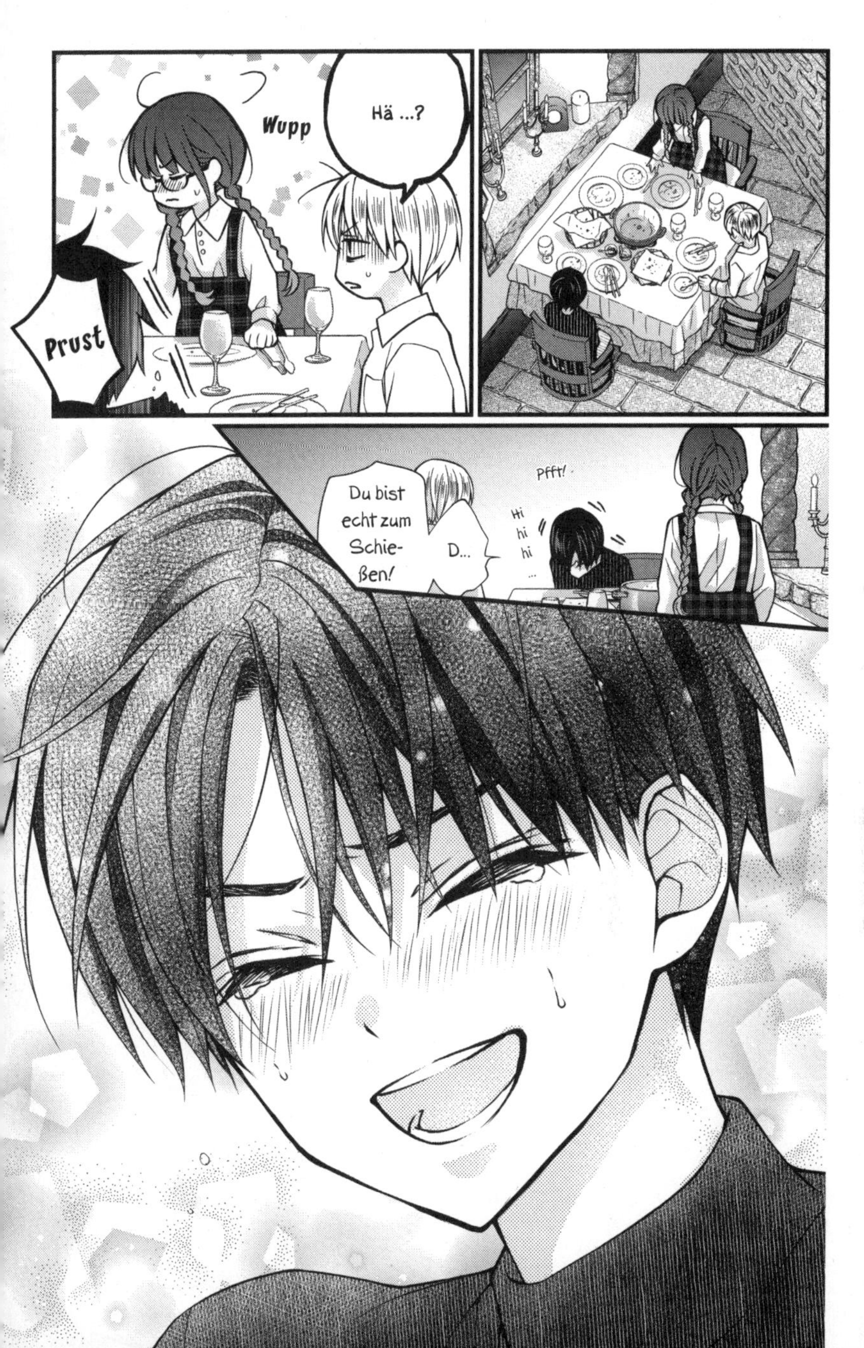
Hä ...?
Wupp
Prust
Du bist echt zum Schie-ßen!
D...
Hi hi hi ...
Pfft!

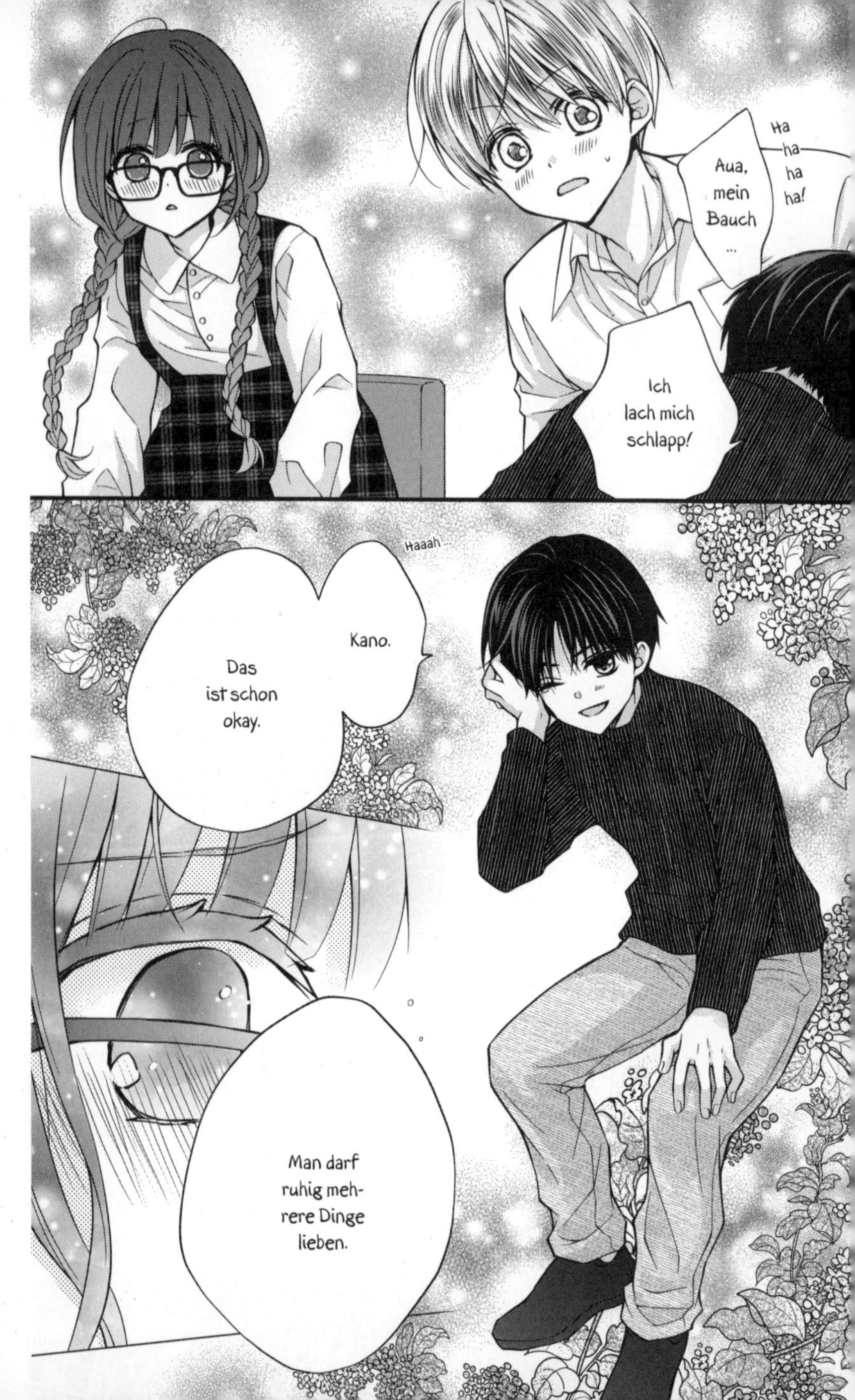
Ha ha ha ha!
Aua, mein Bauch ...
Ich lach mich schlapp!
Haaah ...
Kano.
Das ist schon okay.
Man darf ruhig mehrere Dinge lieben.

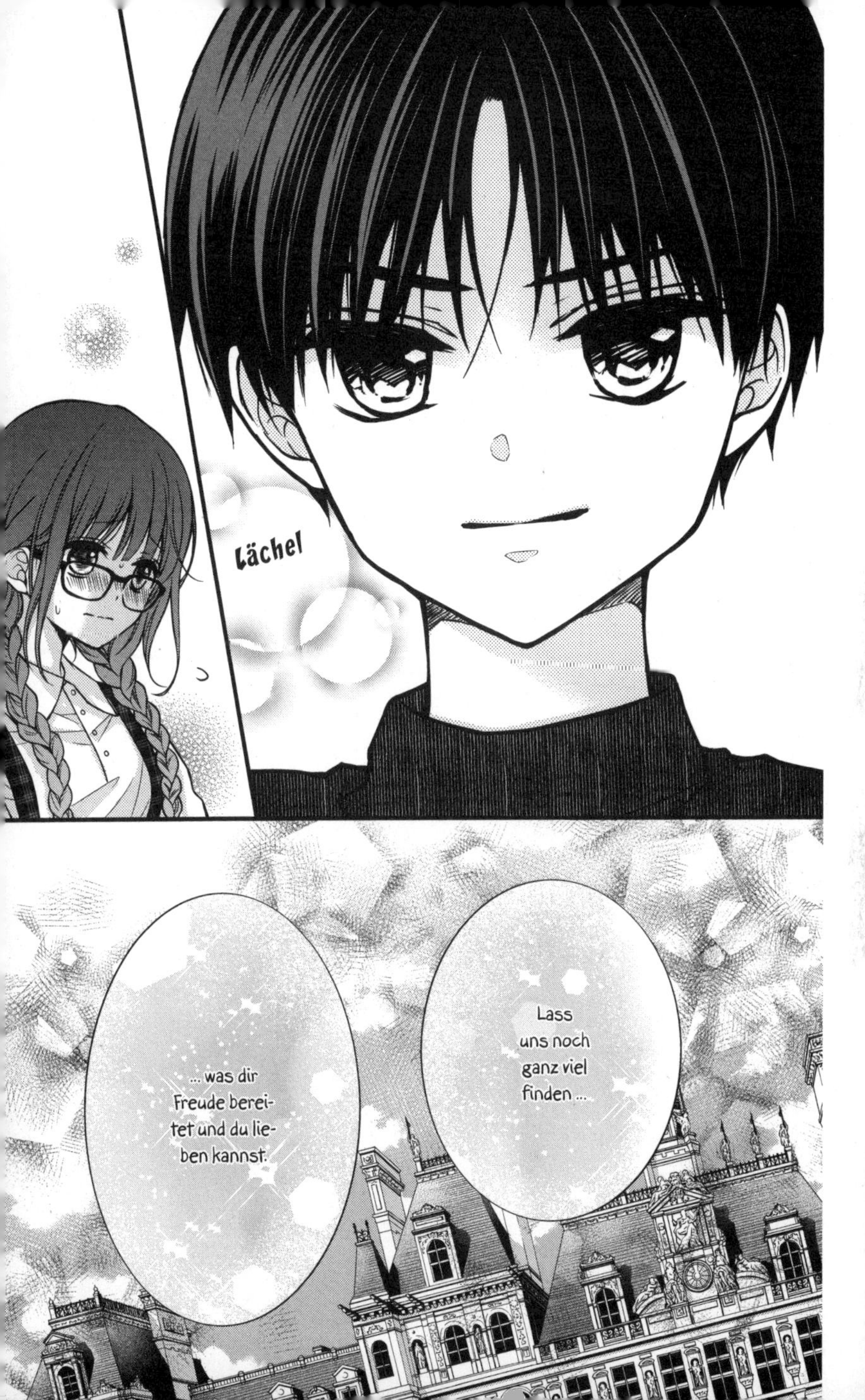
Lächel
Lass uns noch ganz viel finden …
… was dir Freude berei-tet und du lie-ben kannst.

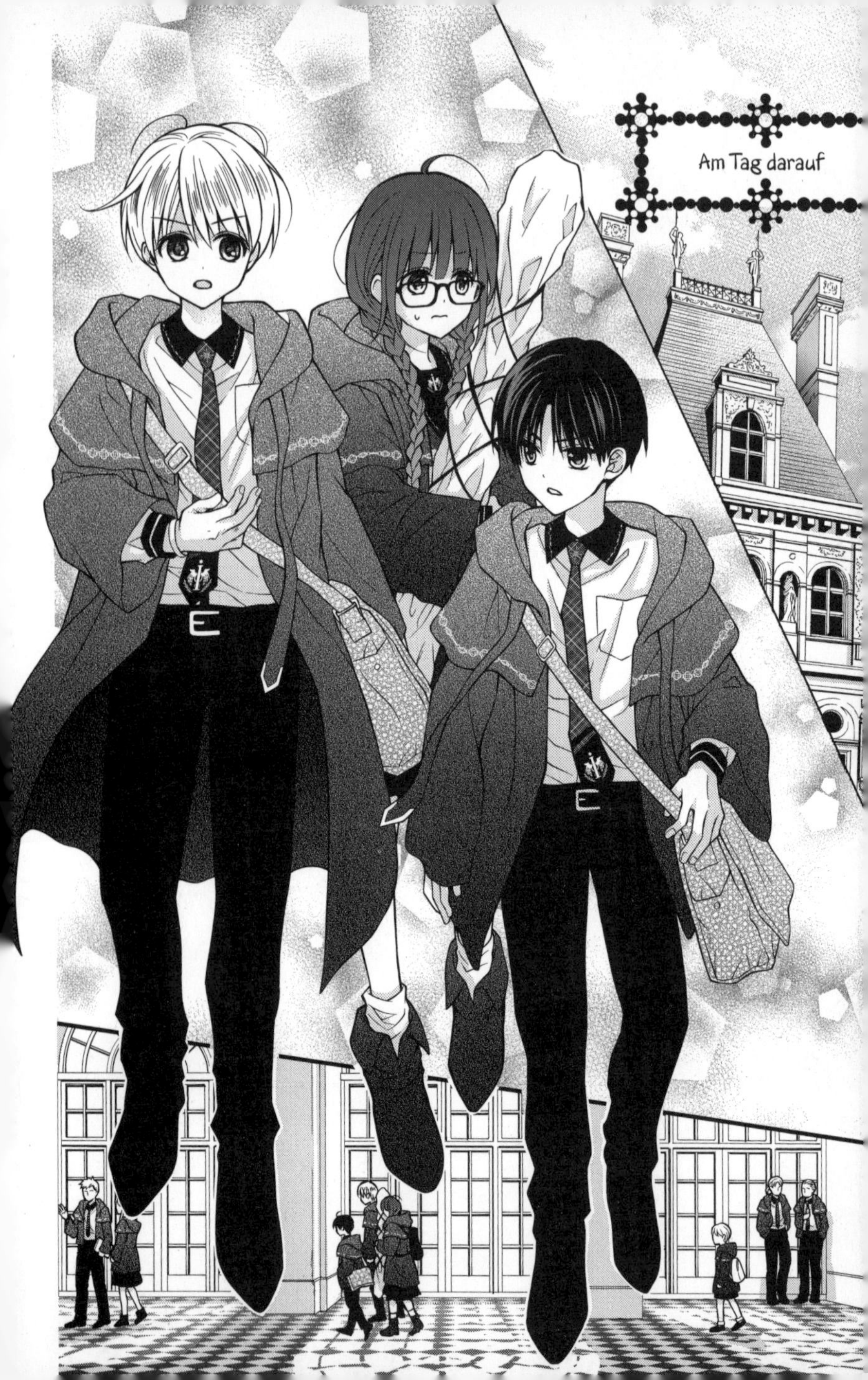
Am Tag darauf

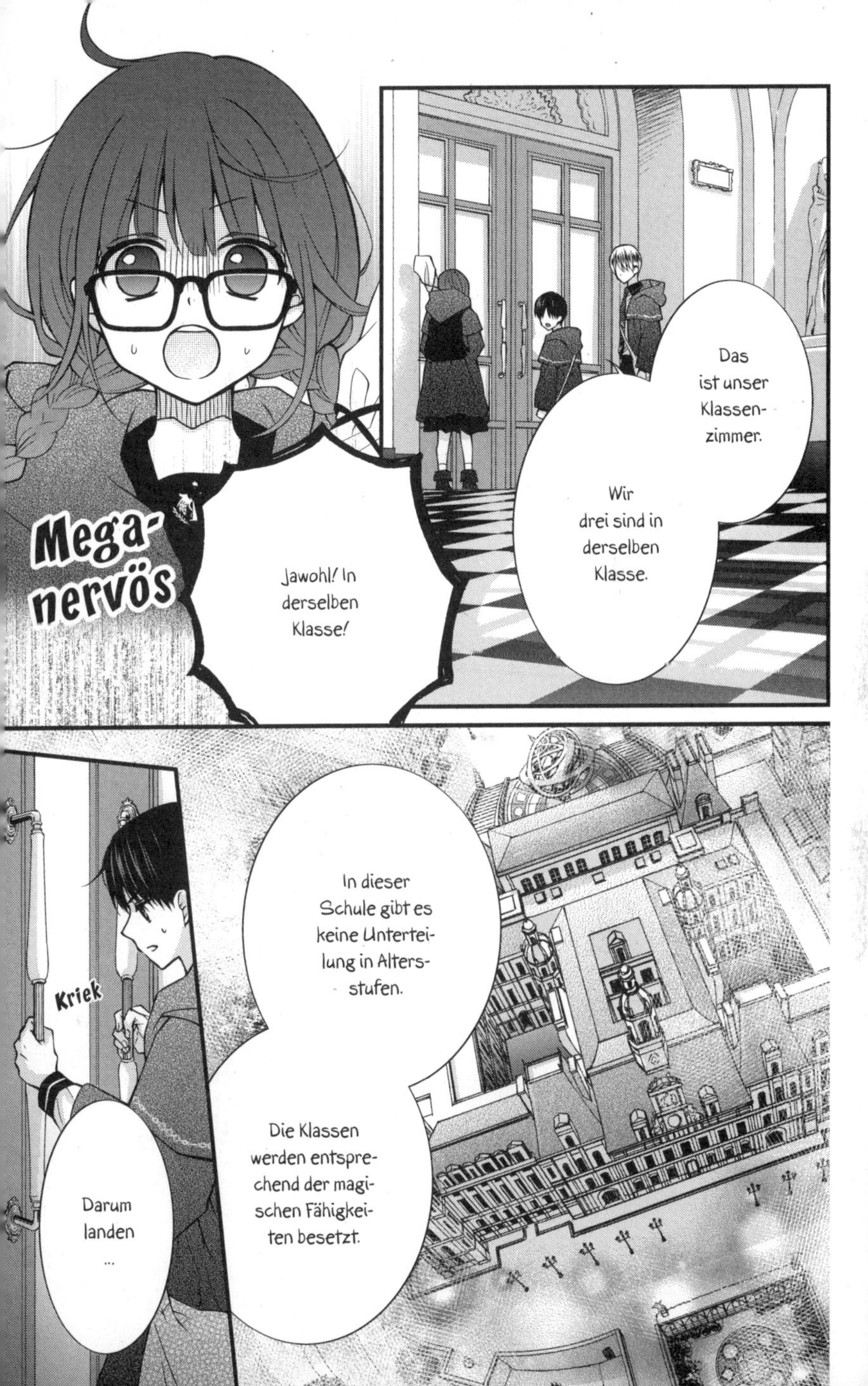
Das ist unser Klassen- zimmer.
Wir drei sind in derselben Klasse.
Jawohl! In derselben Klasse!
Mega- nervös
In dieser Schule gibt es keine Untertei- lung in Alters- stufen.
Kriek
Die Klassen werden entspre- chend der magi- schen Fähigkei- ten besetzt.
Darum landen ...

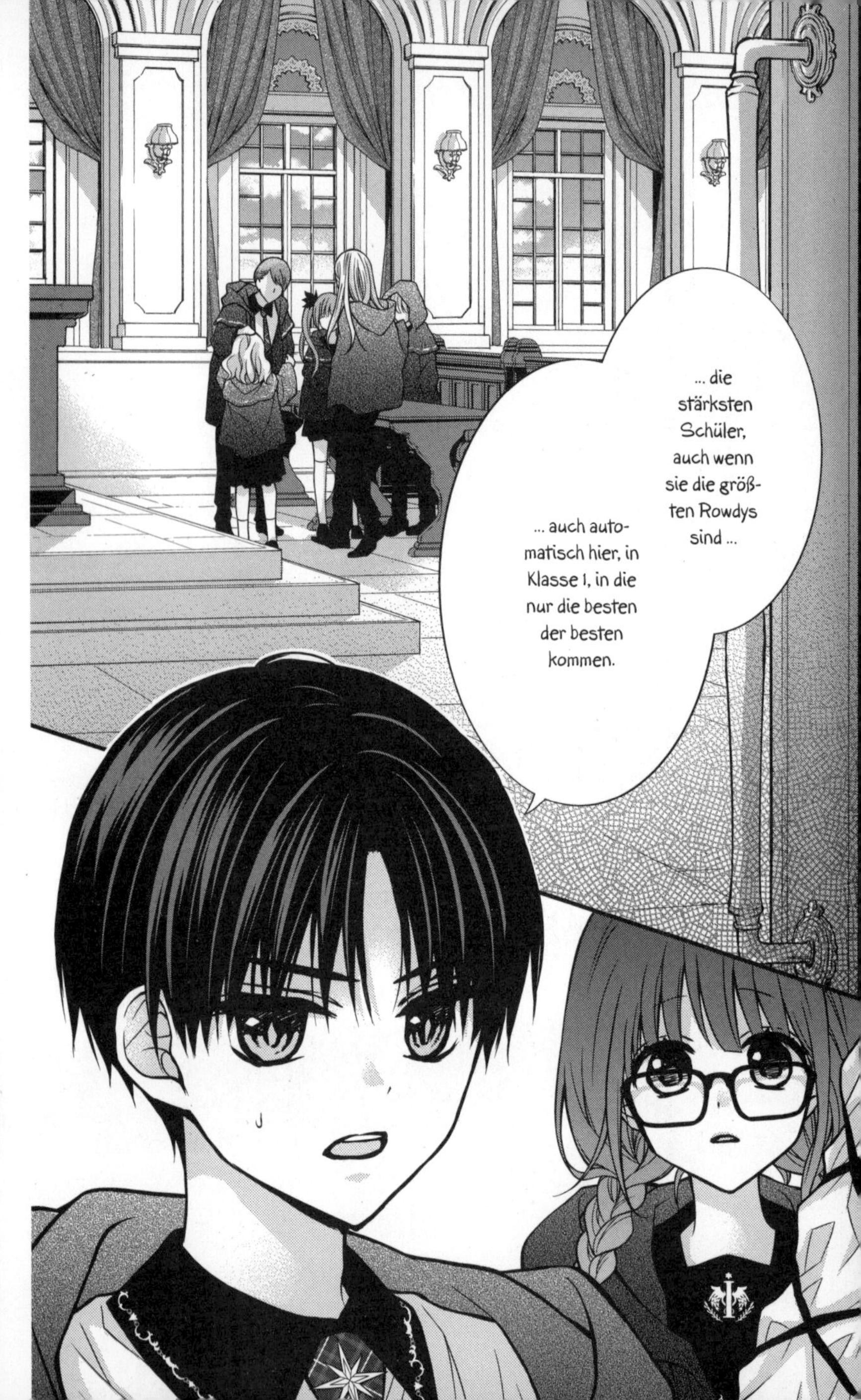
... die stärksten Schüler, auch wenn sie die größ-ten Rowdys sind ...
... auch auto-matisch hier, in Klasse 1, in die nur die besten der besten kommen.

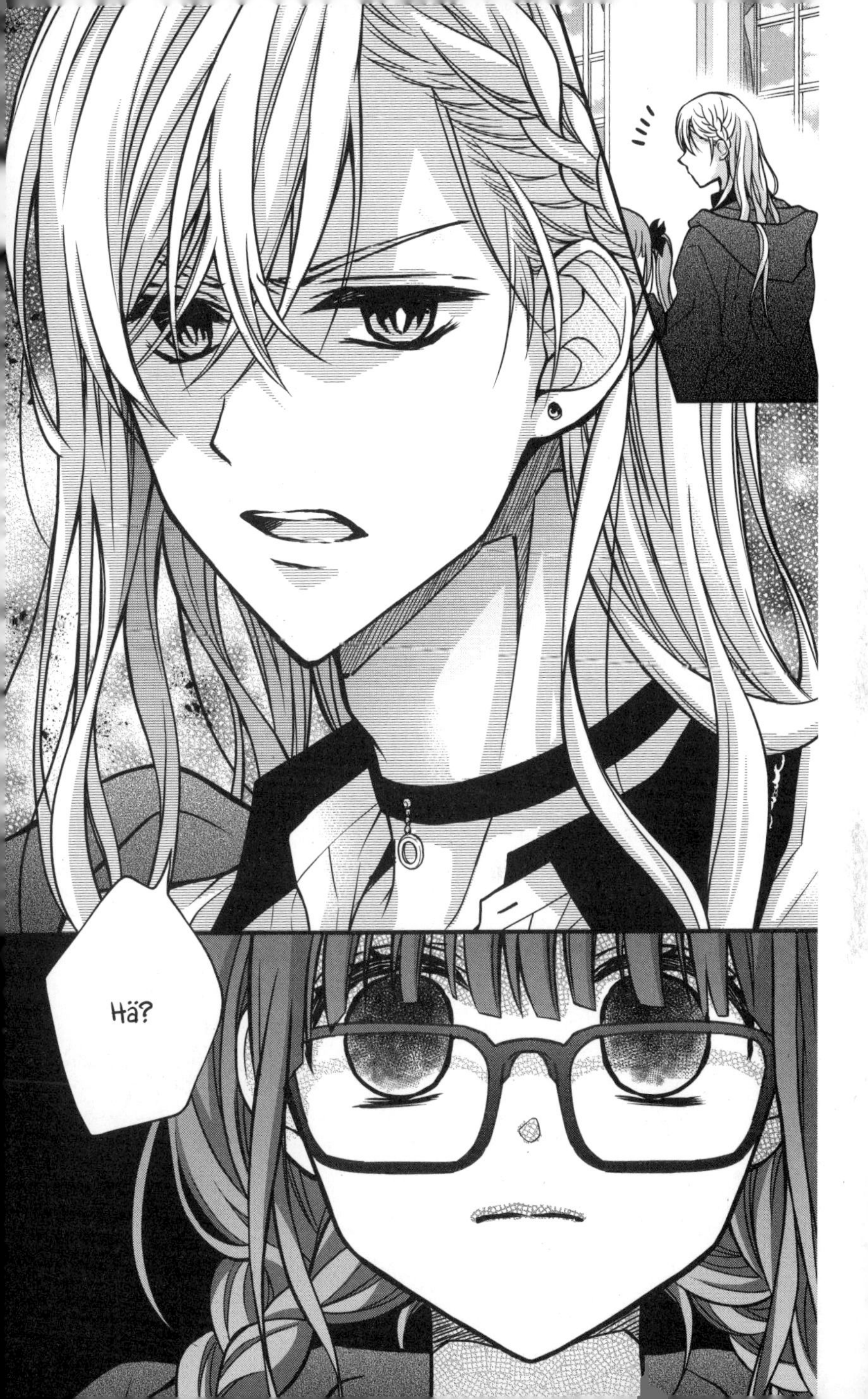
Hä?

ChocoVamp LINE-Sticker

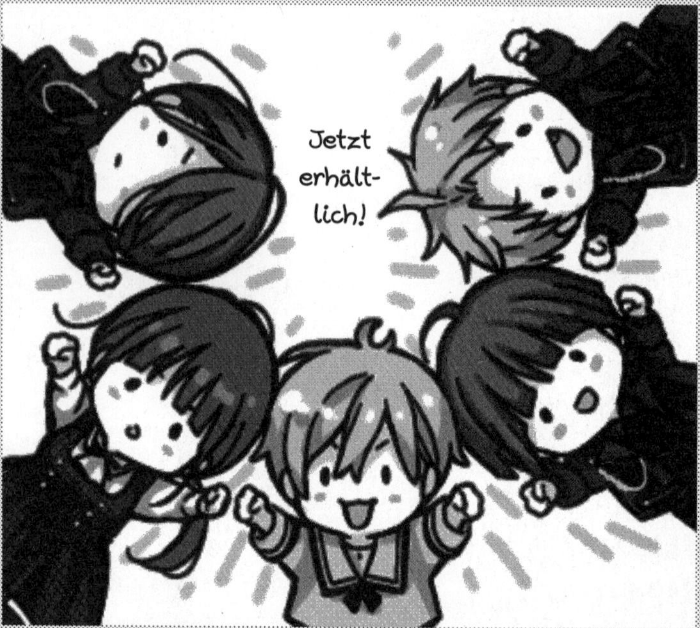

Jetzt erhält-lich!

Ich hab mich richtig ins Zeug gelegt und 40 Sticker gezeichnet! Also, wenn ihr sie noch nicht habt, holt sie euch! Sucht einfach im Sticker-Shop nach »Chocolate Vampire« oder nach »Kyoko Kumagai«!!

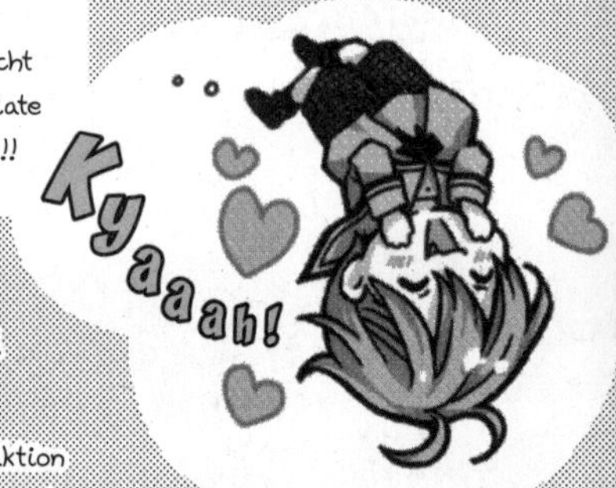

MAGIC CIRCLE CHRONO CANON 1
SPECIAL THANKS!!

- ☆ STAFF
  Shoko Nishida
  Sayaka Kimura
  Chie Shimane
- ☆ Management
  Meine Mutter
- ☆ Die *Sho-Comi*-Redaktion
- ☆ Umehara-sama, Hatanaka-sama
- ☆ Das Design-Studio
- ☆ An alle, die an der Entstehung dieses Bandes mitgewirkt haben
- ☆ An alle Leser! ♡

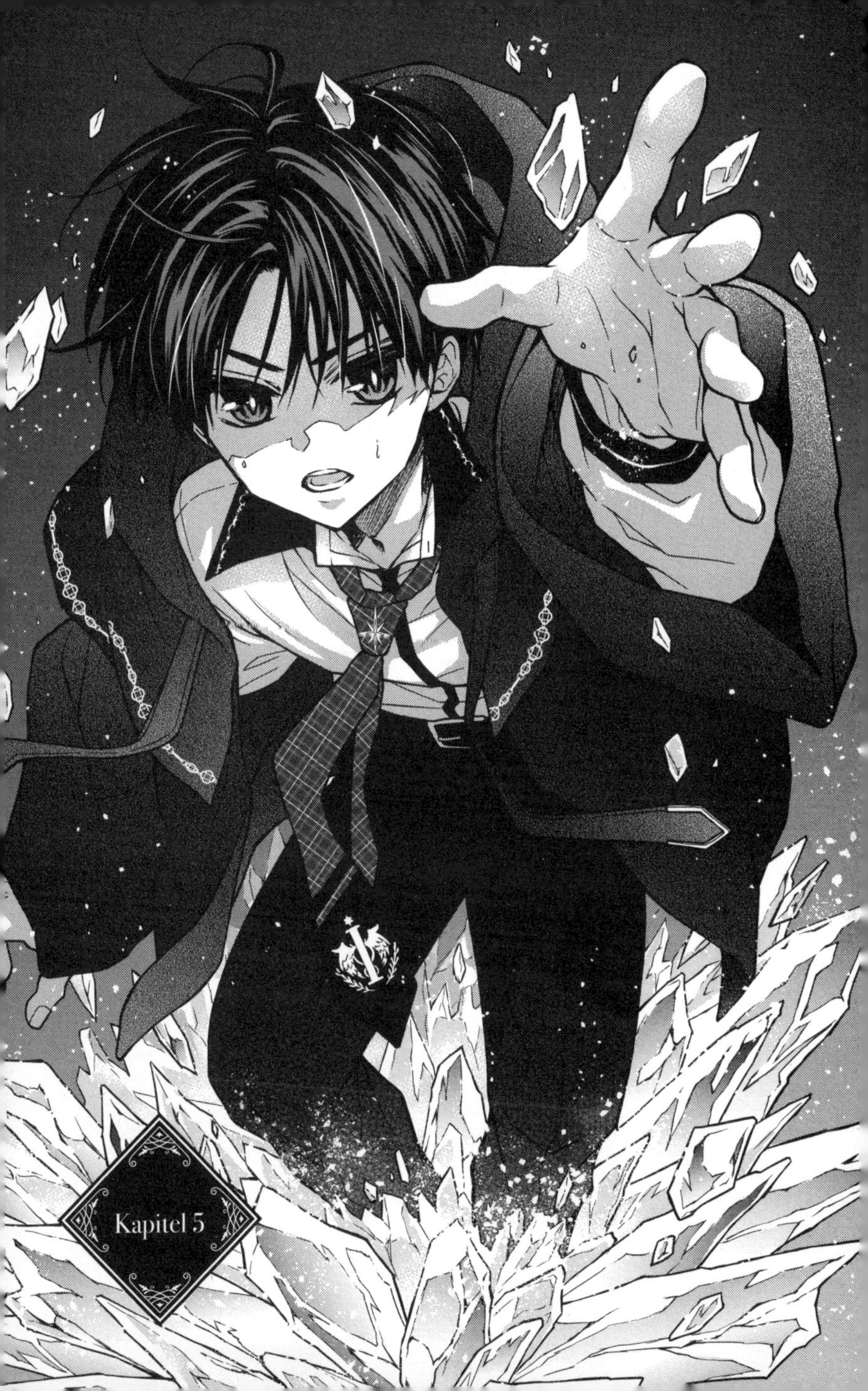
Kapitel 5

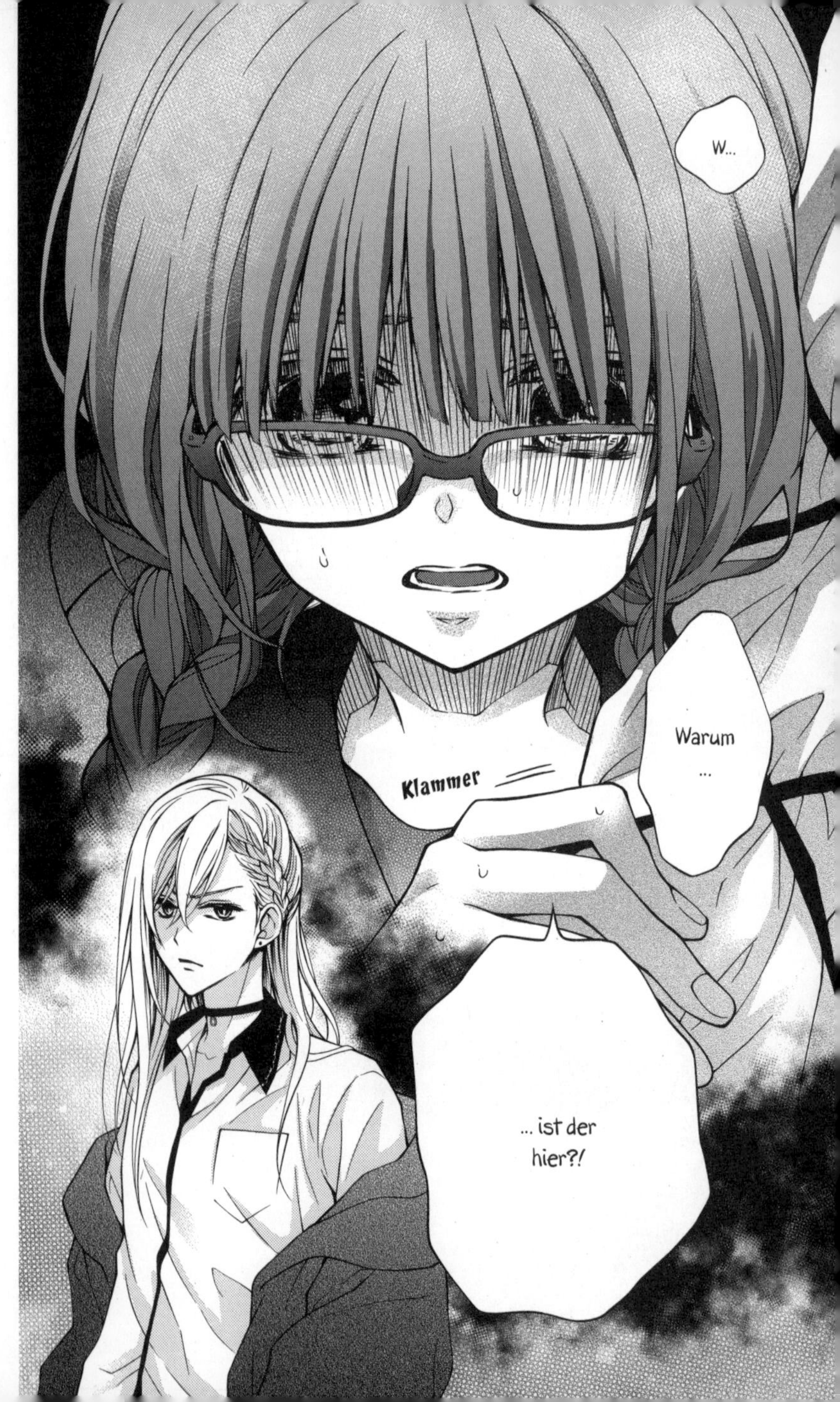
W...
Warum ...
Klammer
... ist der hier?!

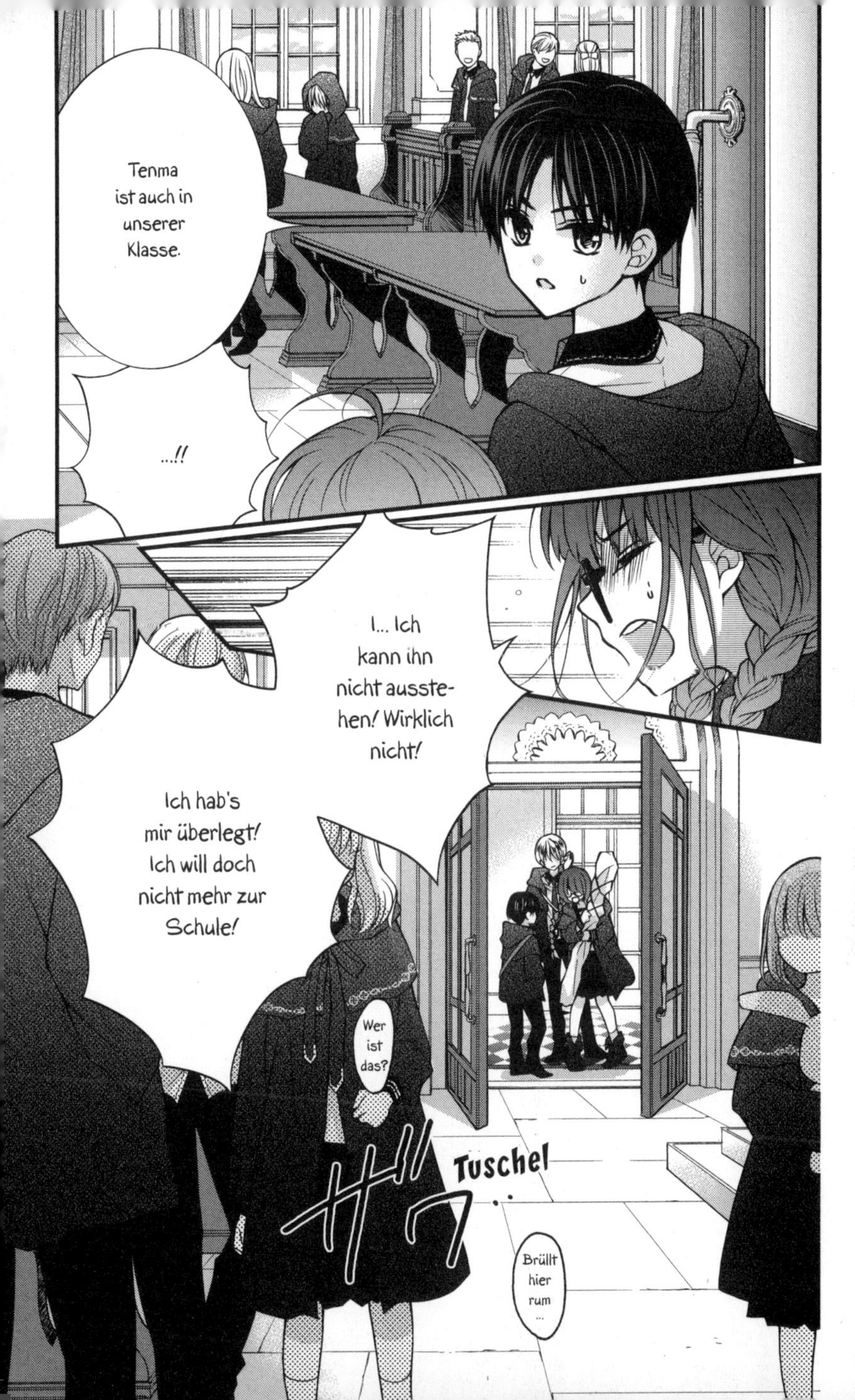
Tenma ist auch in unserer Klasse.
...!!
I... Ich kann ihn nicht ausstehen! Wirklich nicht!
Ich hab's mir überlegt! Ich will doch nicht mehr zur Schule!
Wer ist das?
Tuschel
Brüllt hier rum ...

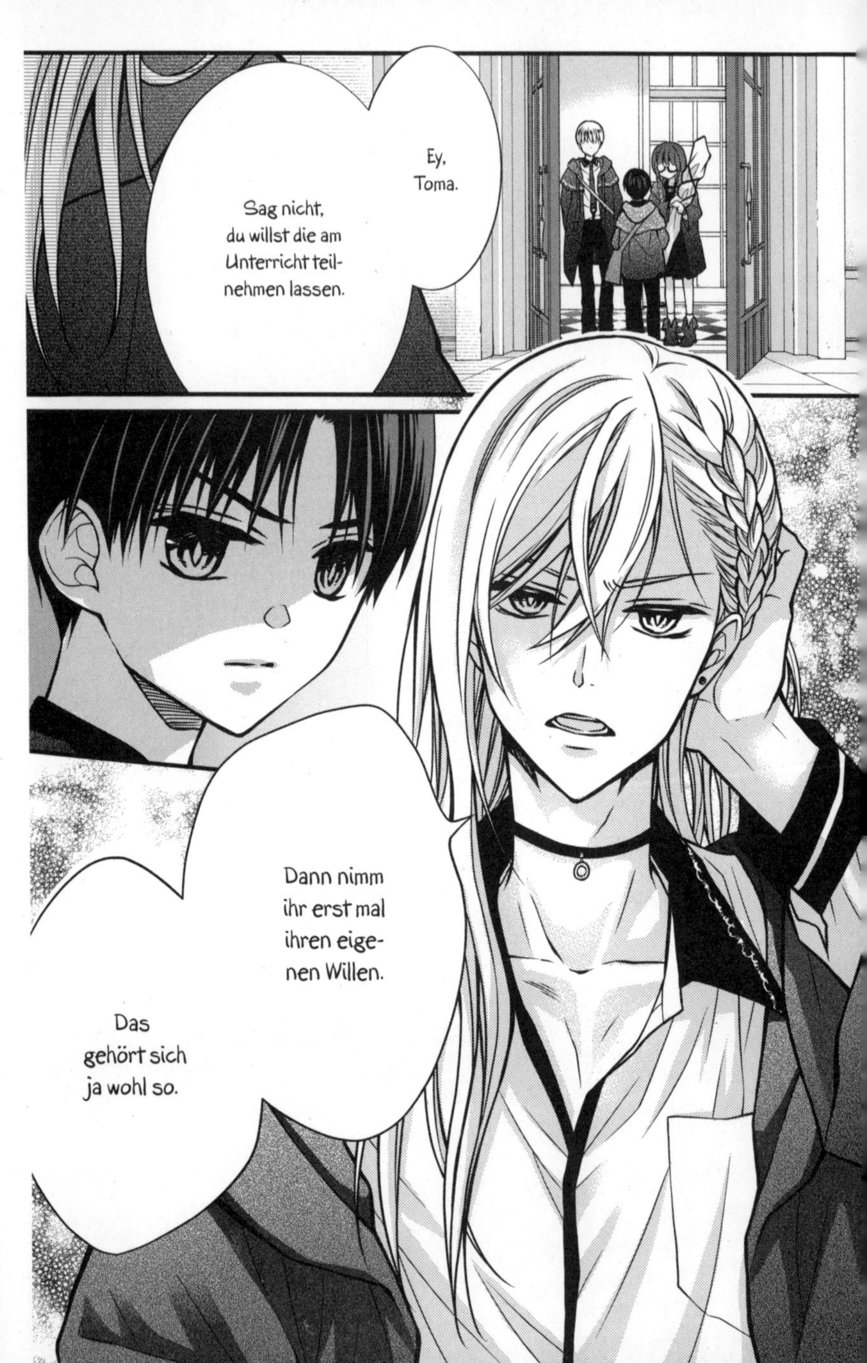
Ey, Toma.
Sag nicht, du willst die am Unterricht teilnehmen lassen.
Dann nimm ihr erst mal ihren eigenen Willen.
Das gehört sich ja wohl so.

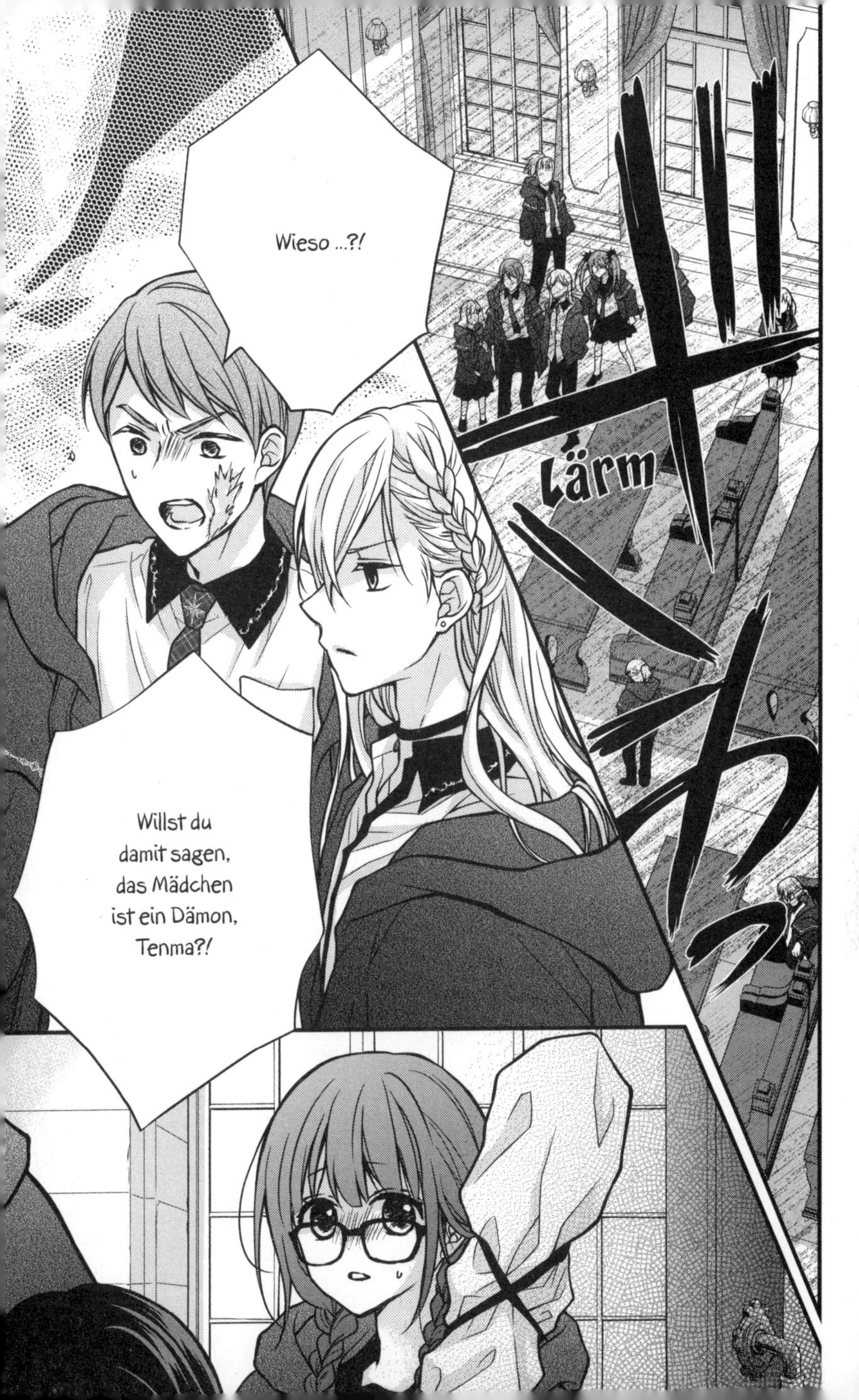
Wieso ...?!
Lärm
Willst du damit sagen, das Mädchen ist ein Dämon, Tenma?!

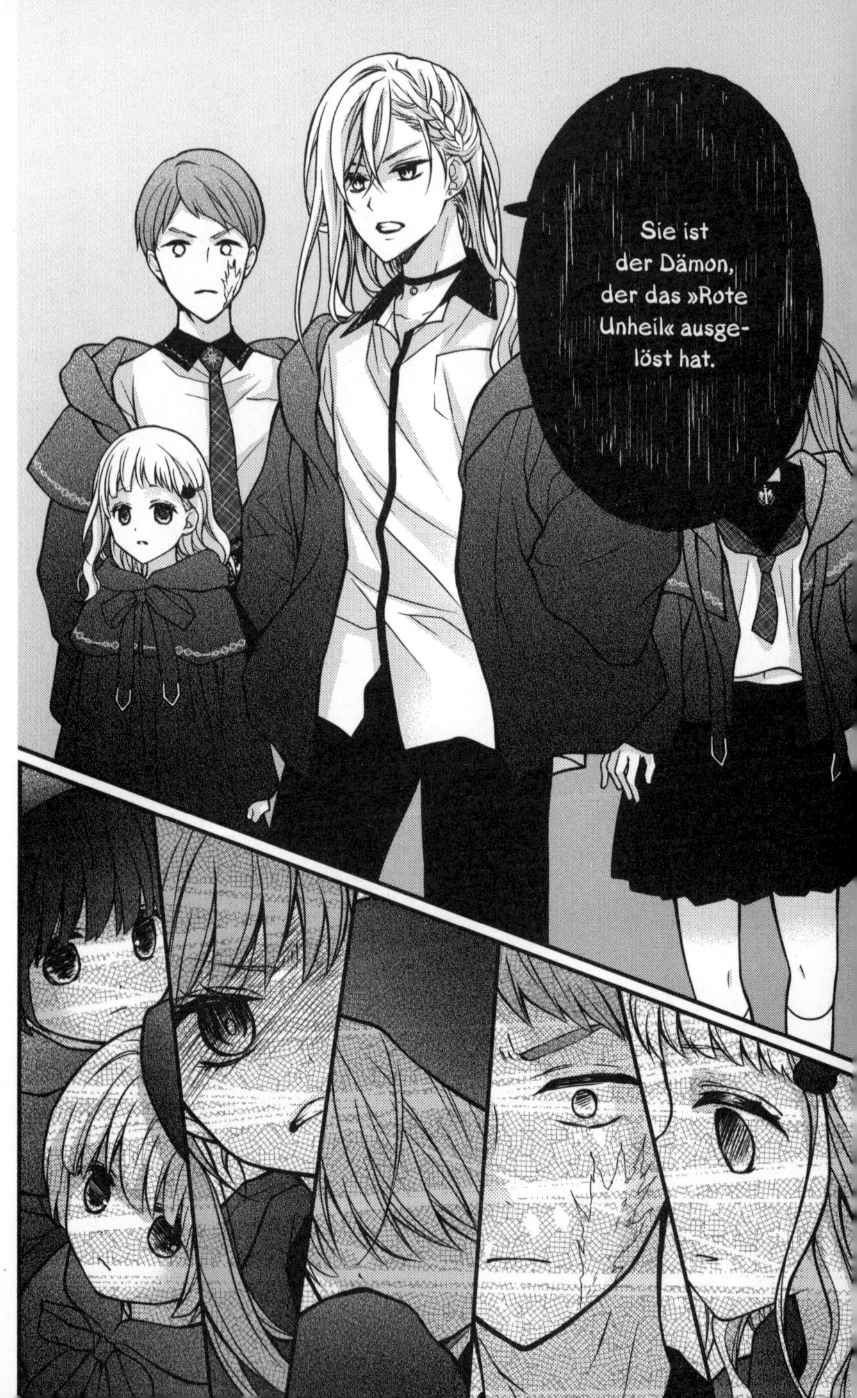
Sie ist
der Dämon,
der das »Rote
Unheil« ausge-
löst hat.

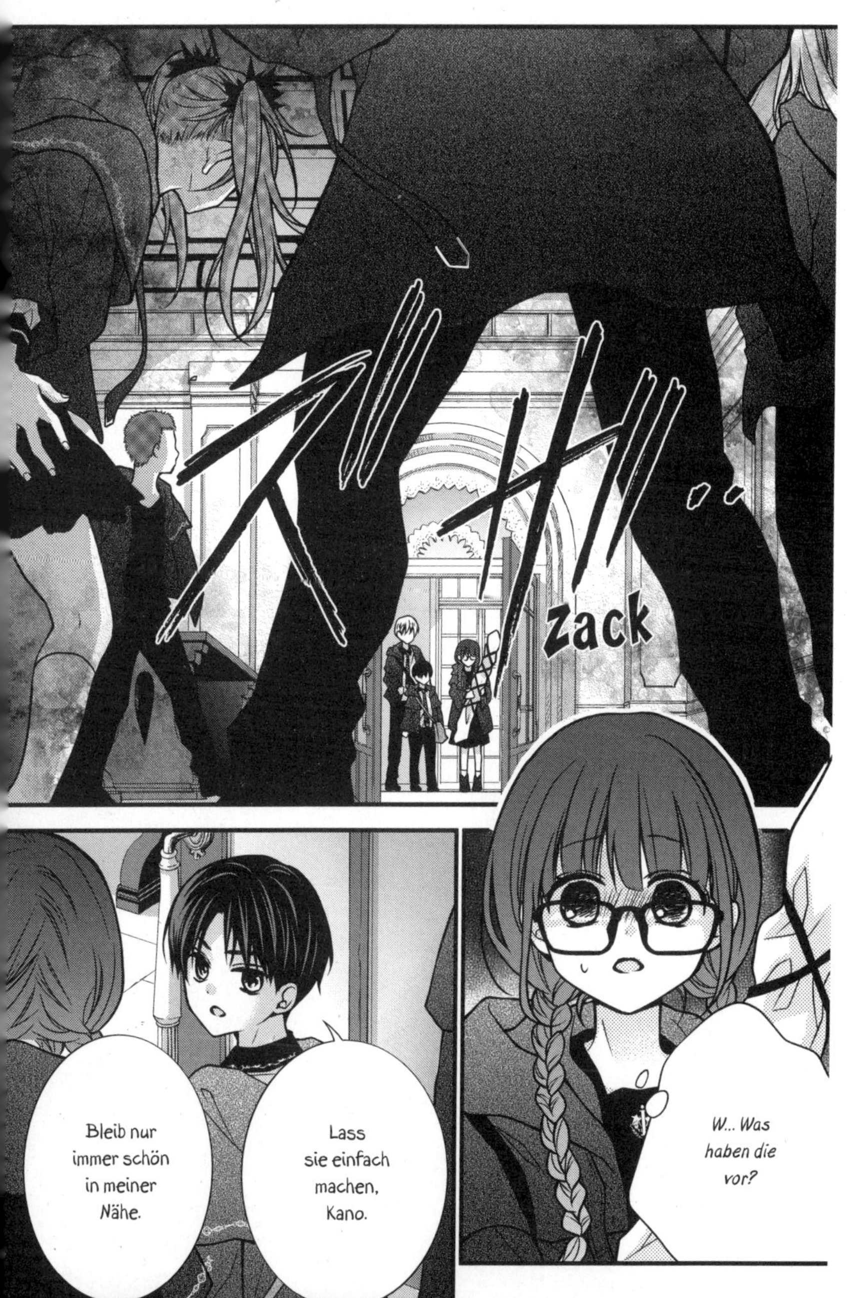

Zack
W... Was haben die vor?
Lass sie einfach machen, Kano.
Bleib nur immer schön in meiner Nähe.

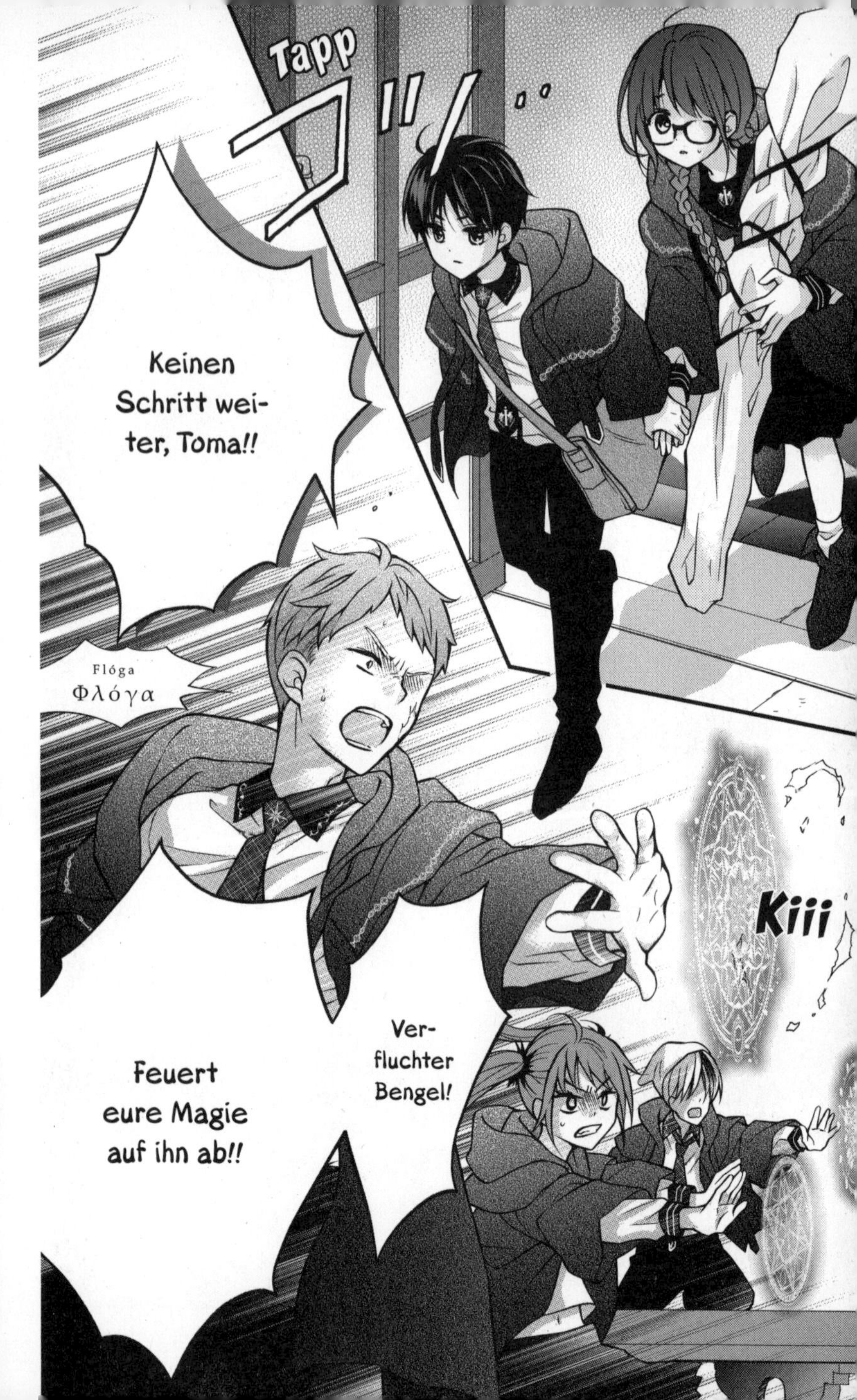
Tapp
Keinen Schritt wei-ter, Toma!!
Flóga
Φλόγα
Kiii
Verfluchter Bengel!
Feuert eure Magie auf ihn ab!!

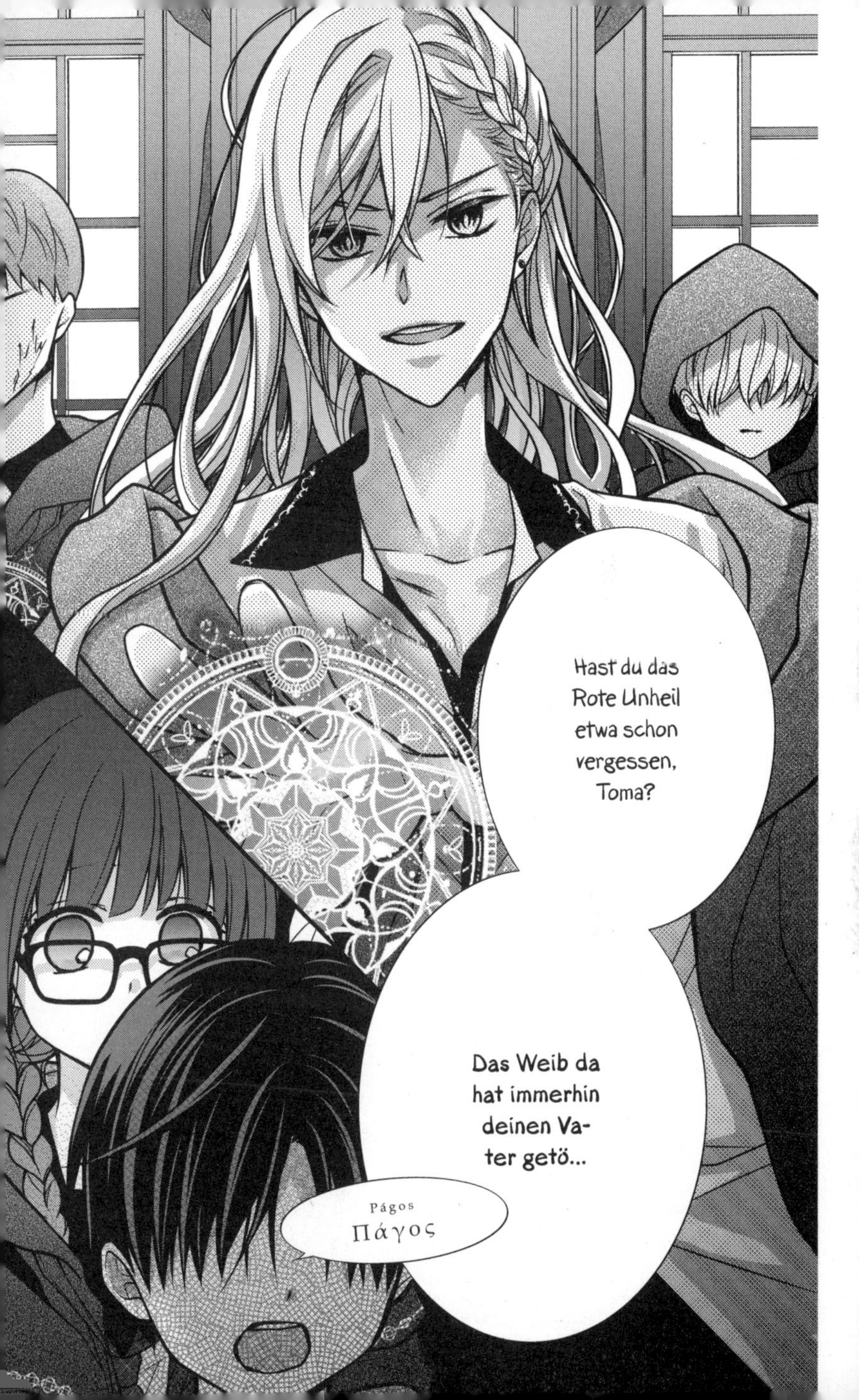
Hast du das Rote Unheil etwa schon vergessen, Toma?
Das Weib da hat immerhin deinen Va- ter getö...
Págos
Πάγος

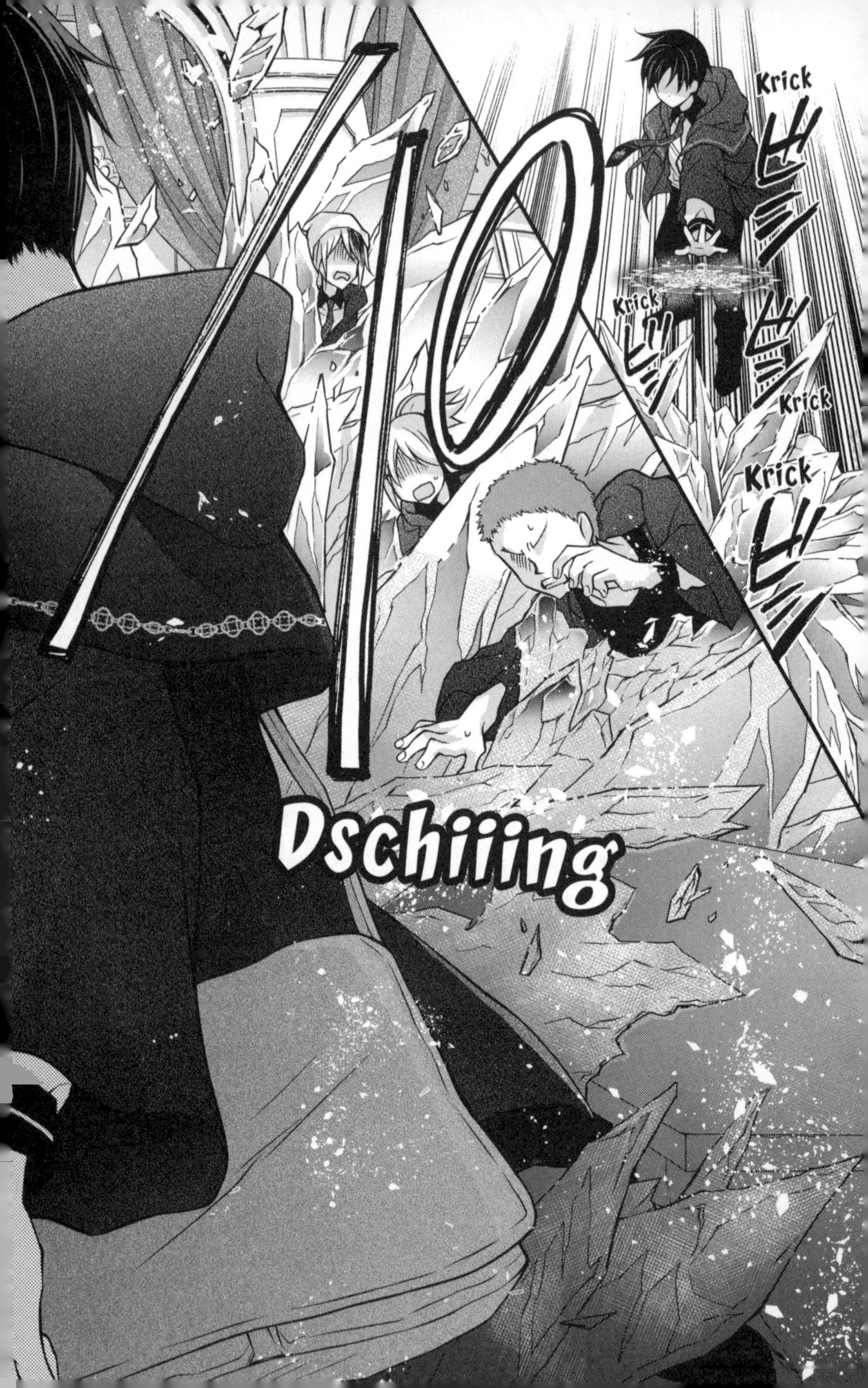
Krick
Krick
Krick
Krick
Dschiiing

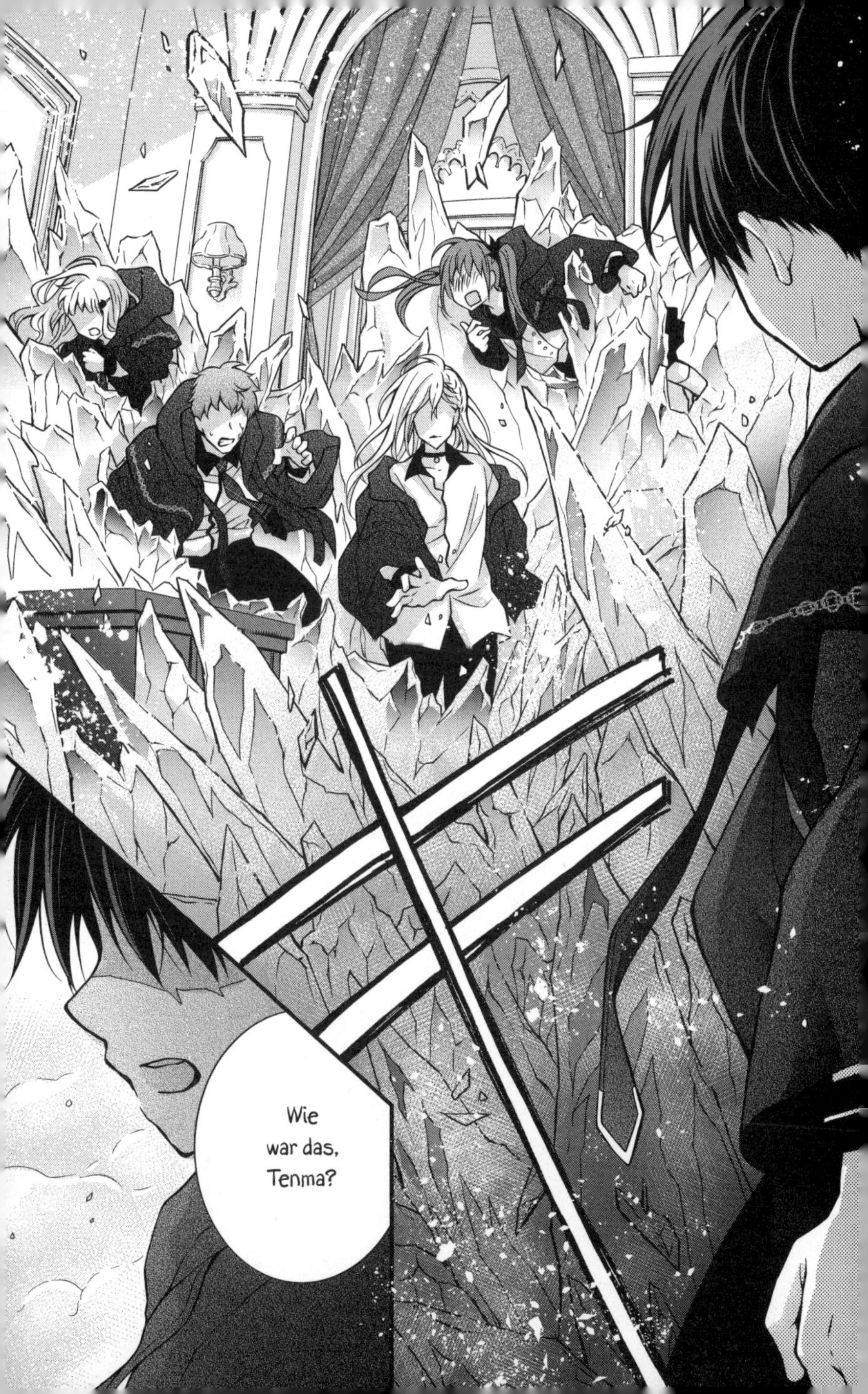
Wie war das, Tenma?

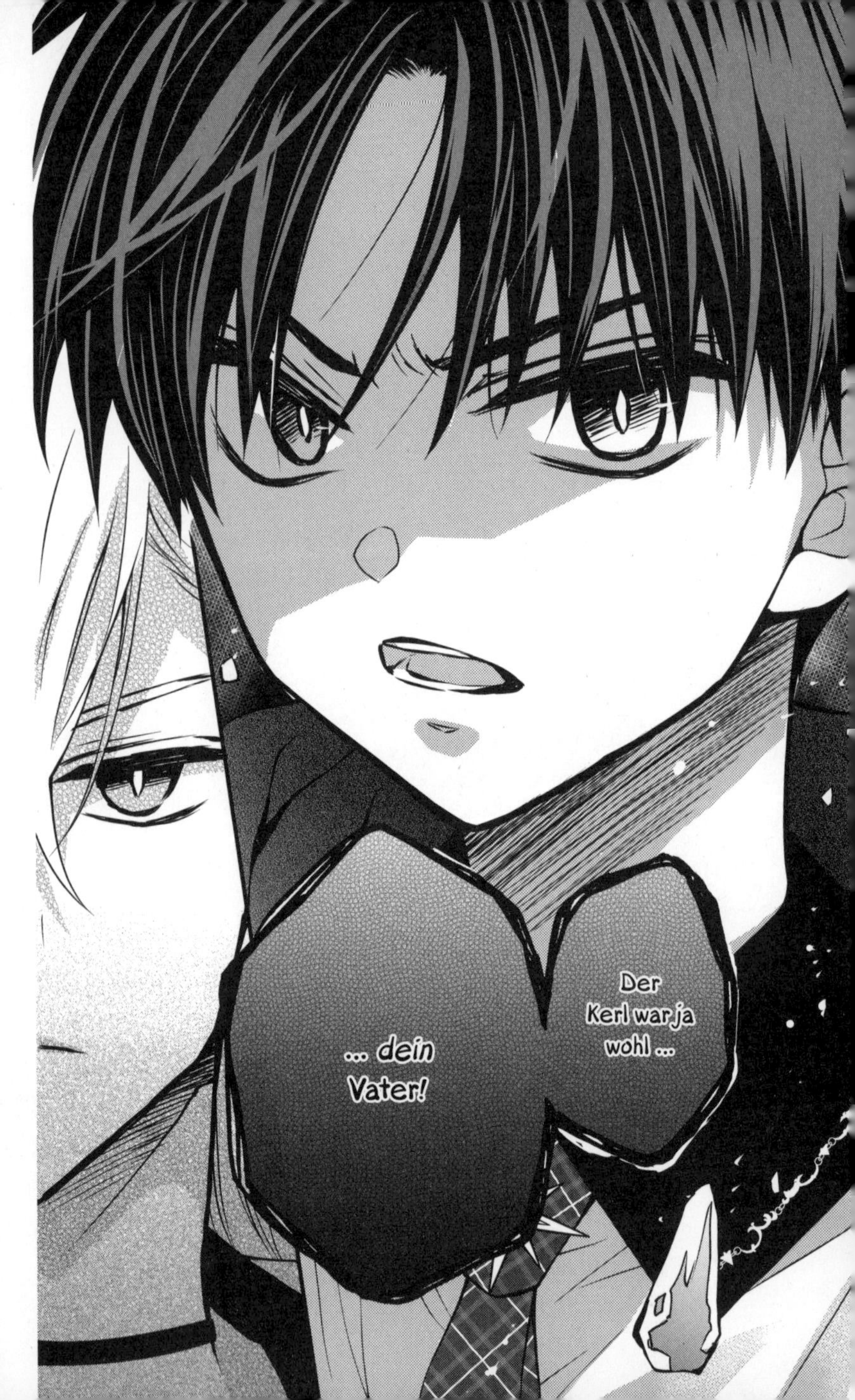
Der Kerl war ja wohl ...
... dein Vater!

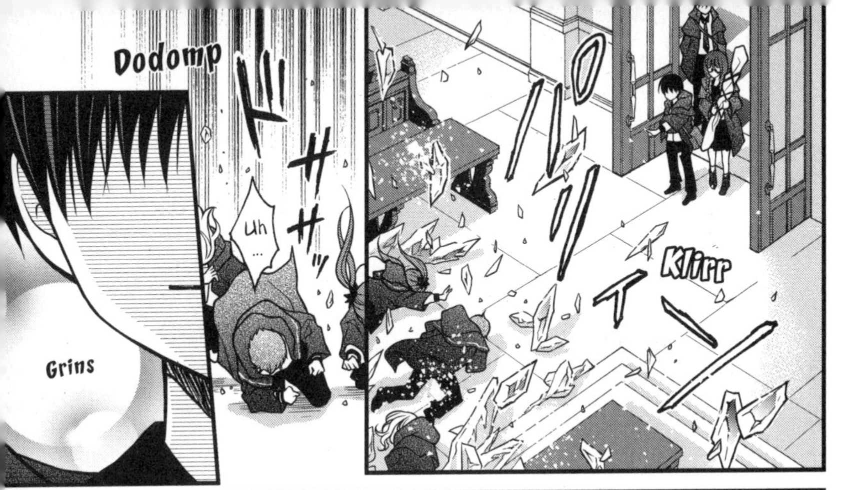

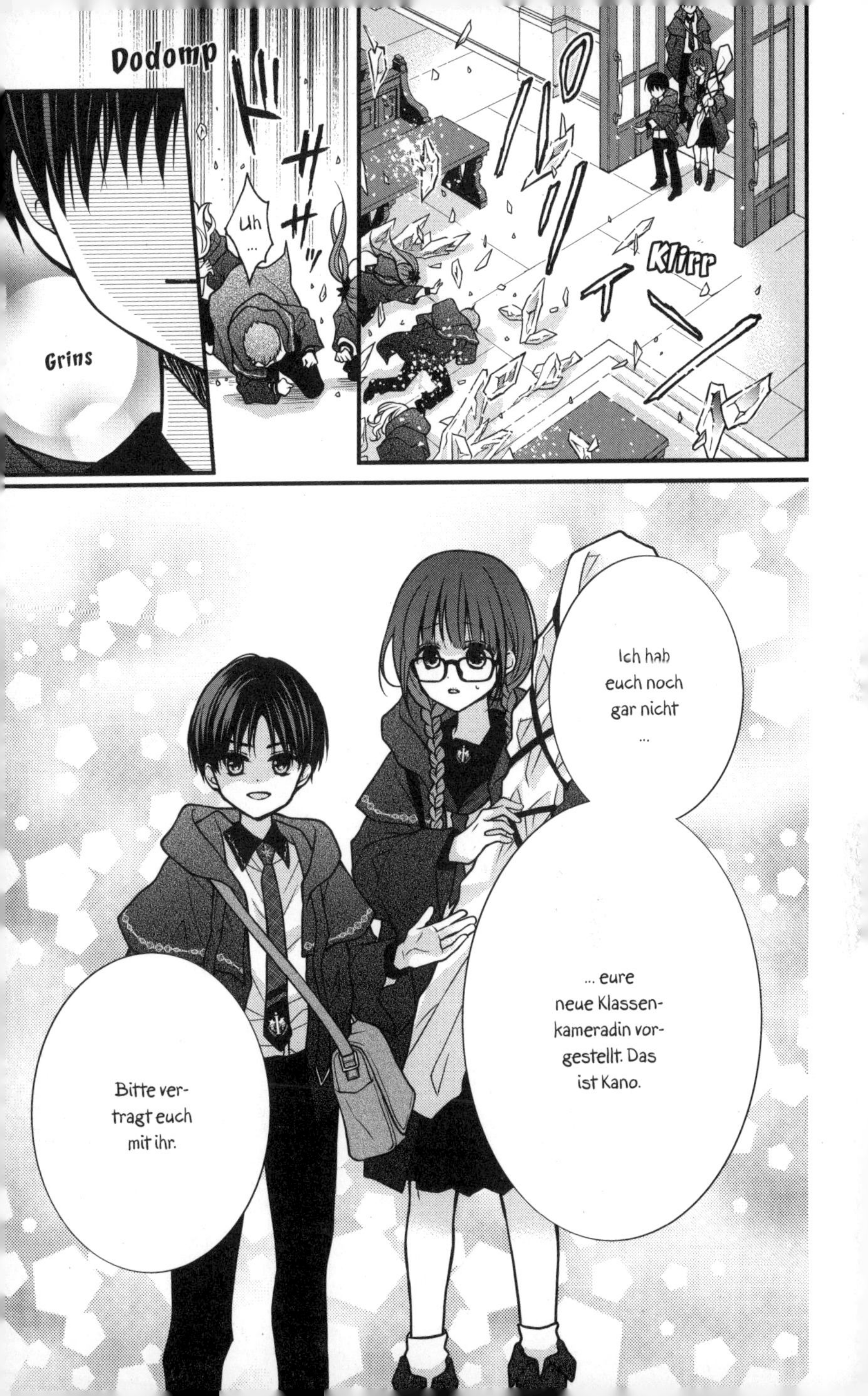

Ich hab euch noch gar nicht ...

... eure neue Klassen-kameradin vor-gestellt. Das ist Kano.

Bitte ver-tragt euch mit ihr.

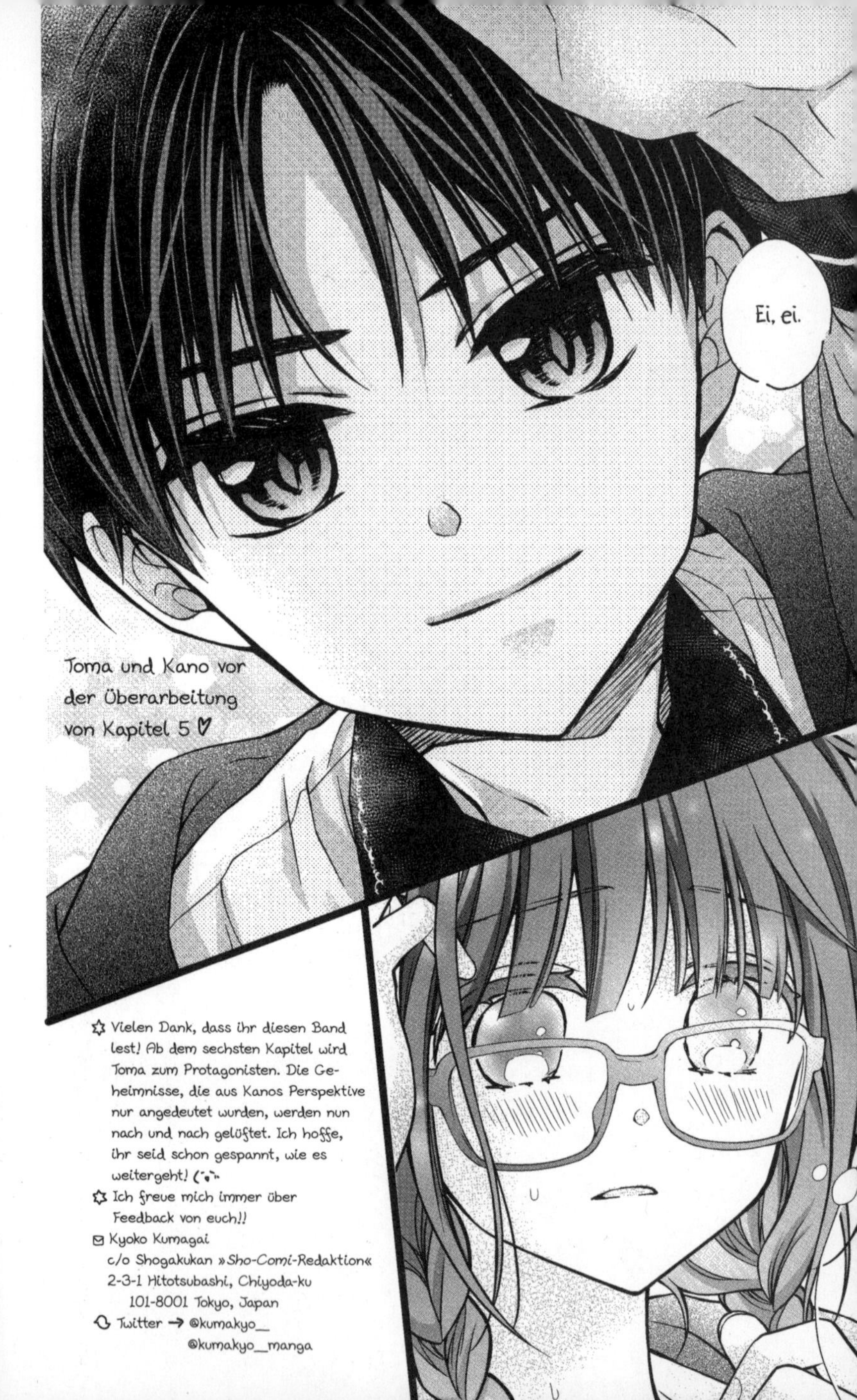
Ei, ei.
Toma und Kano vor
der Überarbeitung
von Kapitel 5 ♡
✩ Vielen Dank, dass ihr diesen Band
lest! Ab dem sechsten Kapitel wird
Toma zum Protagonisten. Die Ge-
heimnisse, die aus Kanos Perspektive
nur angedeutet wurden, werden nun
nach und nach gelüftet. Ich hoffe,
ihr seid schon gespannt, wie es
weitergeht!
✩ Ich freue mich immer über
Feedback von euch!!
✉ Kyoko Kumagai
c/o Shogakukan »Sho-Comi-Redaktion«
2-3-1 Hitotsubashi, Chiyoda-ku
101-8001 Tokyo, Japan
Twitter → @kumakyo__
@kumakyo__manga

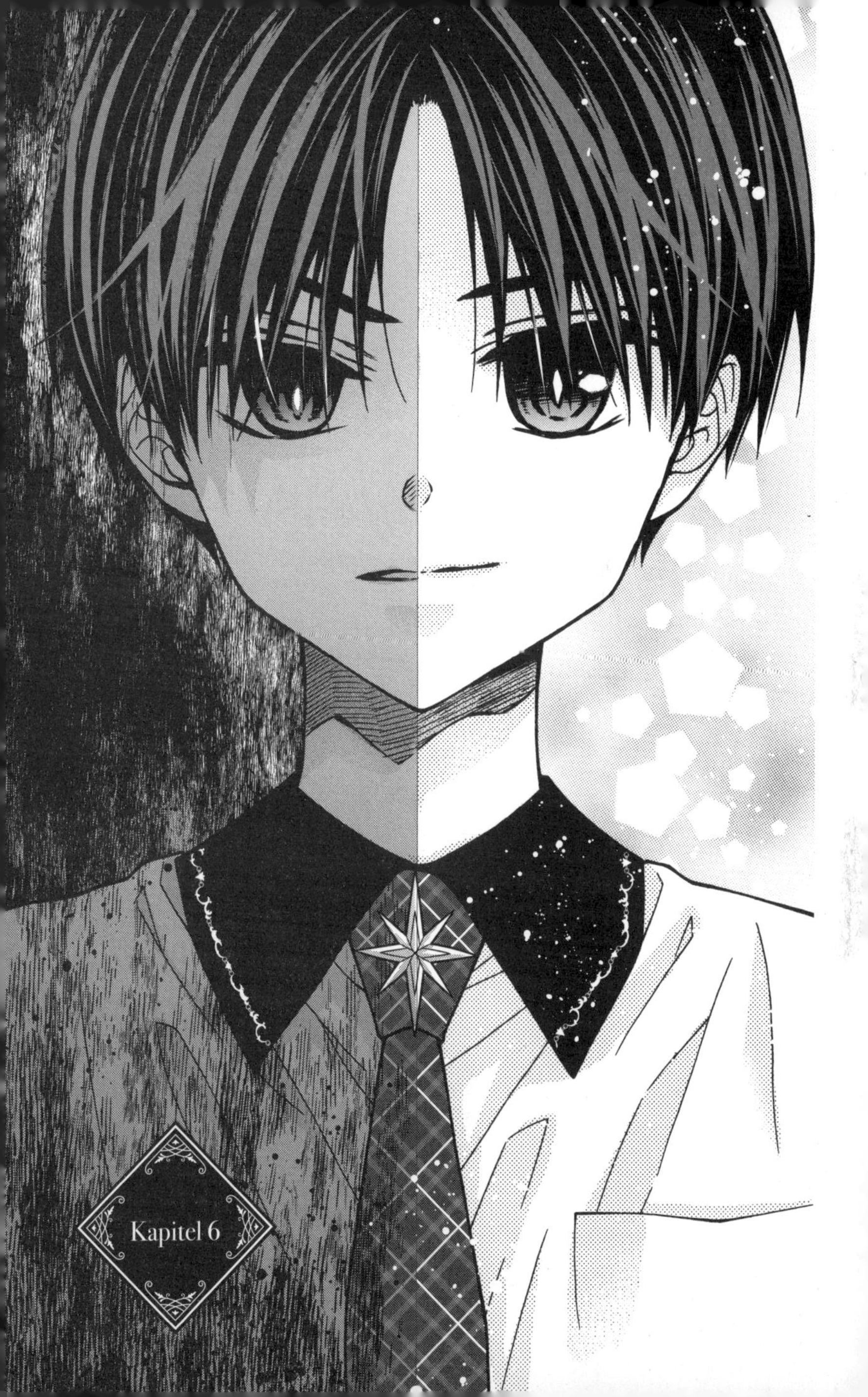
Kapitel 6

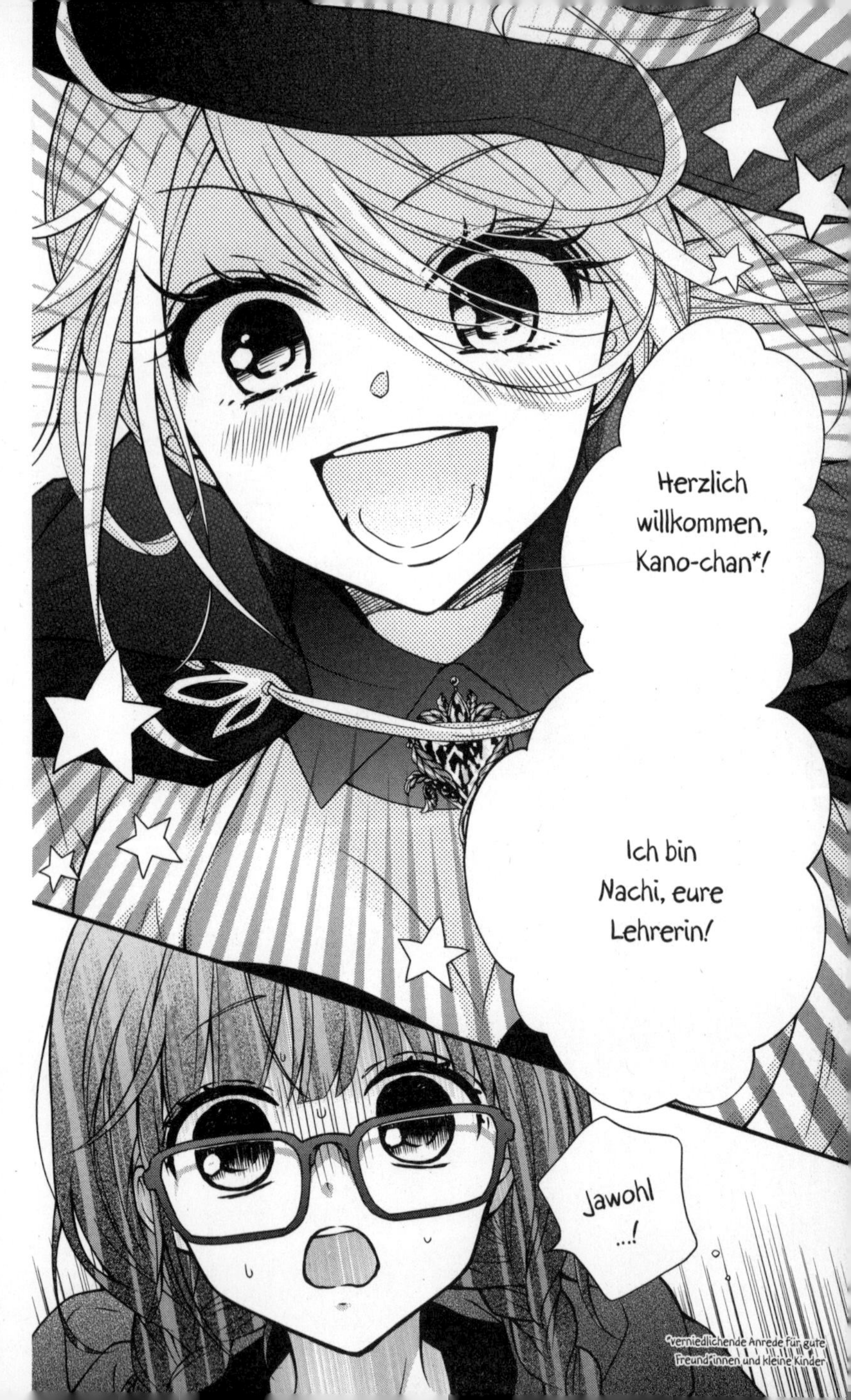

*verniedlichende Anrede für gute Freund*innen und kleine Kinder

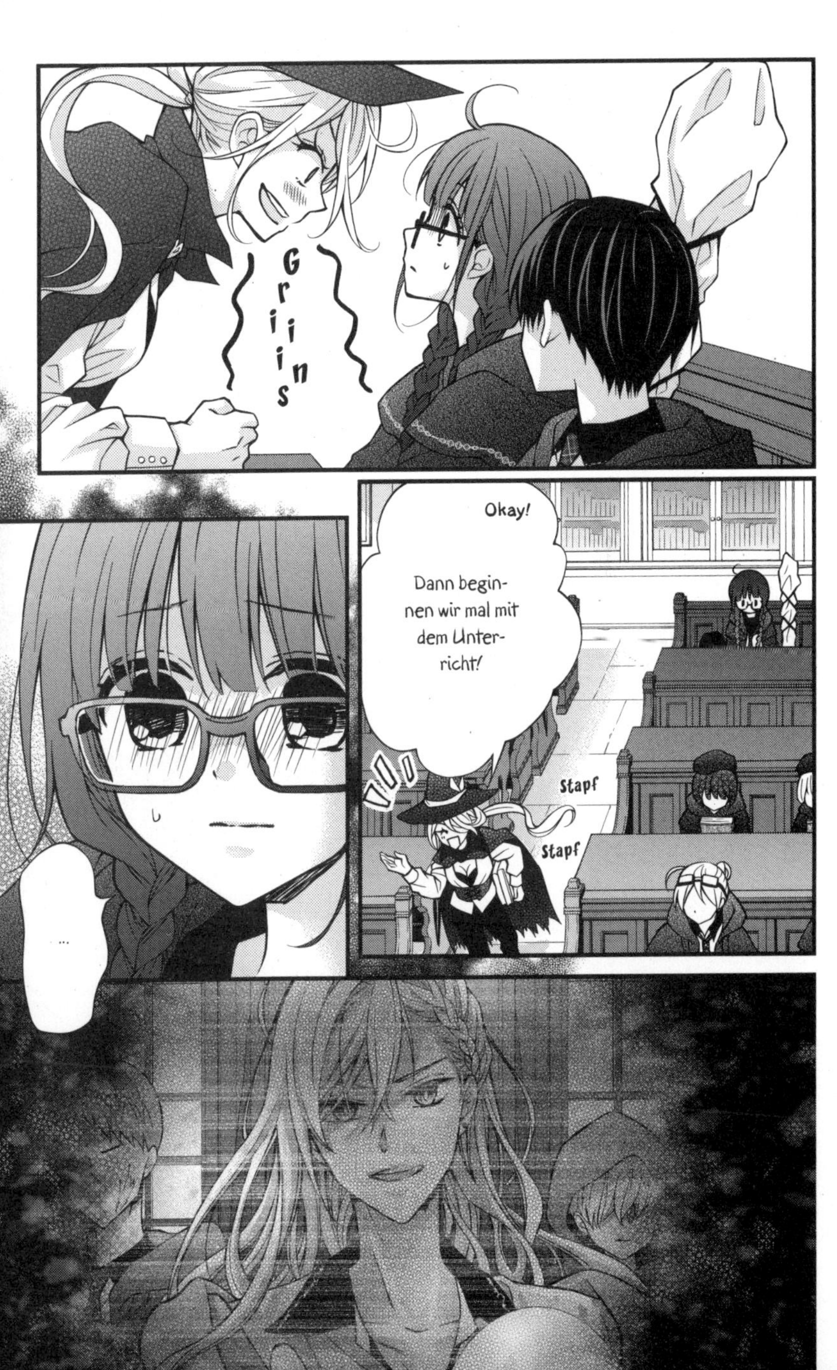
Griins
Okay!
Dann beginnen wir mal mit dem Unterricht!
Stapf
Stapf
...

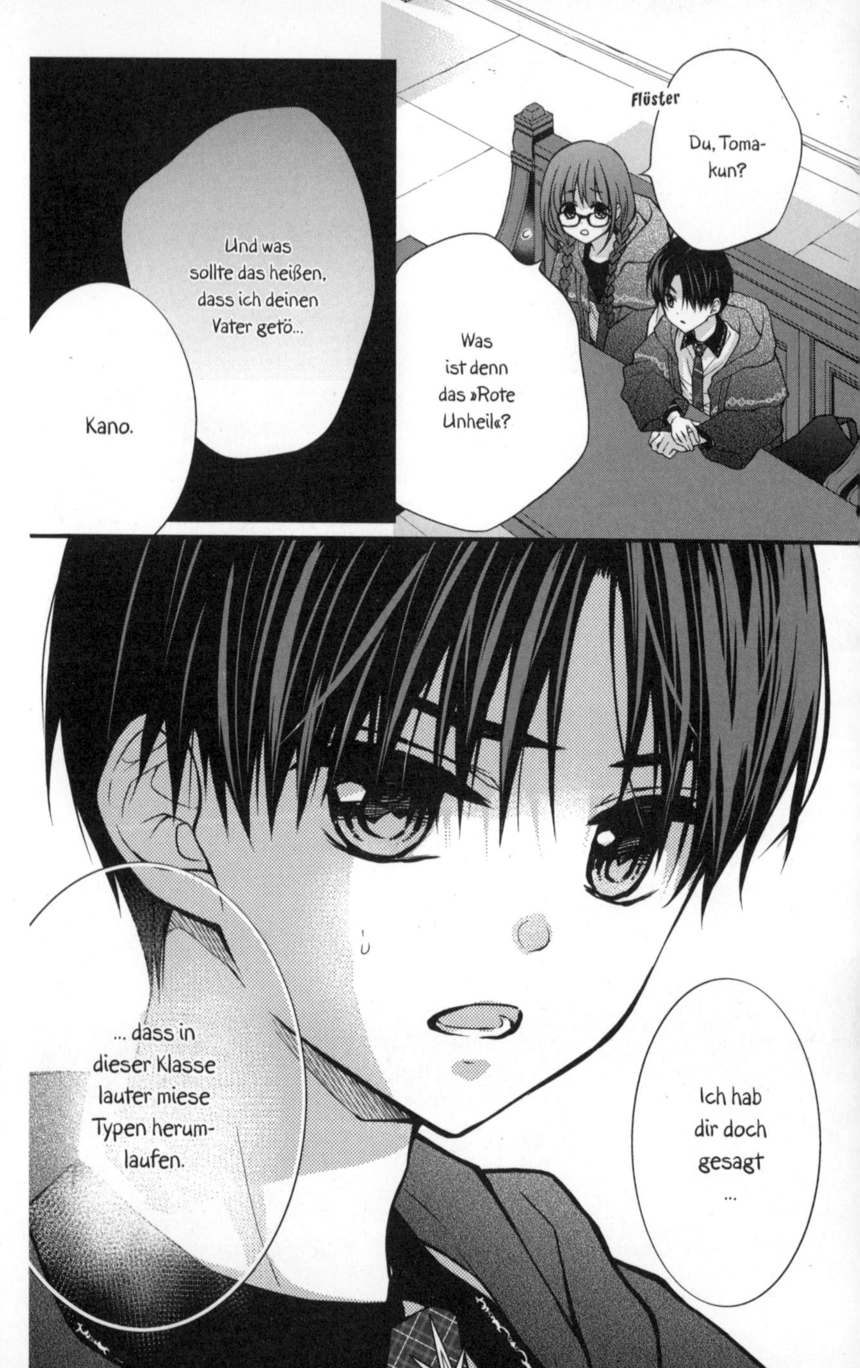
Flüster
Du, Toma-kun?
Was ist denn das »Rote Unheil«?
Und was sollte das heißen, dass ich deinen Vater getö...
Kano.
Ich hab dir doch gesagt ...
... dass in dieser Klasse lauter miese Typen herumlaufen.

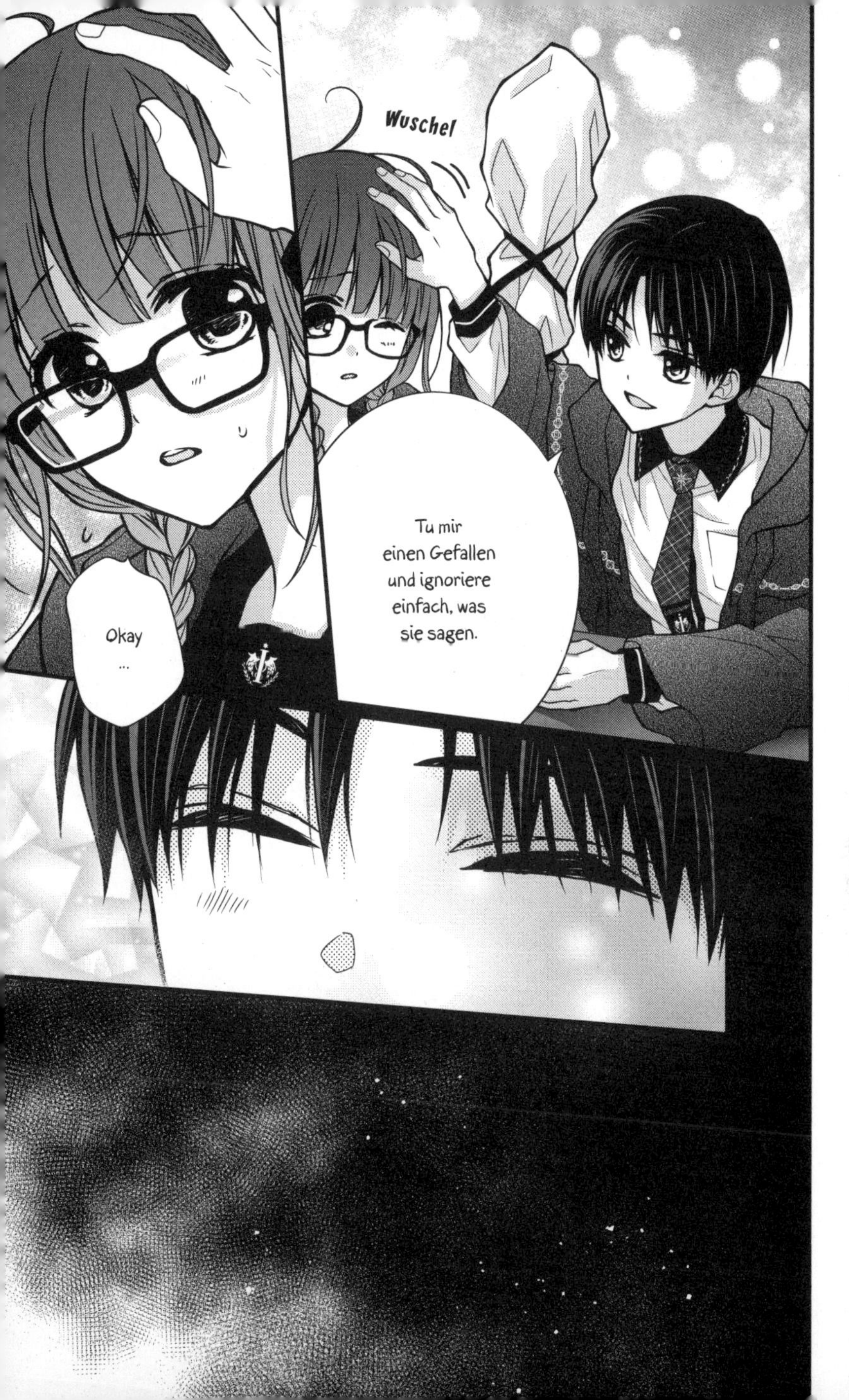
Wuschel
Tu mir einen Gefallen und ignoriere einfach, was sie sagen.
Okay ...

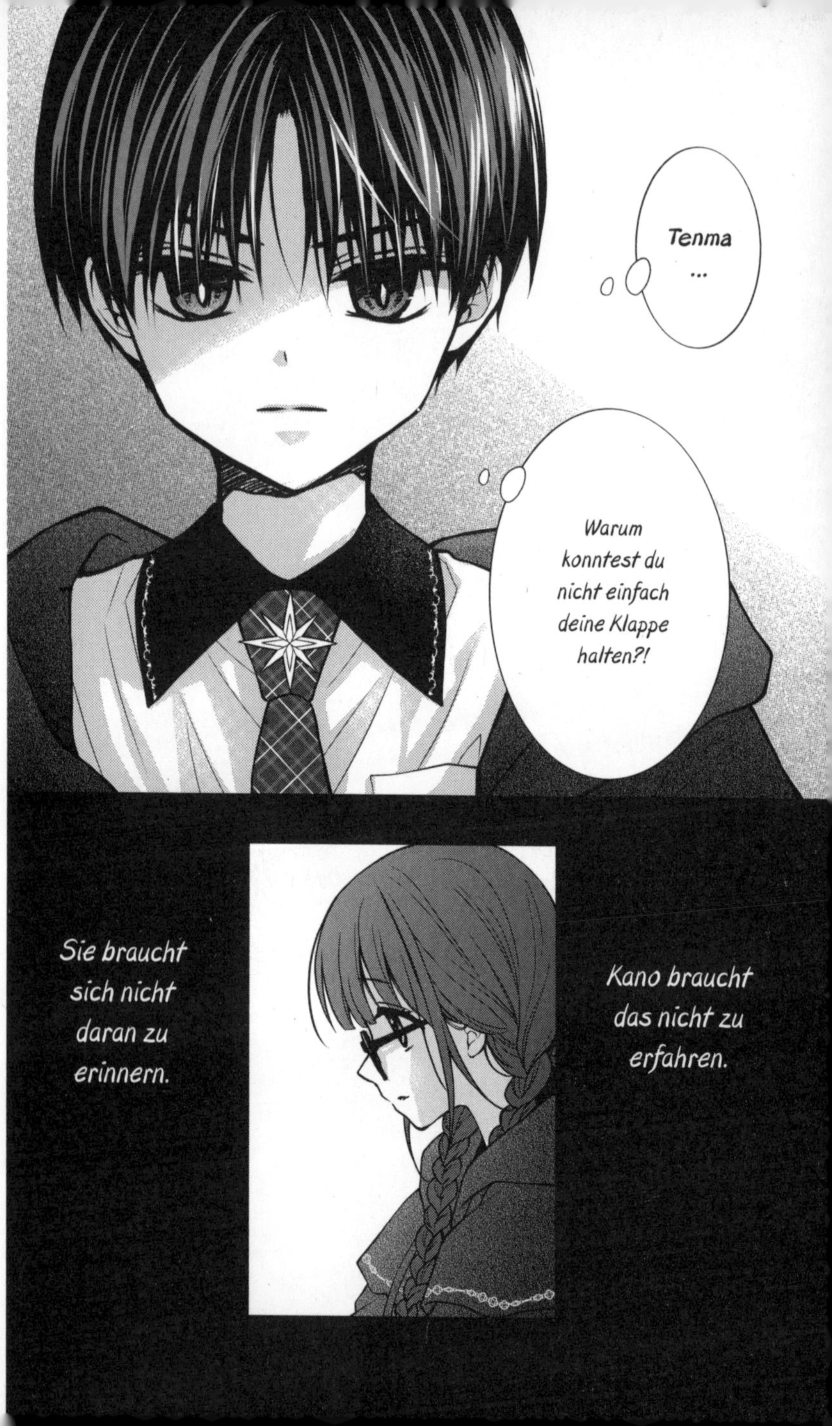

Tenma ...

Warum konntest du nicht einfach deine Klappe halten?!

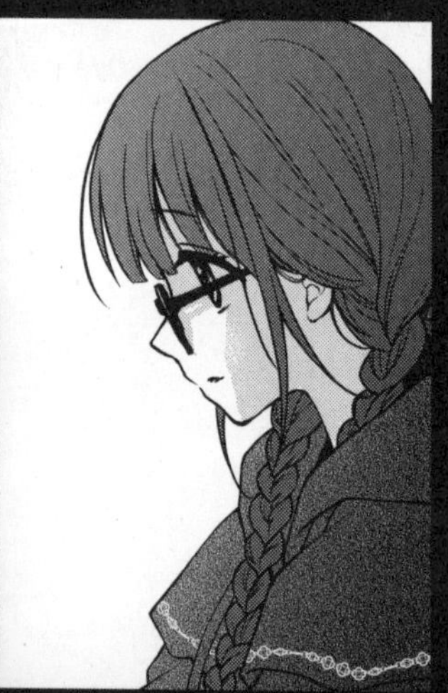

Kano braucht das nicht zu erfahren.

Sie braucht sich nicht daran zu erinnern.

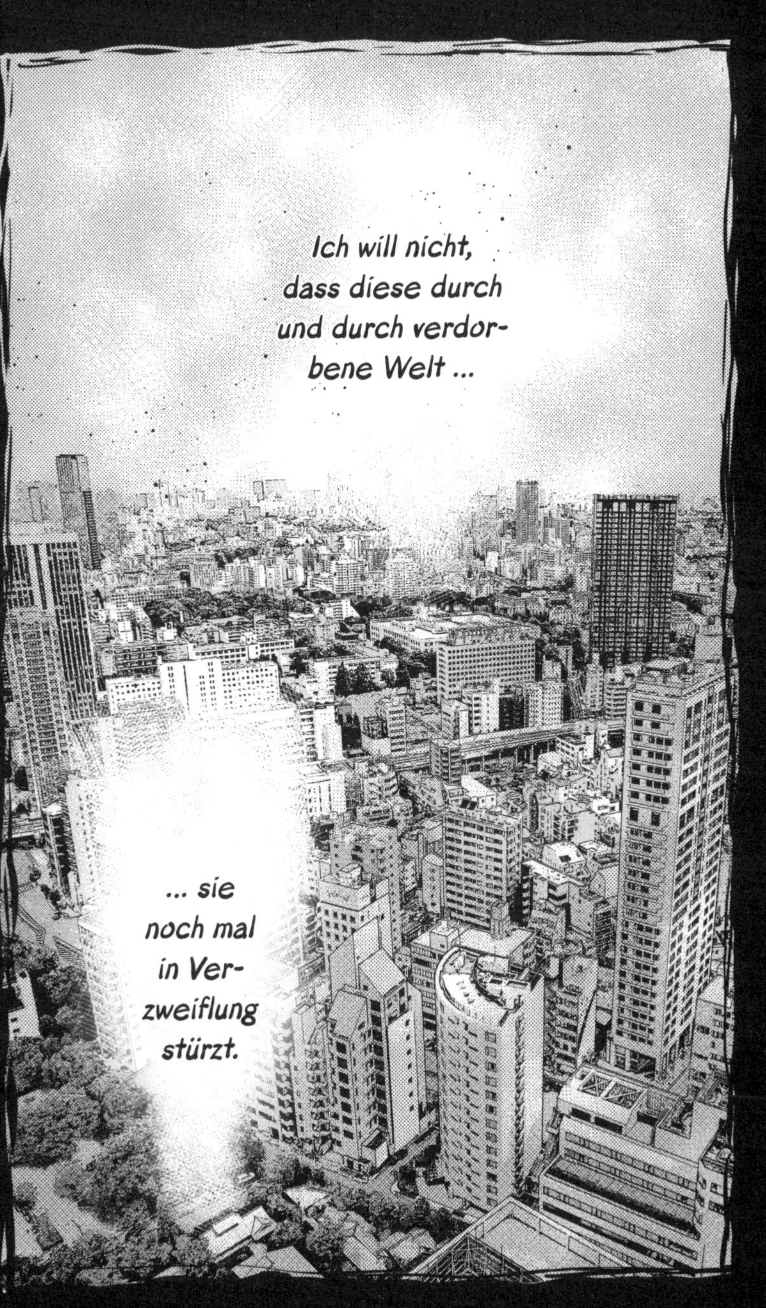
Ich will nicht, dass diese durch und durch verdorbene Welt ...
... sie noch mal in Verzweiflung stürzt.

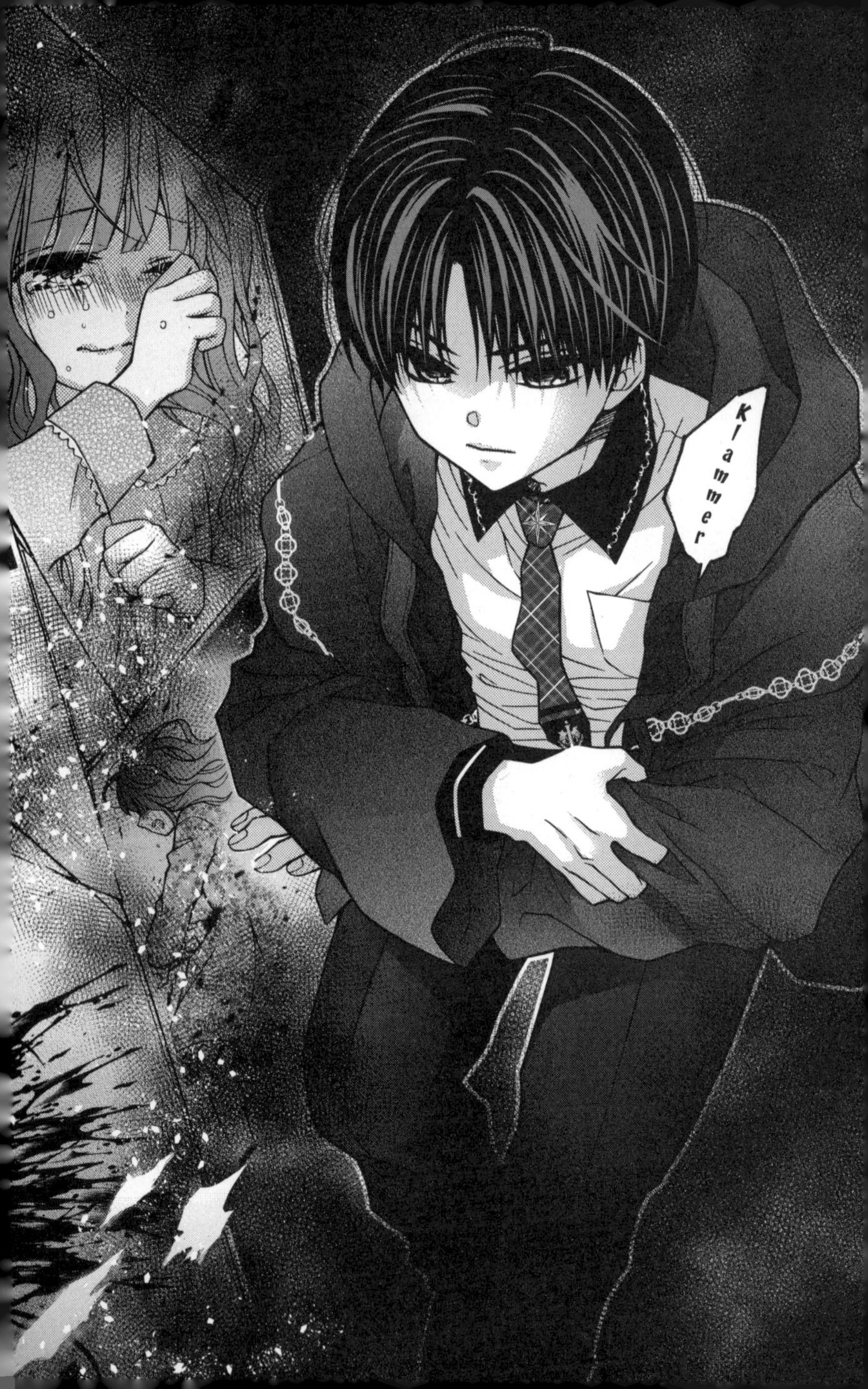
Klammer

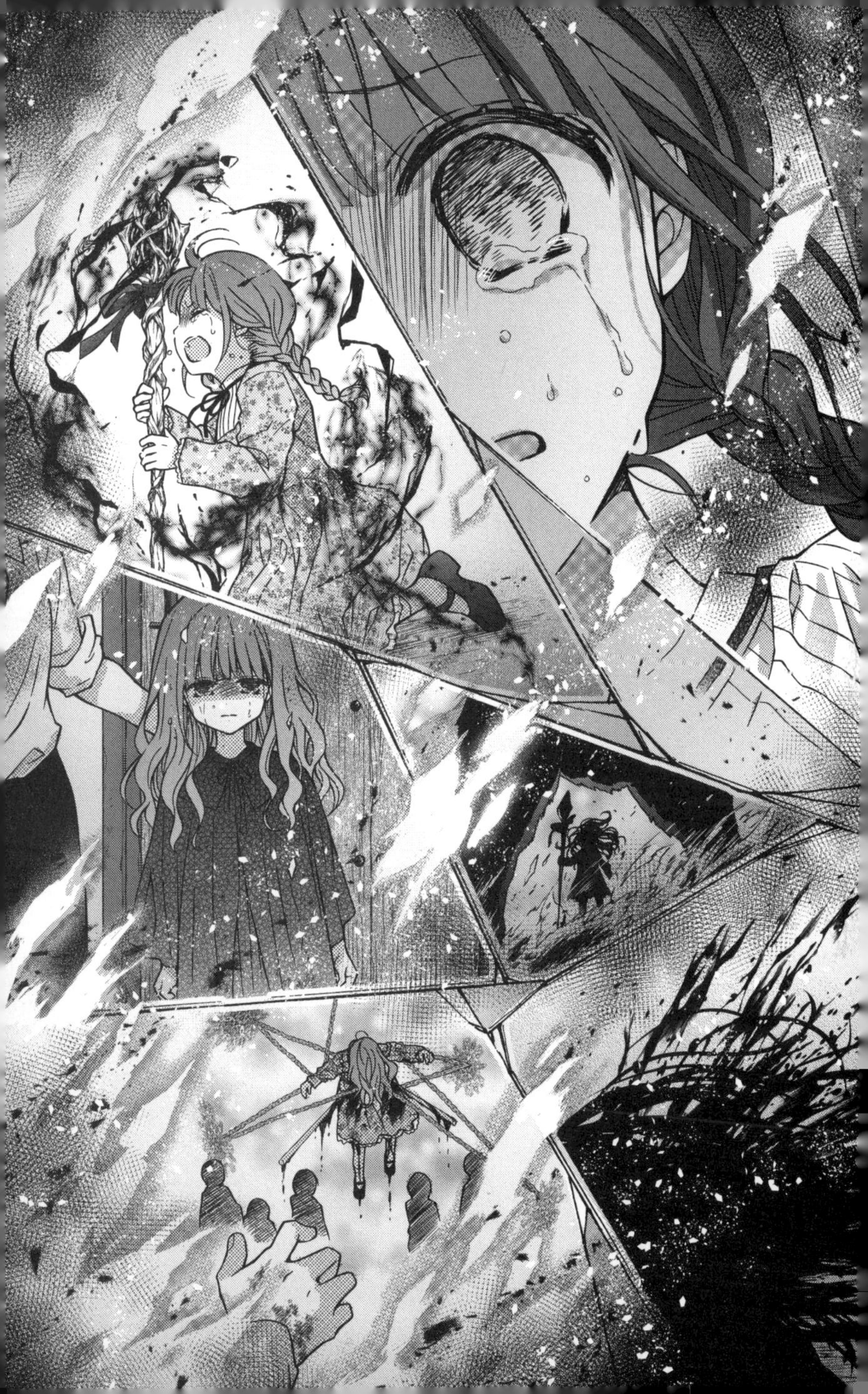

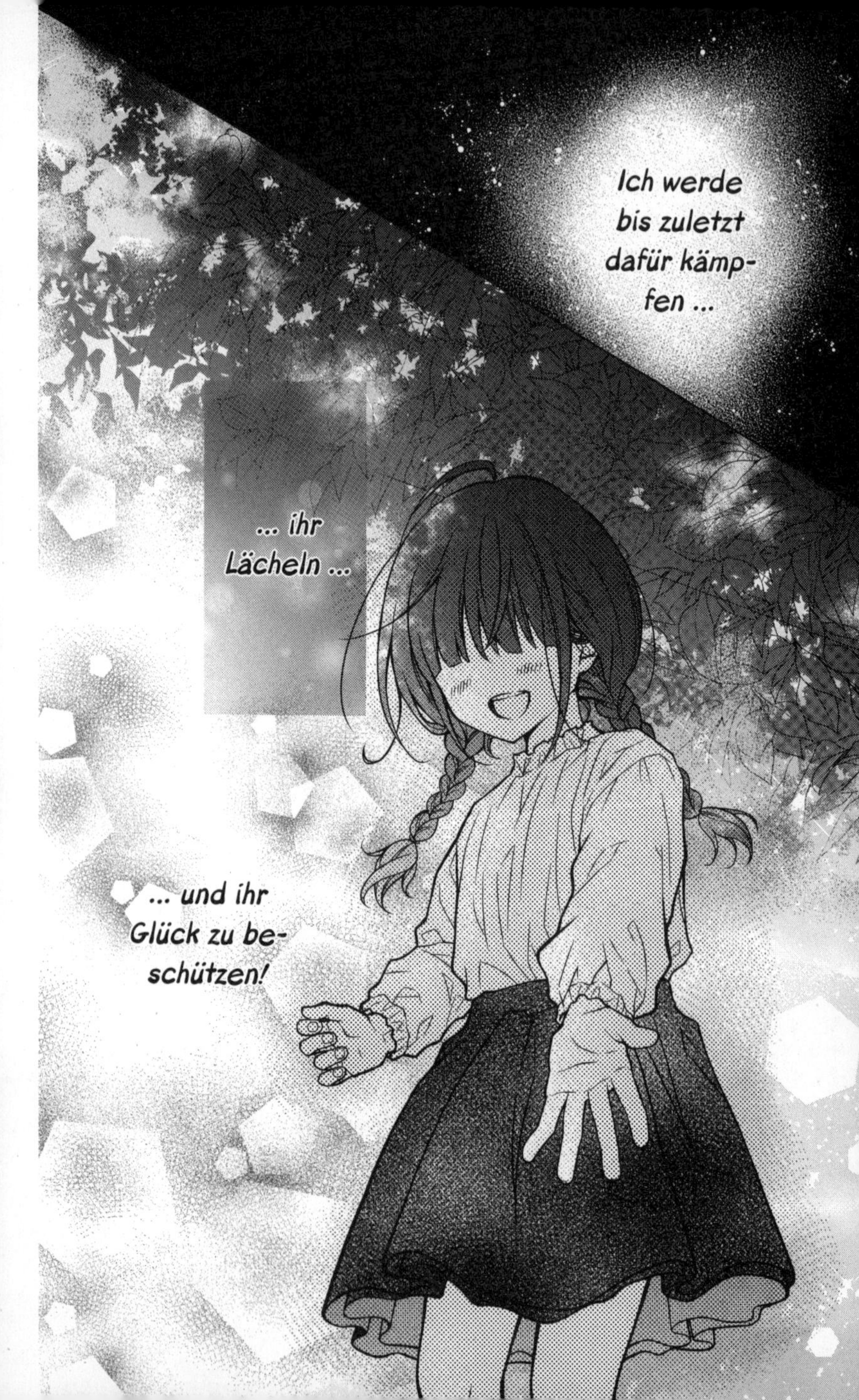
Ich werde
bis zuletzt
dafür kämp-
fen ...
... ihr
Lächeln ...
... und ihr
Glück zu be-
schützen!

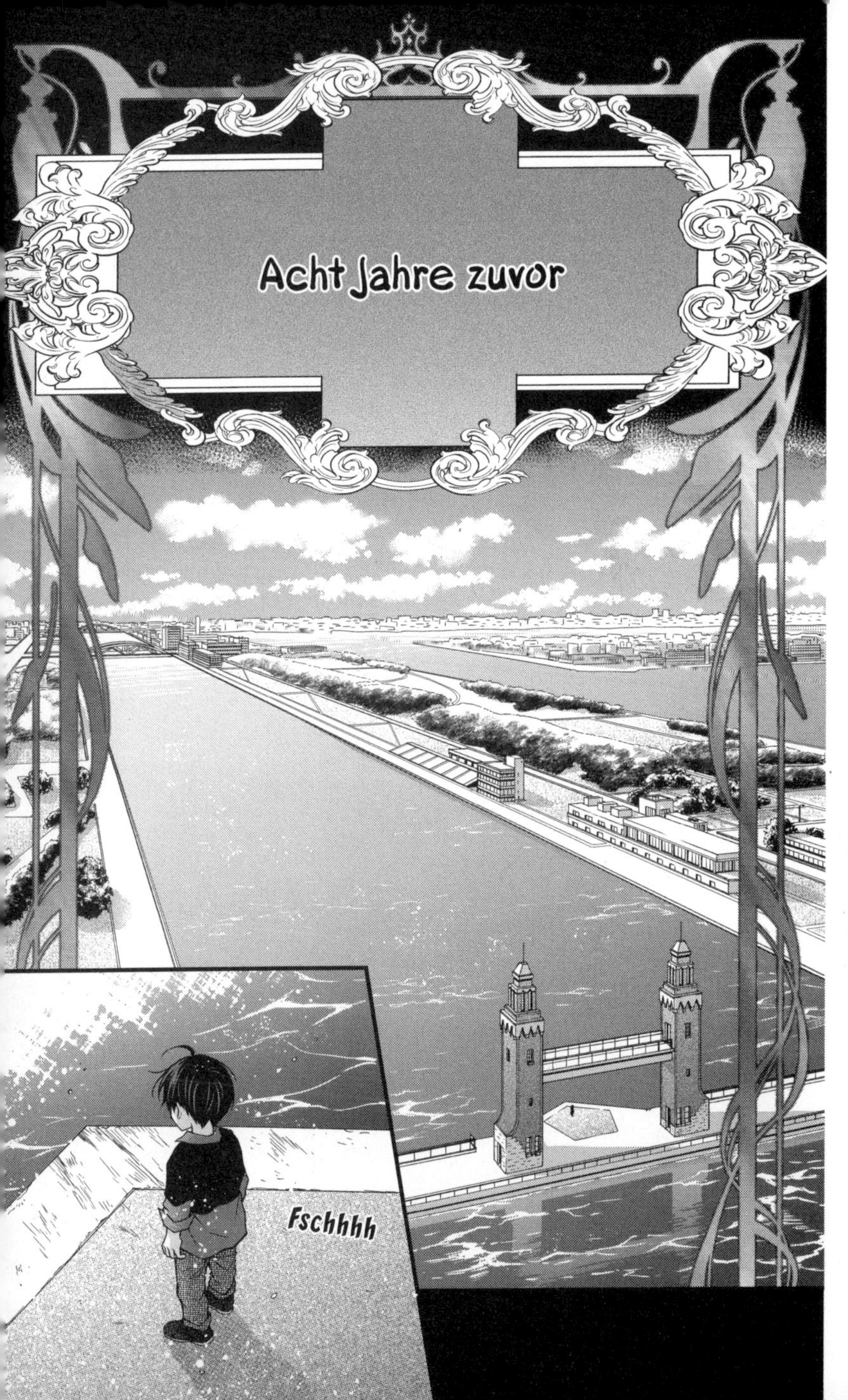
Acht Jahre zuvor
Fschhhh

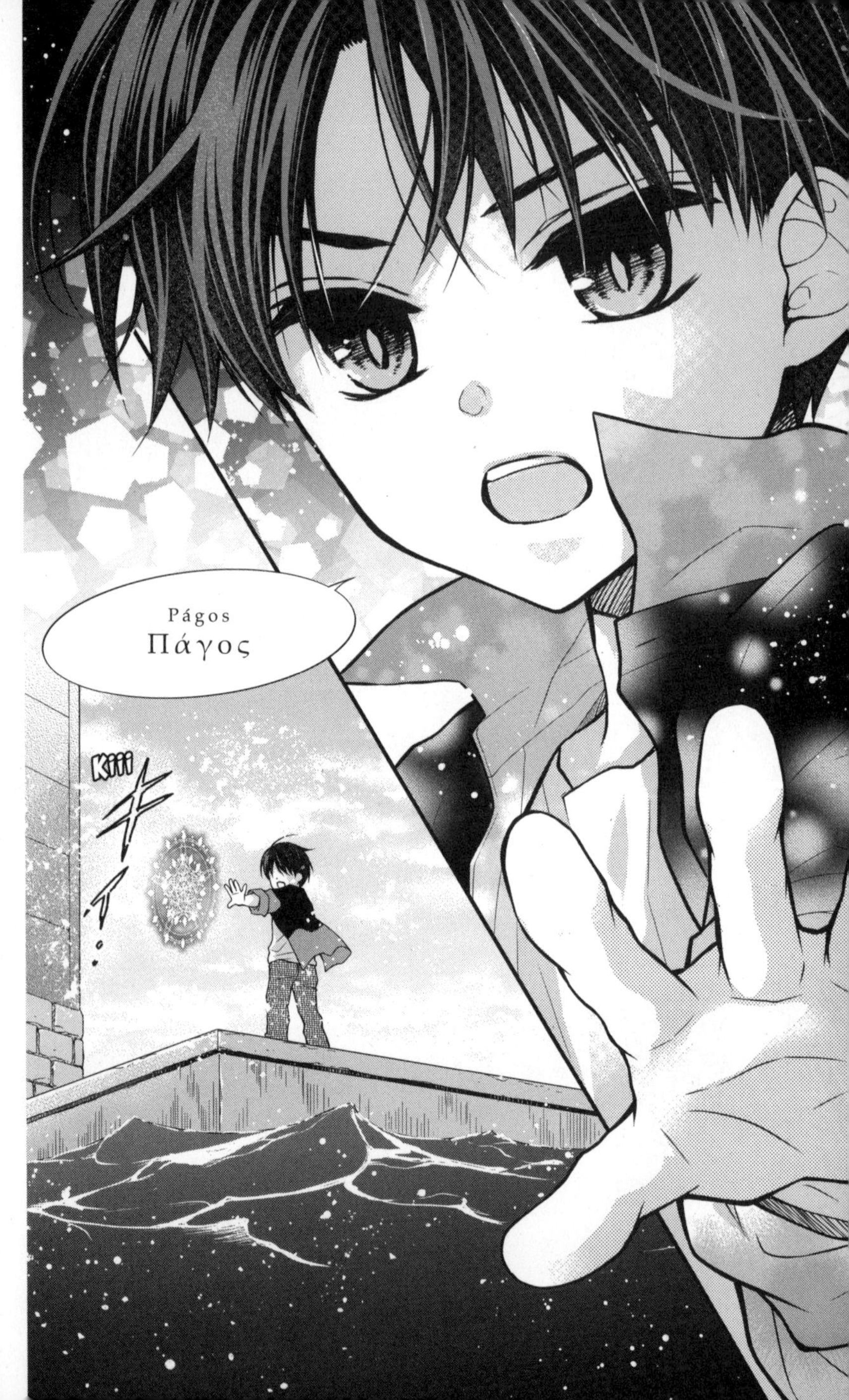
Págos
Πάγος
Kiii

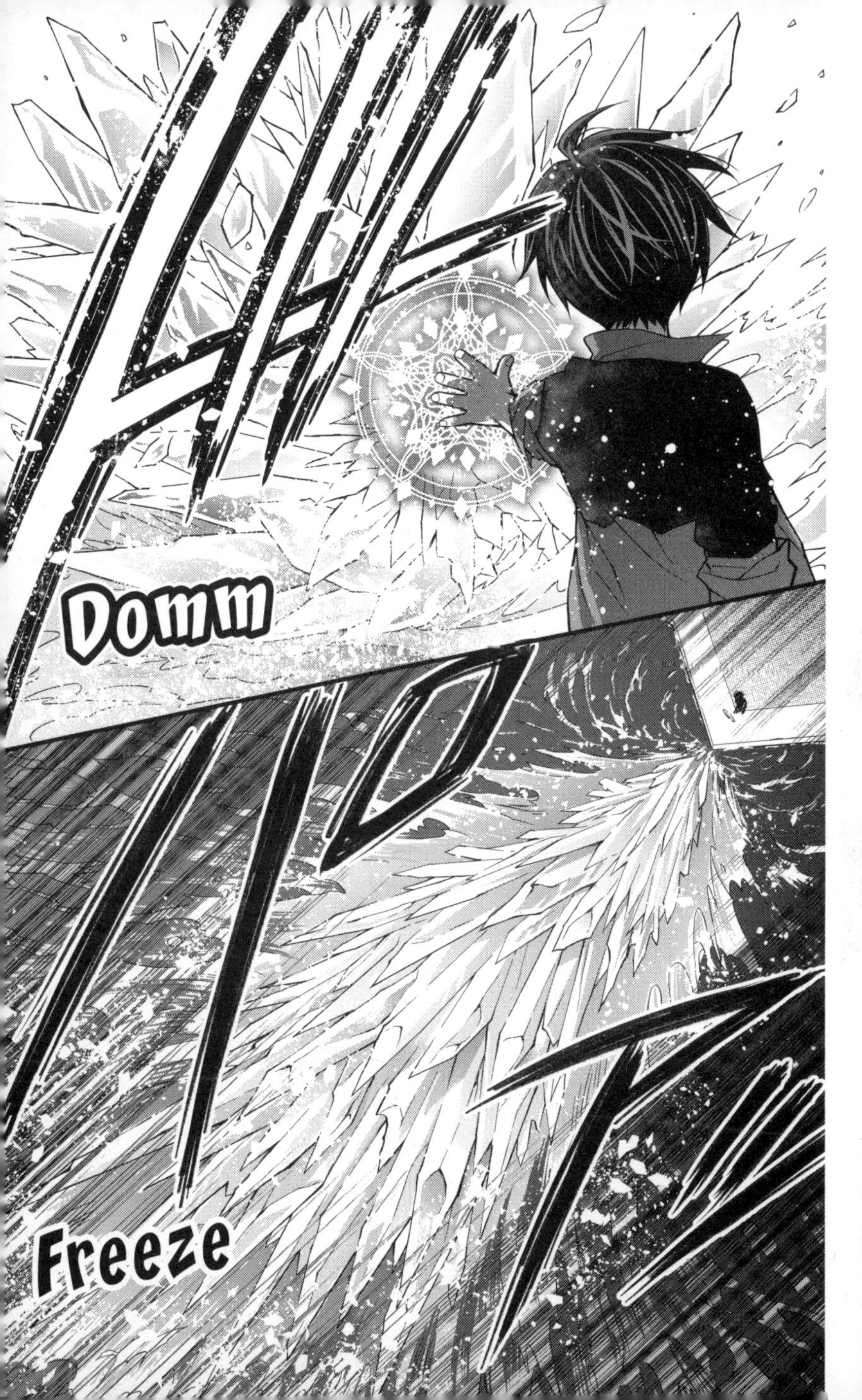
Domm
Freeze

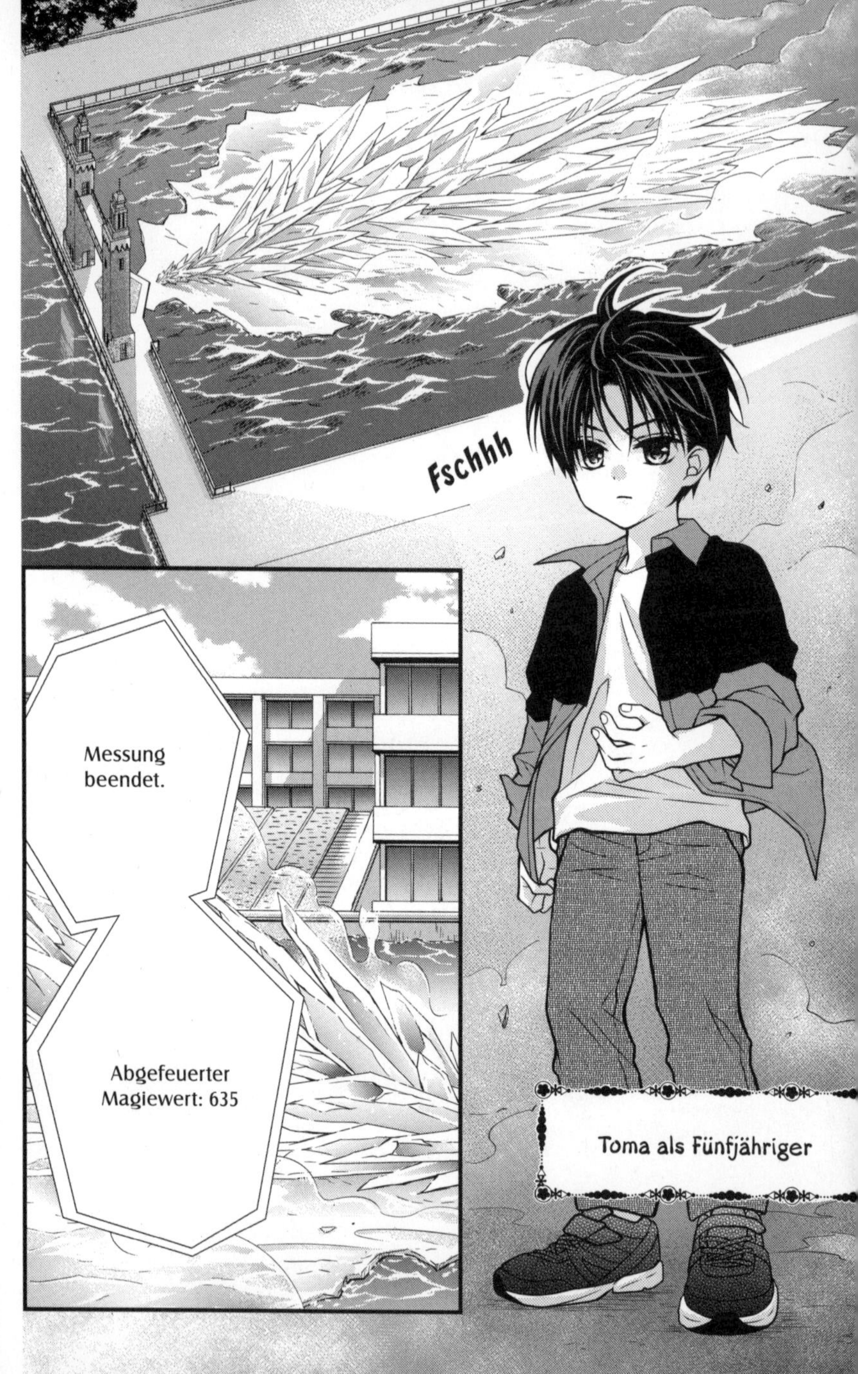
Fschhh
Messung beendet.
Abgefeuerter Magiewert: 635
Toma als Fünfjähriger

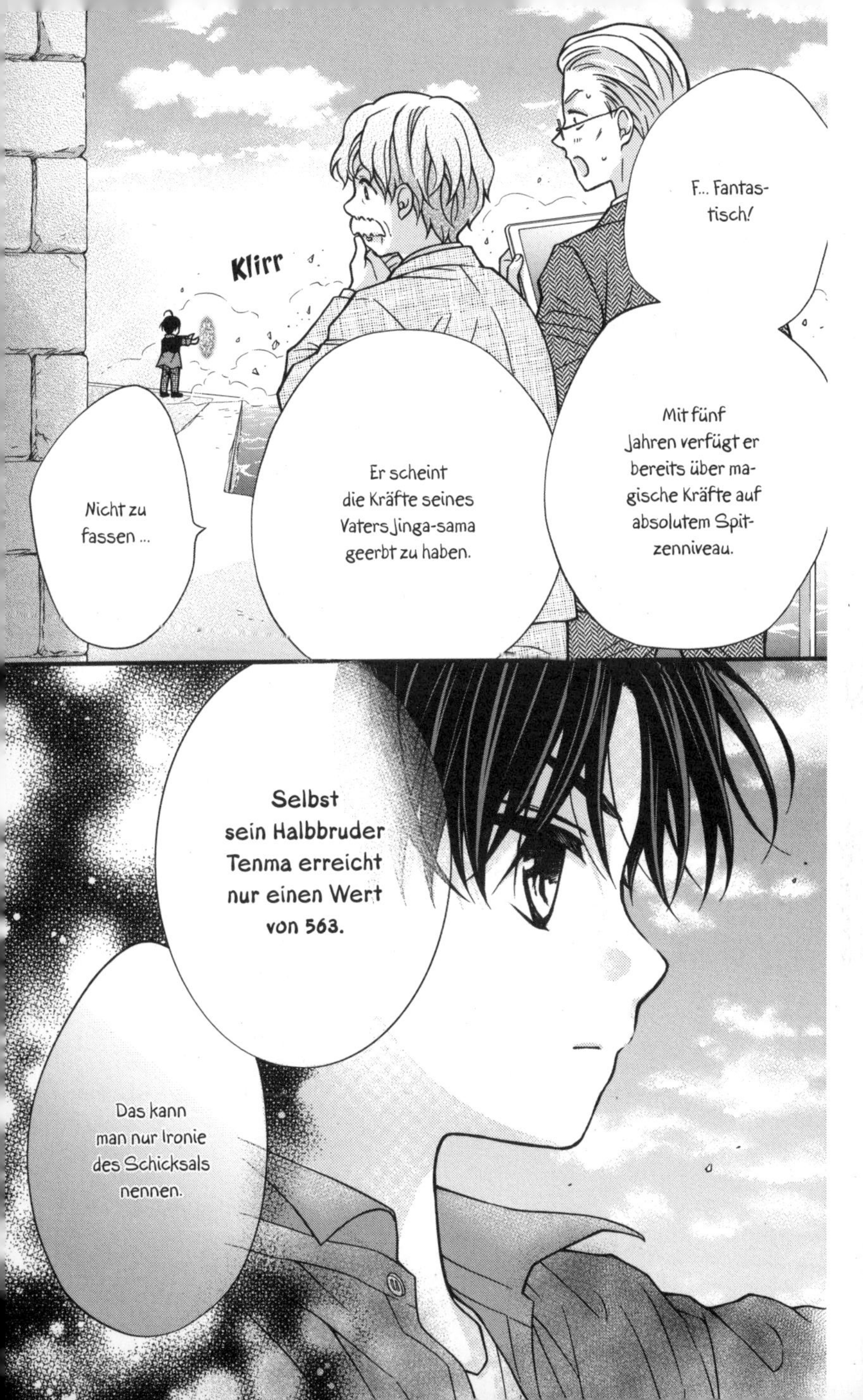
F... Fantas-
tisch!
Mit fünf
Jahren verfügt er
bereits über ma-
gische Kräfte auf
absolutem Spit-
zenniveau.
Er scheint
die Kräfte seines
Vaters Jinga-sama
geerbt zu haben.
Nicht zu
fassen ...
Klirr
Selbst
sein Halbbruder
Tenma erreicht
nur einen Wert
von 563.
Das kann
man nur Ironie
des Schicksals
nennen.

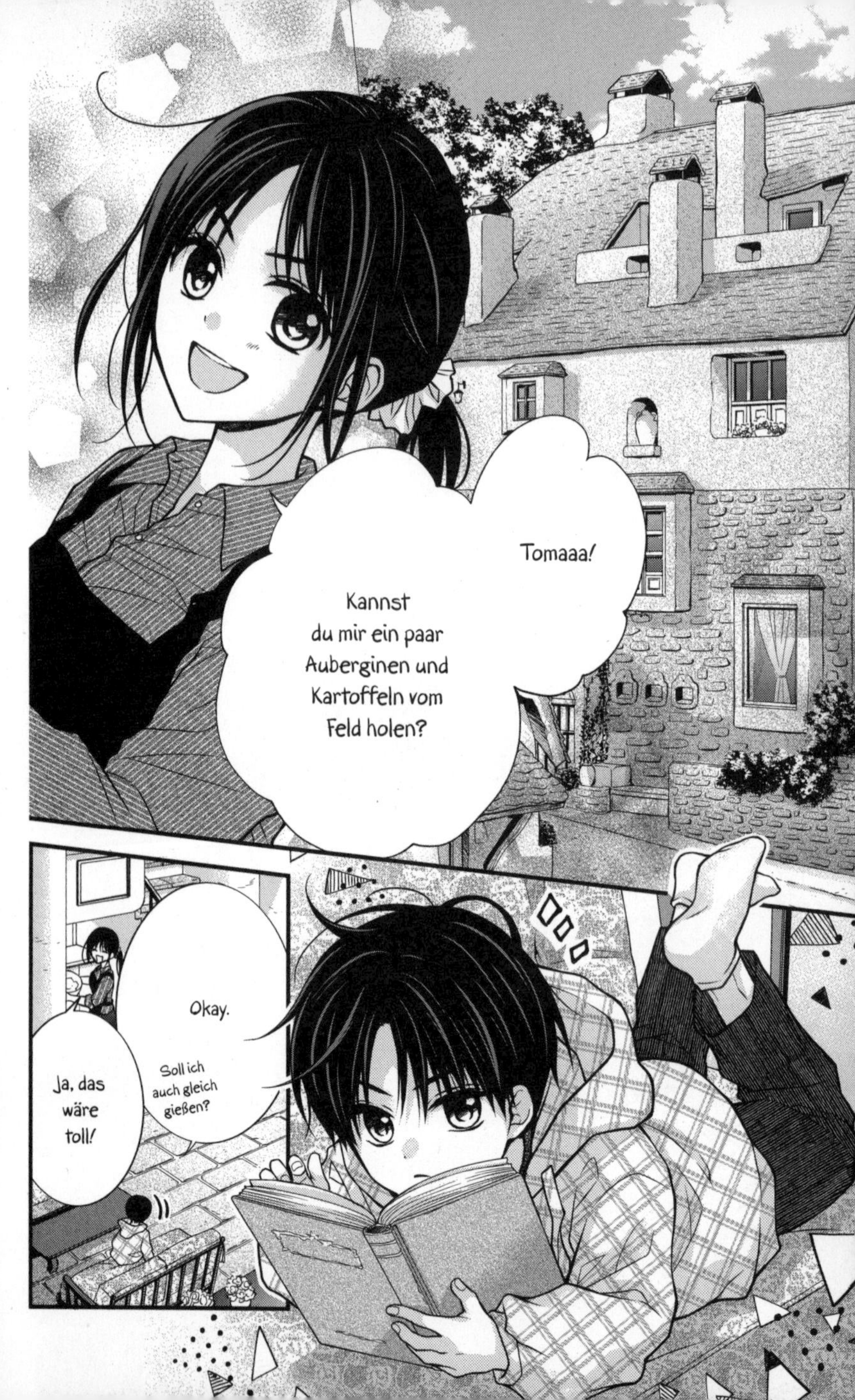
Tomaaa!
Kannst du mir ein paar Auberginen und Kartoffeln vom Feld holen?
Okay.
Soll ich auch gleich gießen?
Ja, das wäre toll!

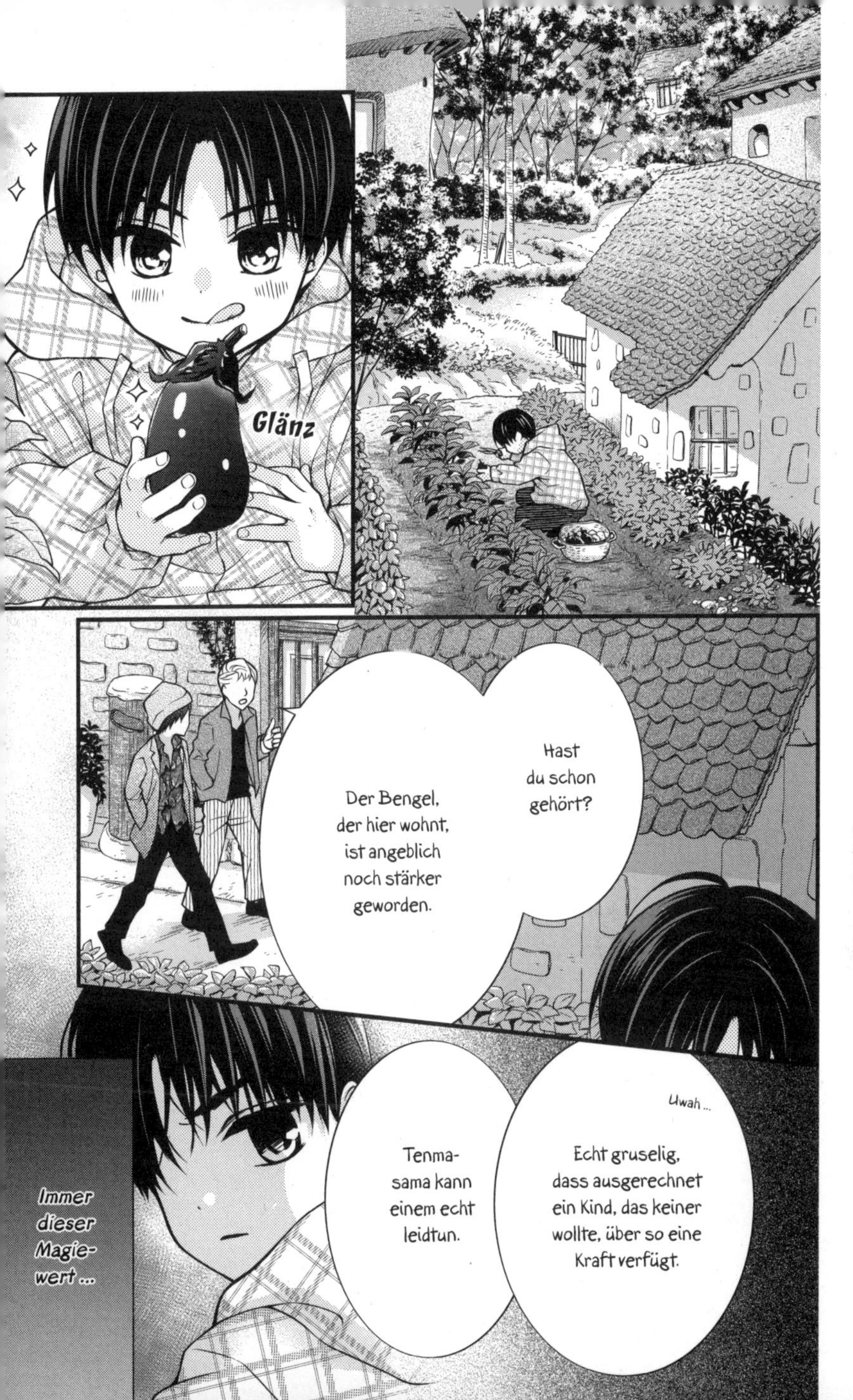
Glänz
Hast du schon gehört?
Der Bengel, der hier wohnt, ist angeblich noch stärker geworden.
Uwah ...
Echt gruselig, dass ausgerechnet ein Kind, das keiner wollte, über so eine Kraft verfügt.
Tenma-sama kann einem echt leidtun.
Immer dieser Magiewert ...

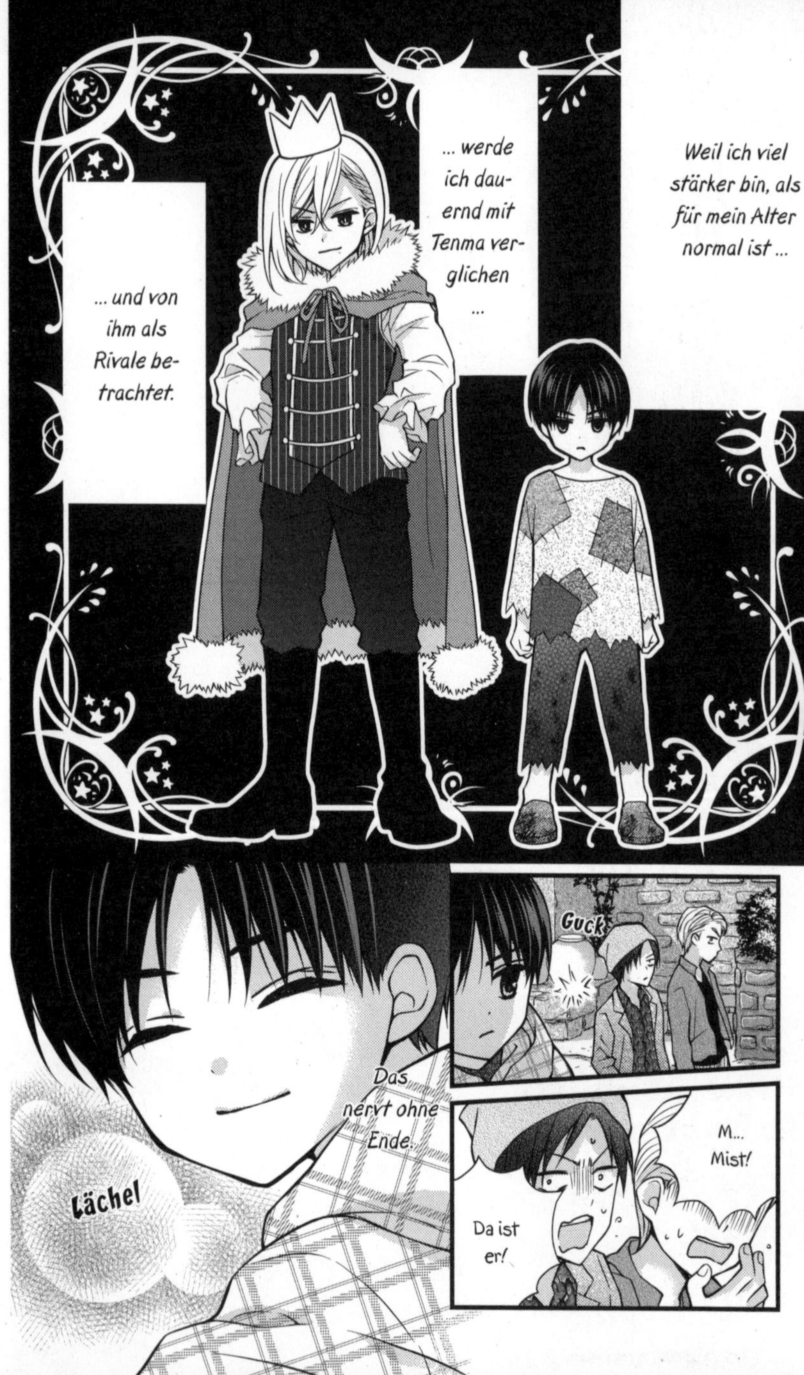
Weil ich viel stärker bin, als für mein Alter normal ist ...
... werde ich dauernd mit Tenma verglichen ...
... und von ihm als Rivale betrachtet.
Guck
Das nervt ohne Ende.
Lächel
M... Mist!
Da ist er!

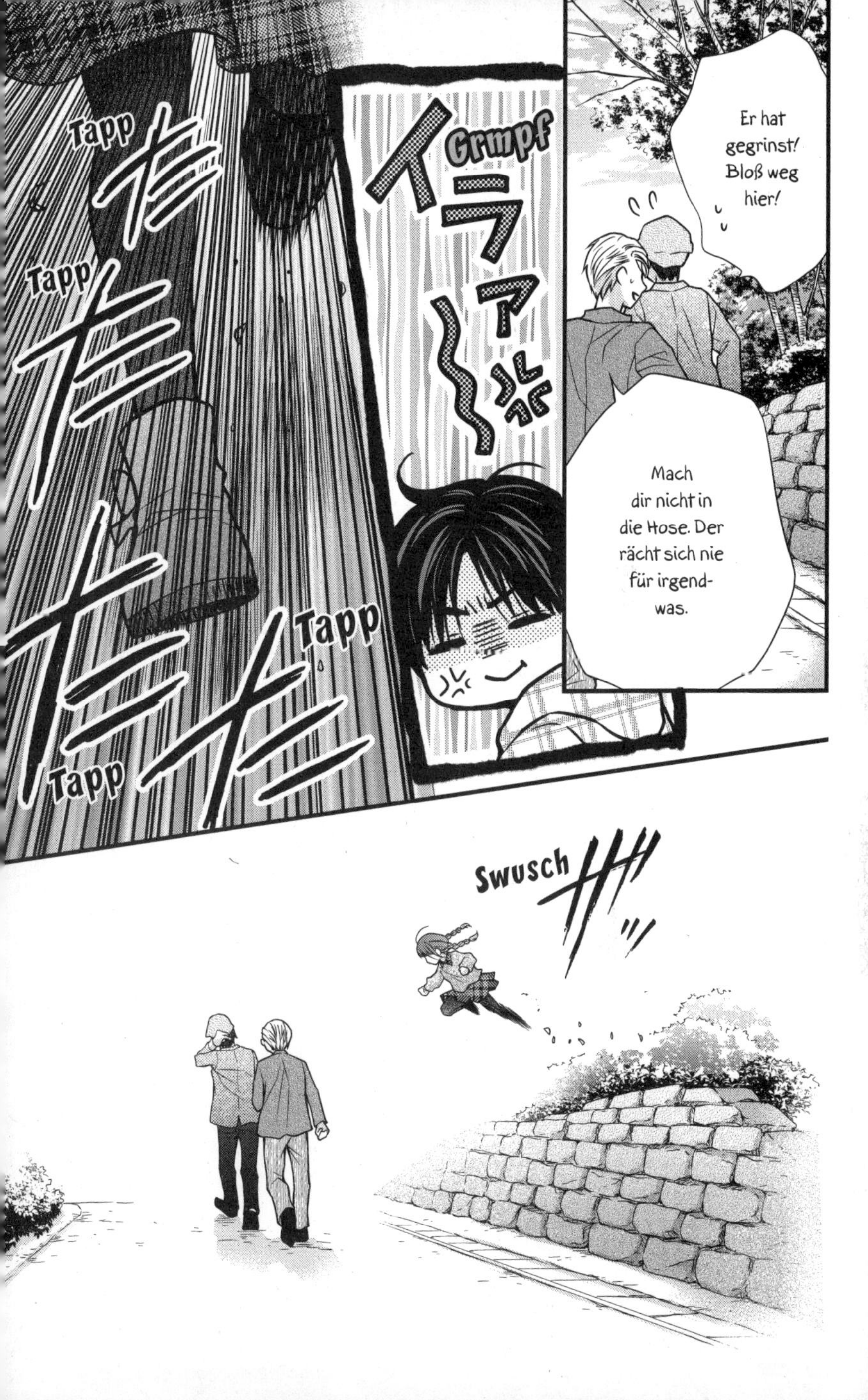
Er hat gegrinst! Bloß weg hier!
Mach dir nicht in die Hose. Der rächt sich nie für irgendwas.
Grmpf
Tapp
Tapp
Tapp
Tapp
Swusch

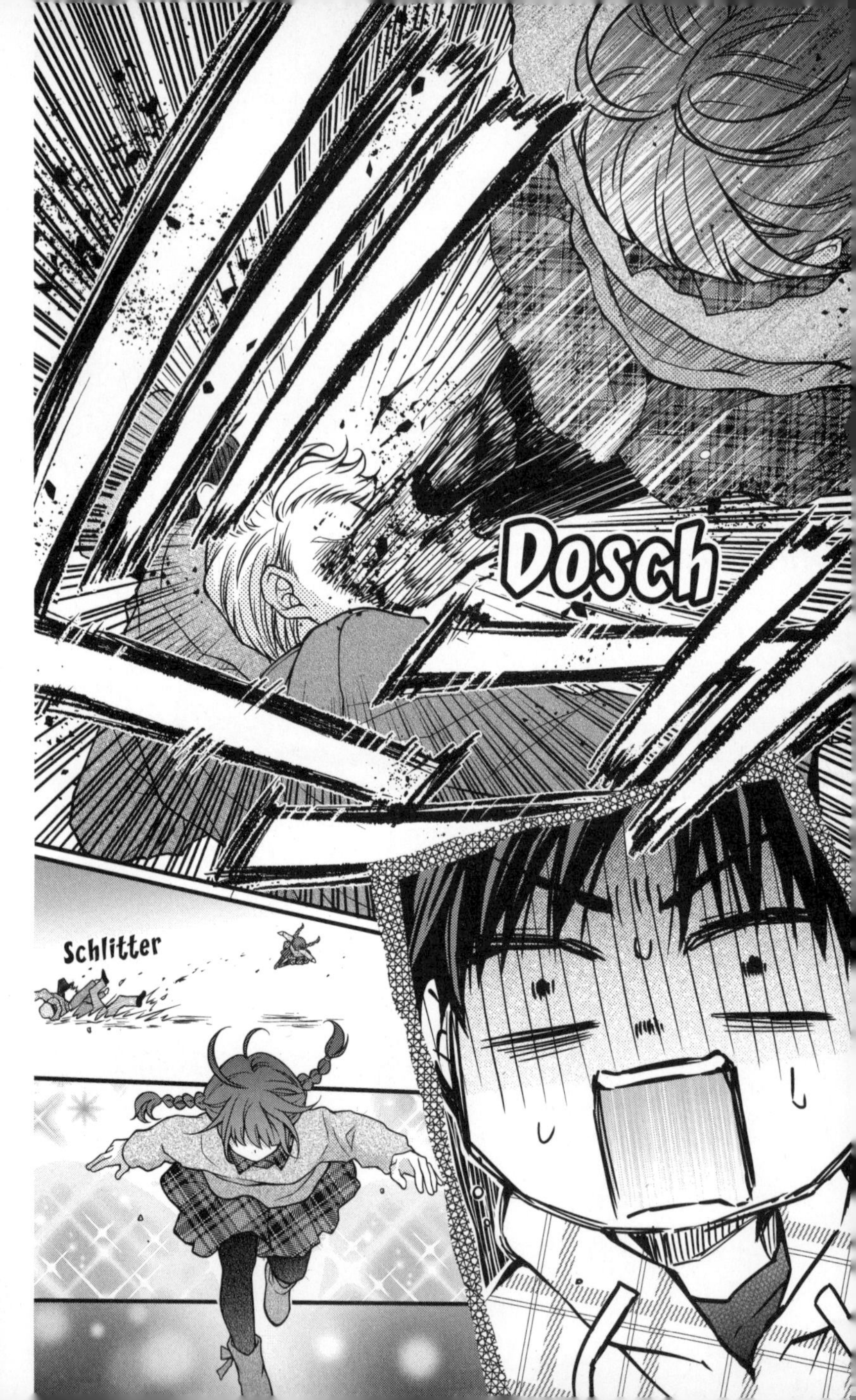
Dosch
Schlitter

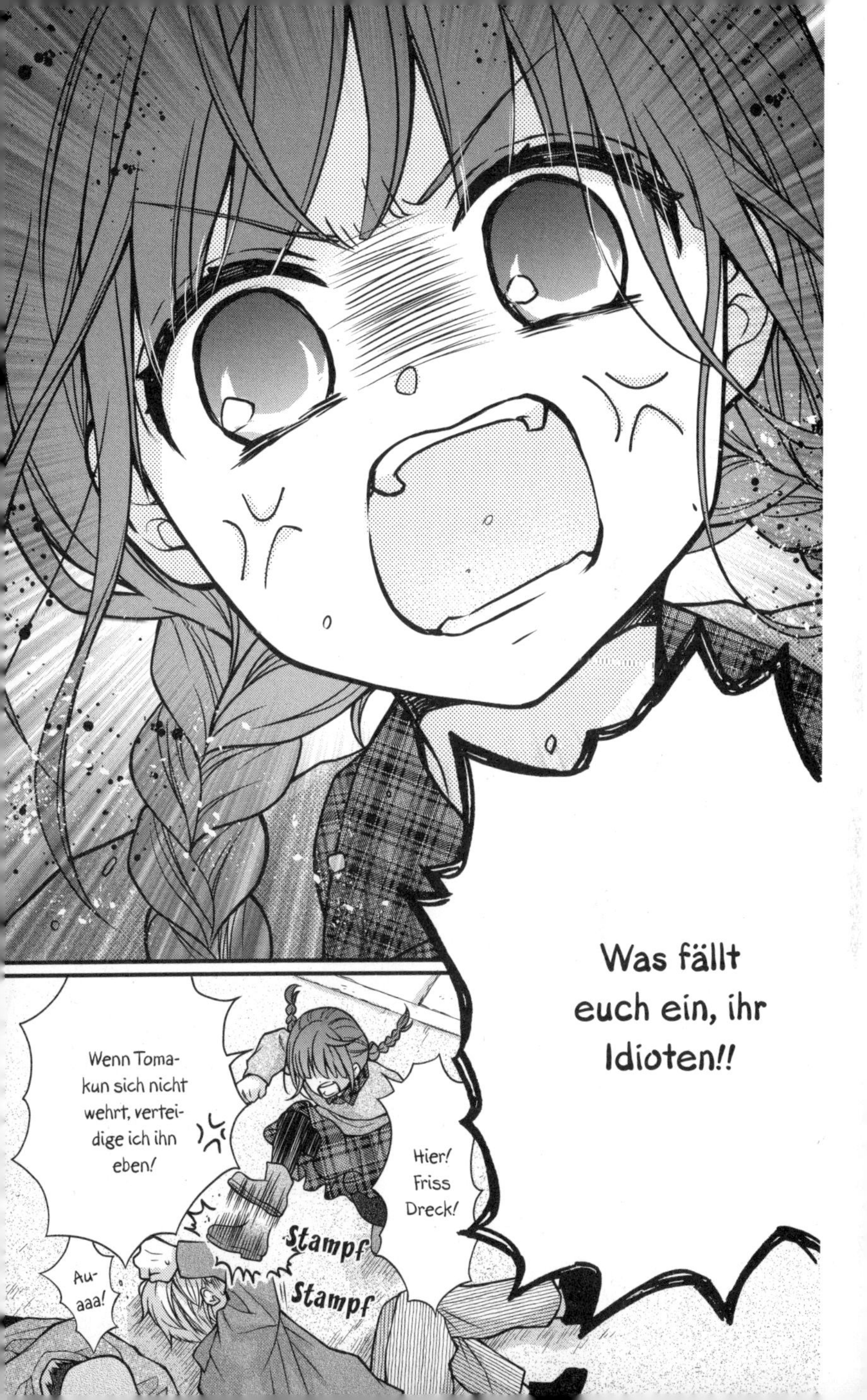
Was fällt euch ein, ihr Idioten!!
Wenn Toma-kun sich nicht wehrt, verteidige ich ihn eben!
Hier! Friss Dreck!
Stampf
Stampf
Au-aaa!

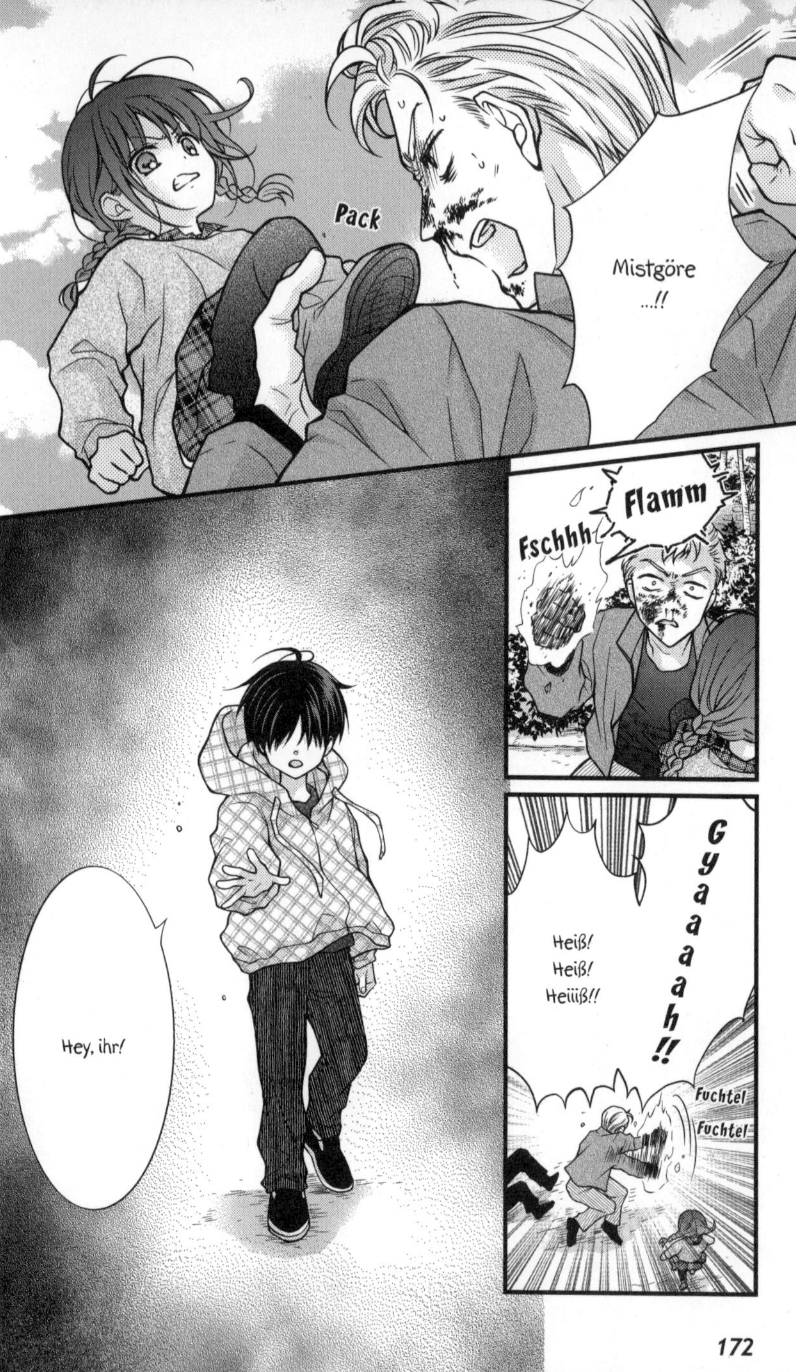
Pack
Mistgöre ...!!
Flamm
Fschhh
Gyaaaaah!!
Heiß! Heiß! Heiiiß!!
Fuchtel
Fuchtel
Hey, ihr!

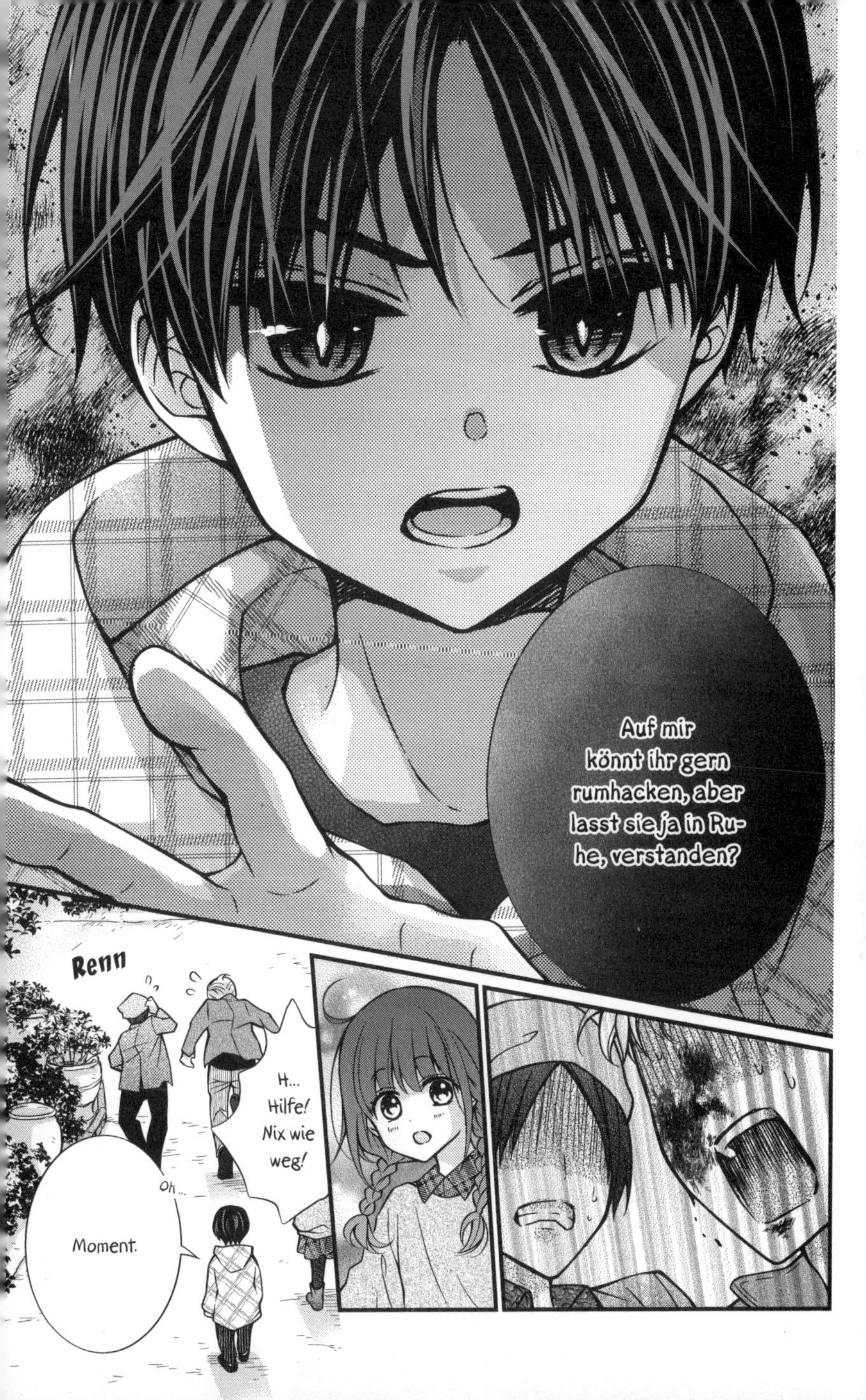
Auf mir könnt ihr gern rumhacken, aber lasst sie ja in Ruhe, verstanden?
Renn
H... Hilfe! Nix wie weg!
Oh ...
Moment.

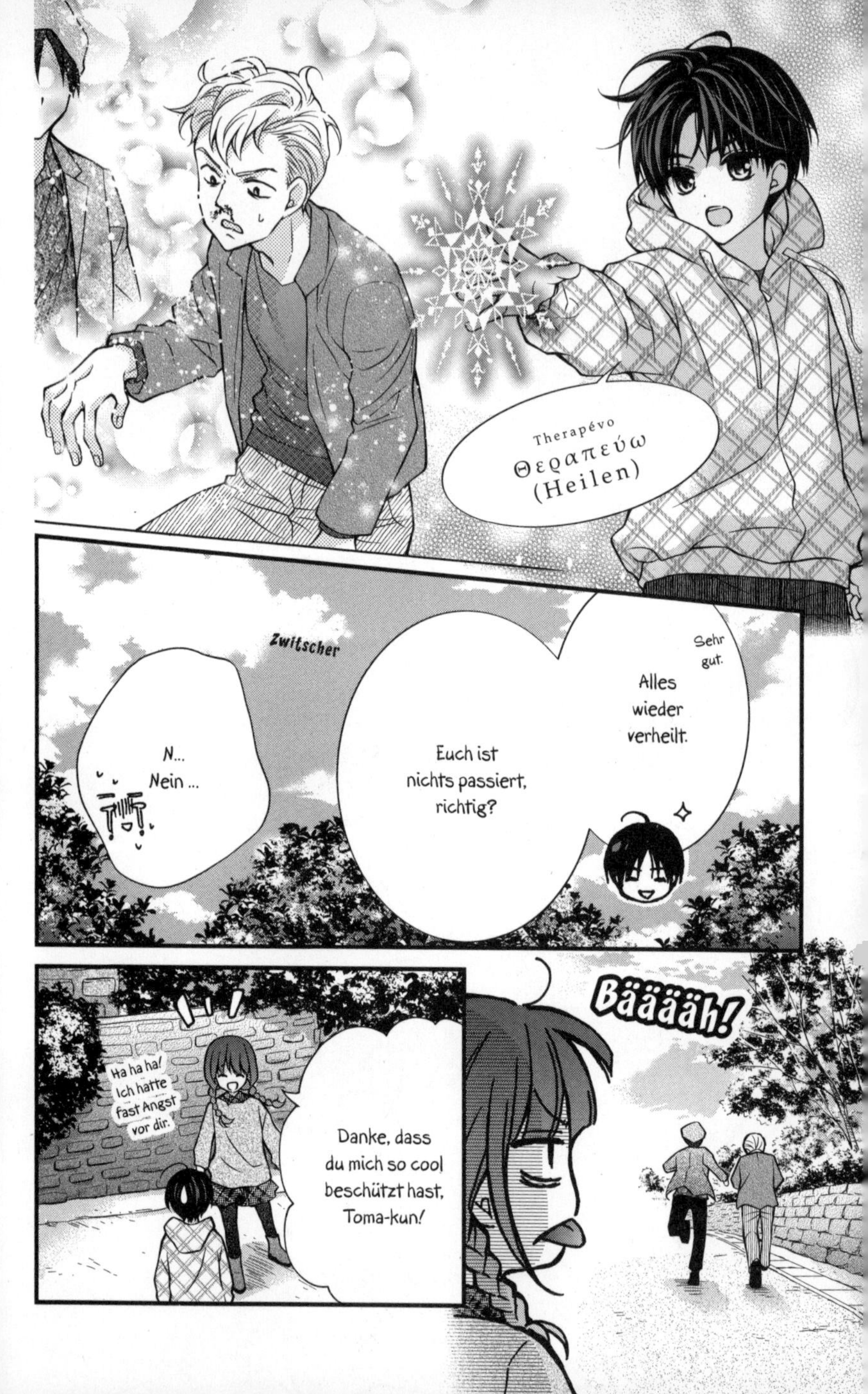

Therapévo
Θεραπεύω
(Heilen)
Sehr gut.
Alles wieder verheilt.
Euch ist nichts passiert, richtig?
Zwitscher
N... Nein ...
Bääääh!
Danke, dass du mich so cool beschützt hast, Toma-kun!
Ha ha ha! Ich hatte fast Angst vor dir.

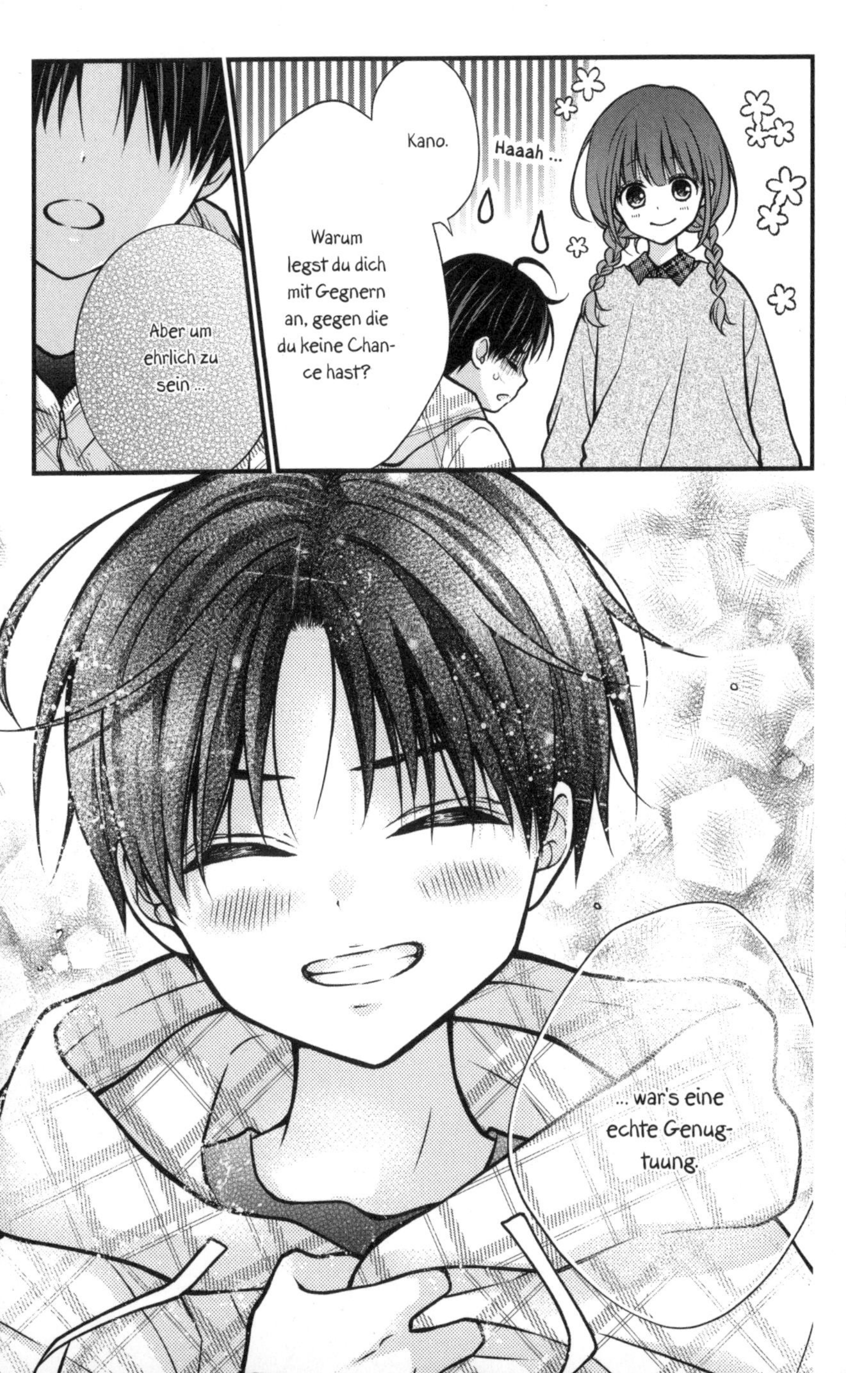
Haaah ...
Kano.
Warum legst du dich mit Gegnern an, gegen die du keine Chance hast?
Aber um ehrlich zu sein ...
... war's eine echte Genugtuung.

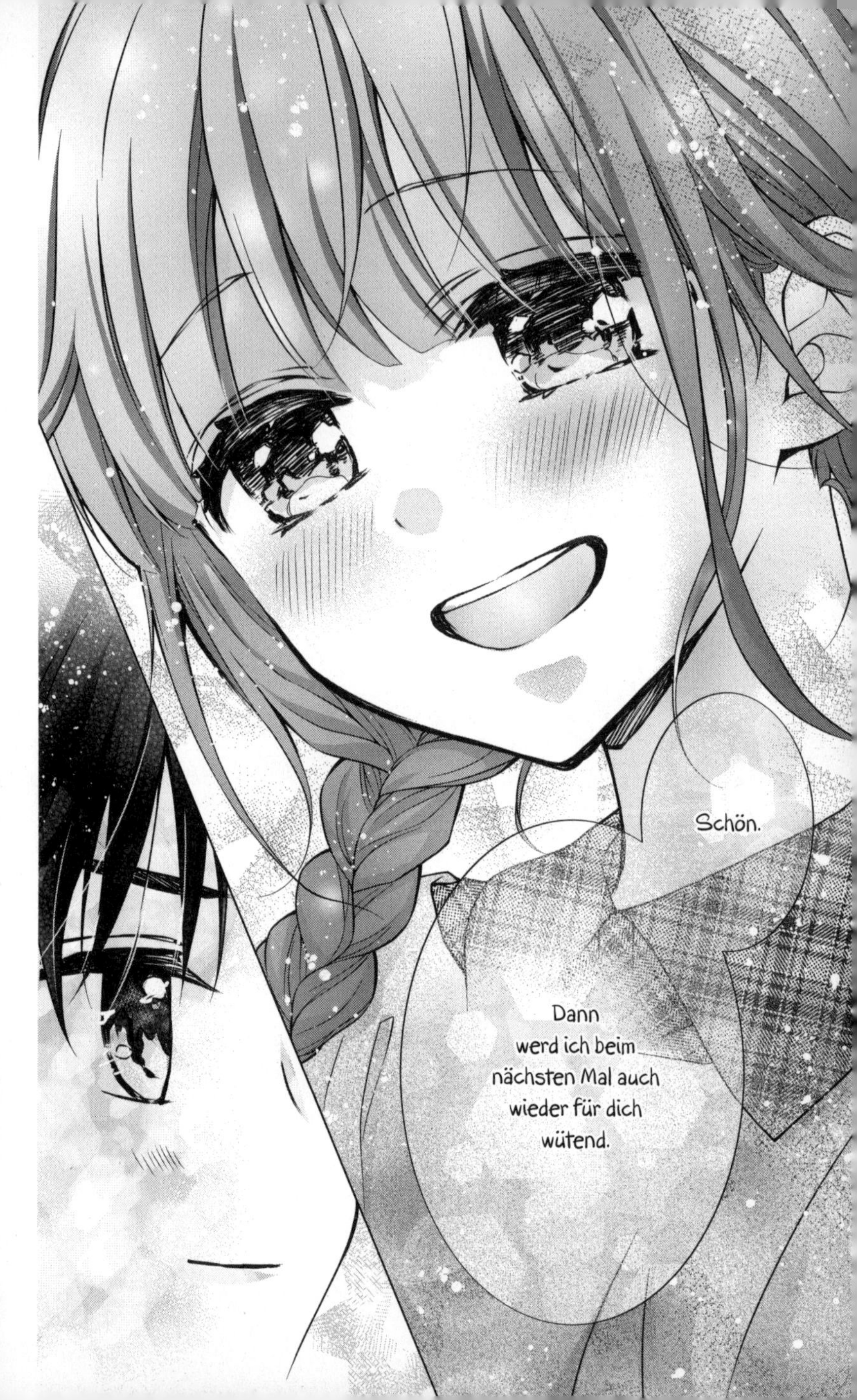
Schön.
Dann werd ich beim nächsten Mal auch wieder für dich wütend.

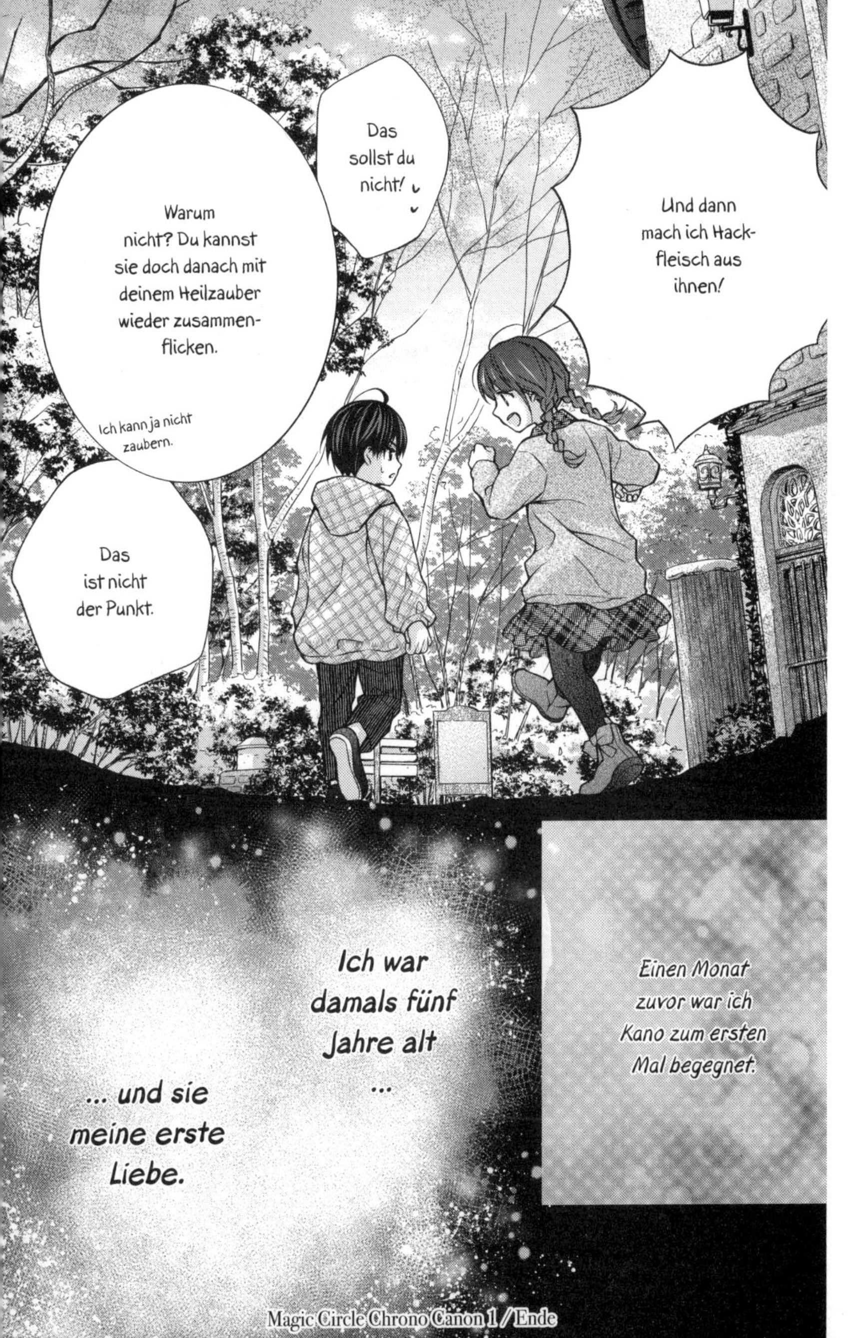

Magic Circle Chrono Canon 1 / Ende

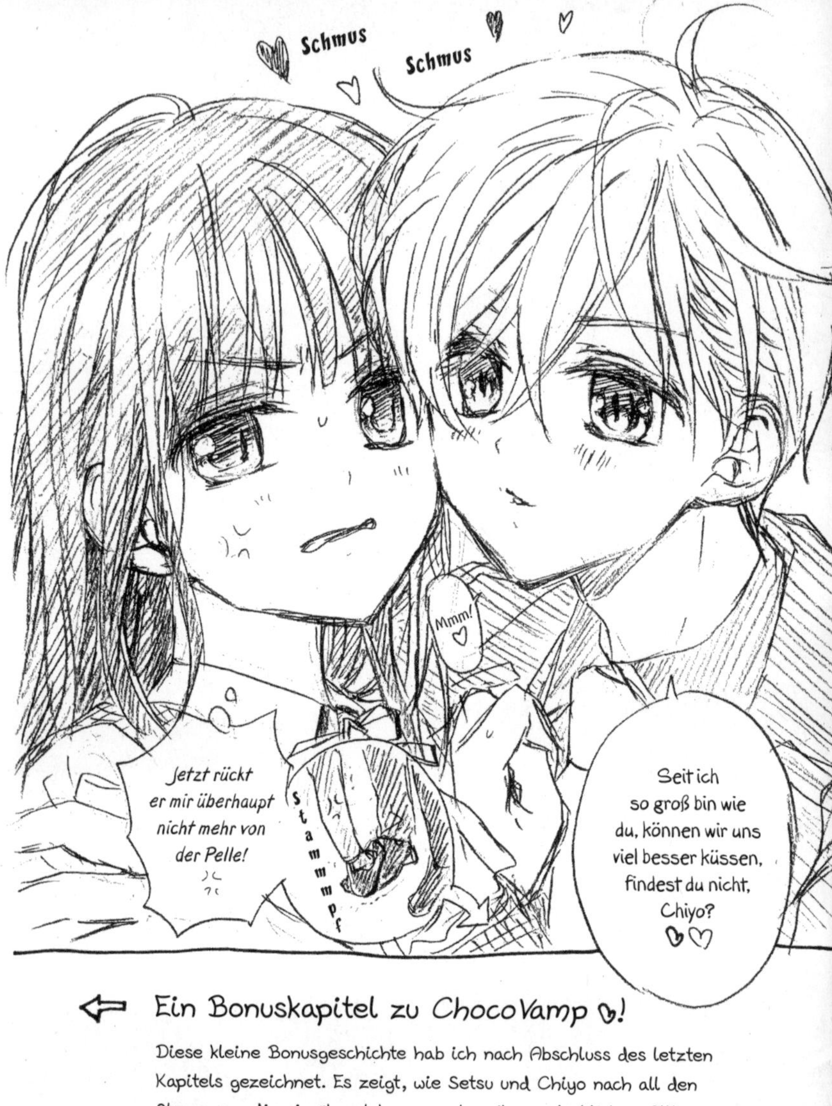

Ein Bonuskapitel zu ChocoVamp!

Diese kleine Bonusgeschichte hab ich nach Abschluss des letzten Kapitels gezeichnet. Es zeigt, wie Setsu und Chiyo nach all den Strapazen, die sie überstehen mussten, ihren glücklichen Alltag genießen. Wenn ich mal wieder eine schöne Idee und etwas Zeit habe, möchte ich die zwei gern wieder zeichnen.

Waaah!

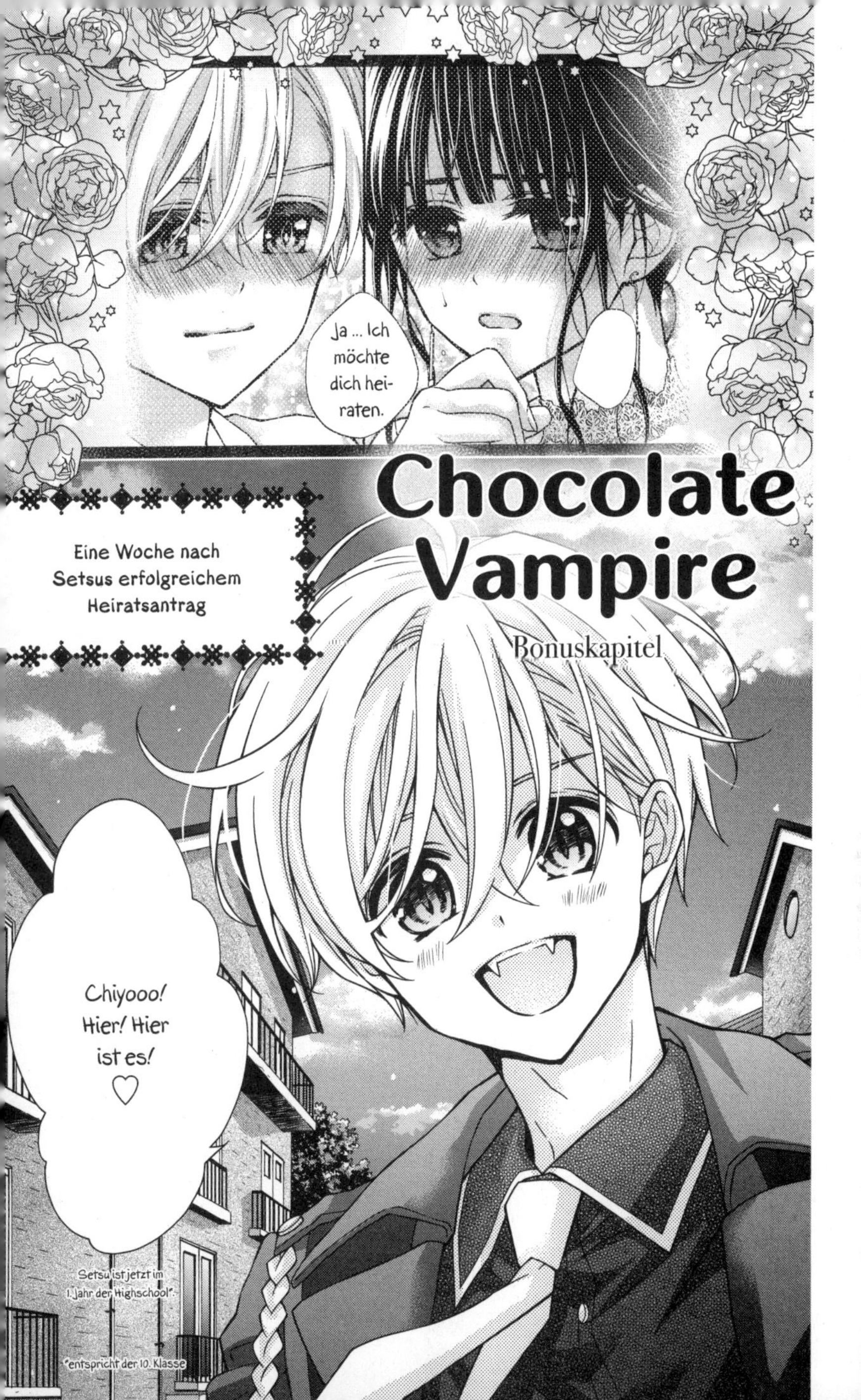
Ja ... Ich möchte dich heiraten.
Chocolate Vampire
Bonuskapitel
Eine Woche nach Setsus erfolgreichem Heiratsantrag
Chiyooo! Hier! Hier ist es! ♡
Setsu ist jetzt im 1. Jahr der Highschool*.
*entspricht der 10. Klasse

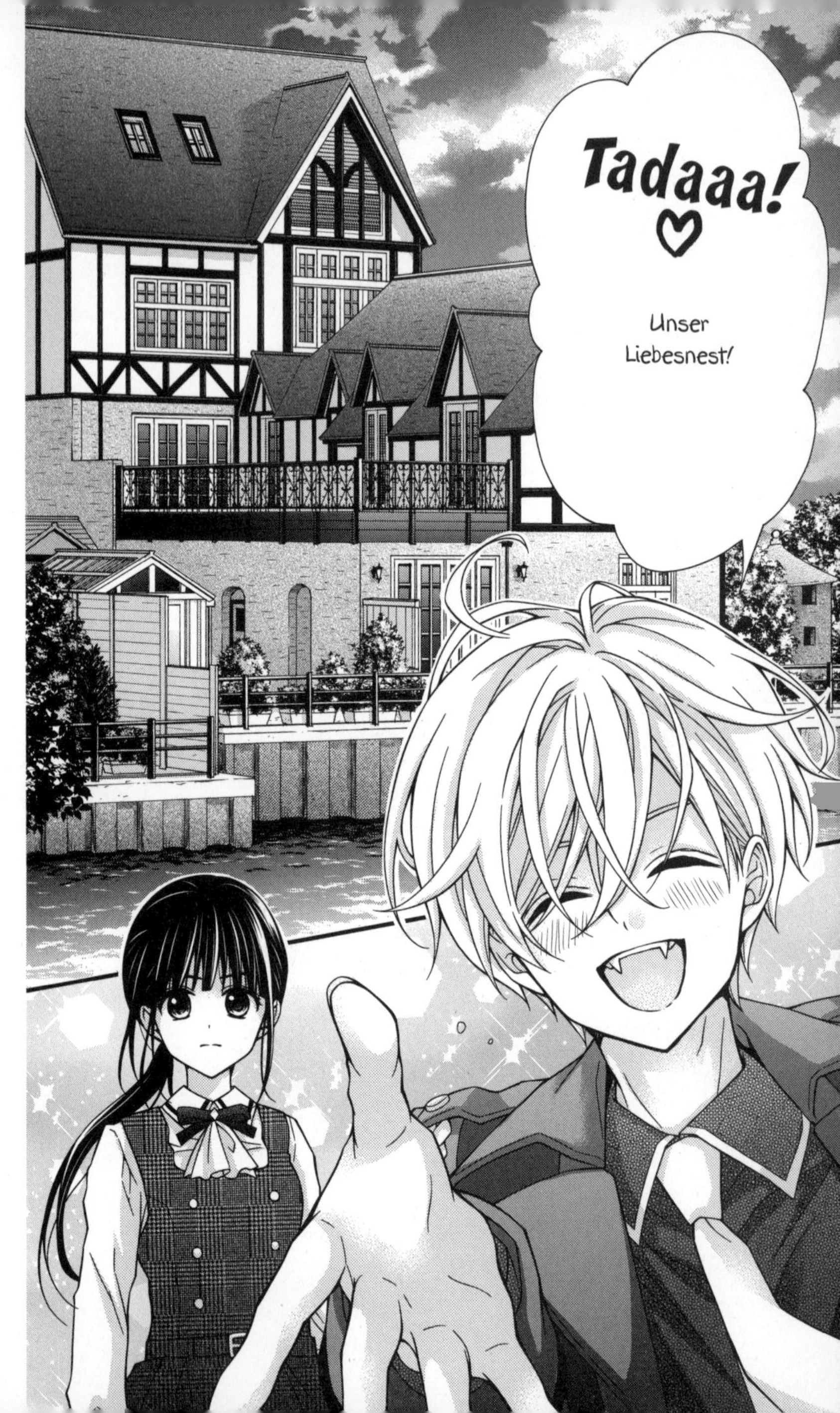
Tadaaa! ♡
Unser Liebesnest!

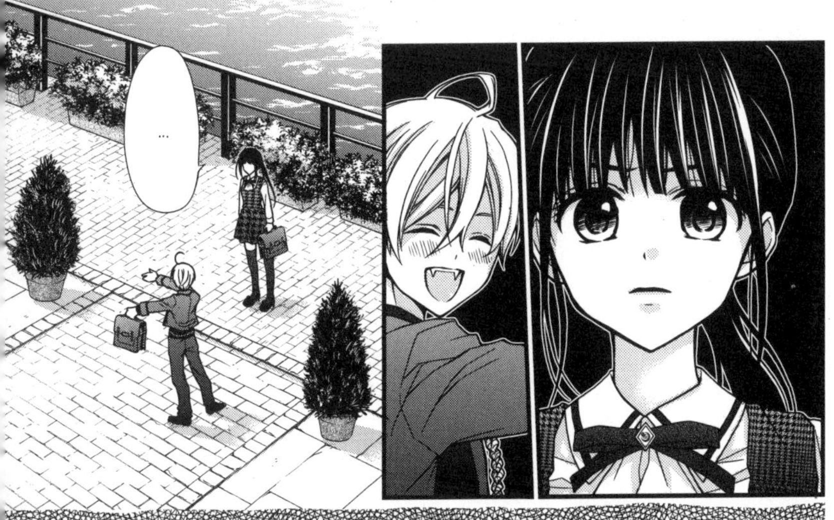
...

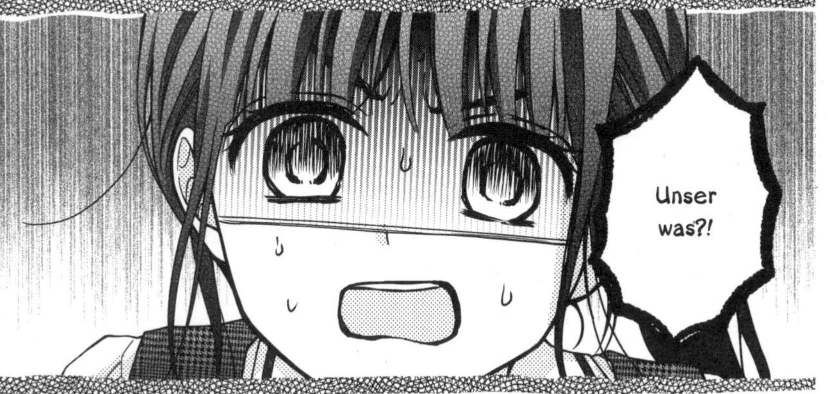
Unser was?!

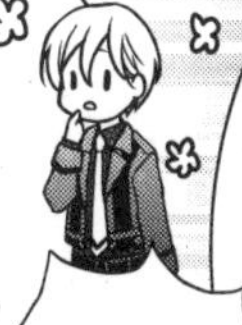
Hm? Na, das Haus, in dem wir nach unserer Hochzeit wohnen werden.
Aber die ist erst in drei Jahren!
Bist du blöd?! Willst du so lange Miete bezahlen?!
Aber es gehört zum Besitz der Kagarizukis.

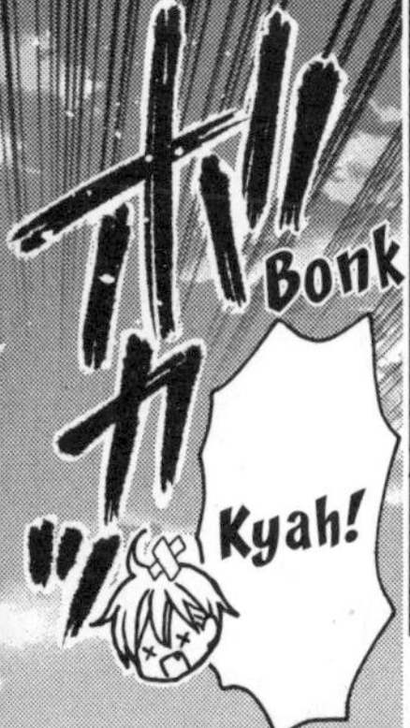
Bonk
Kyah!

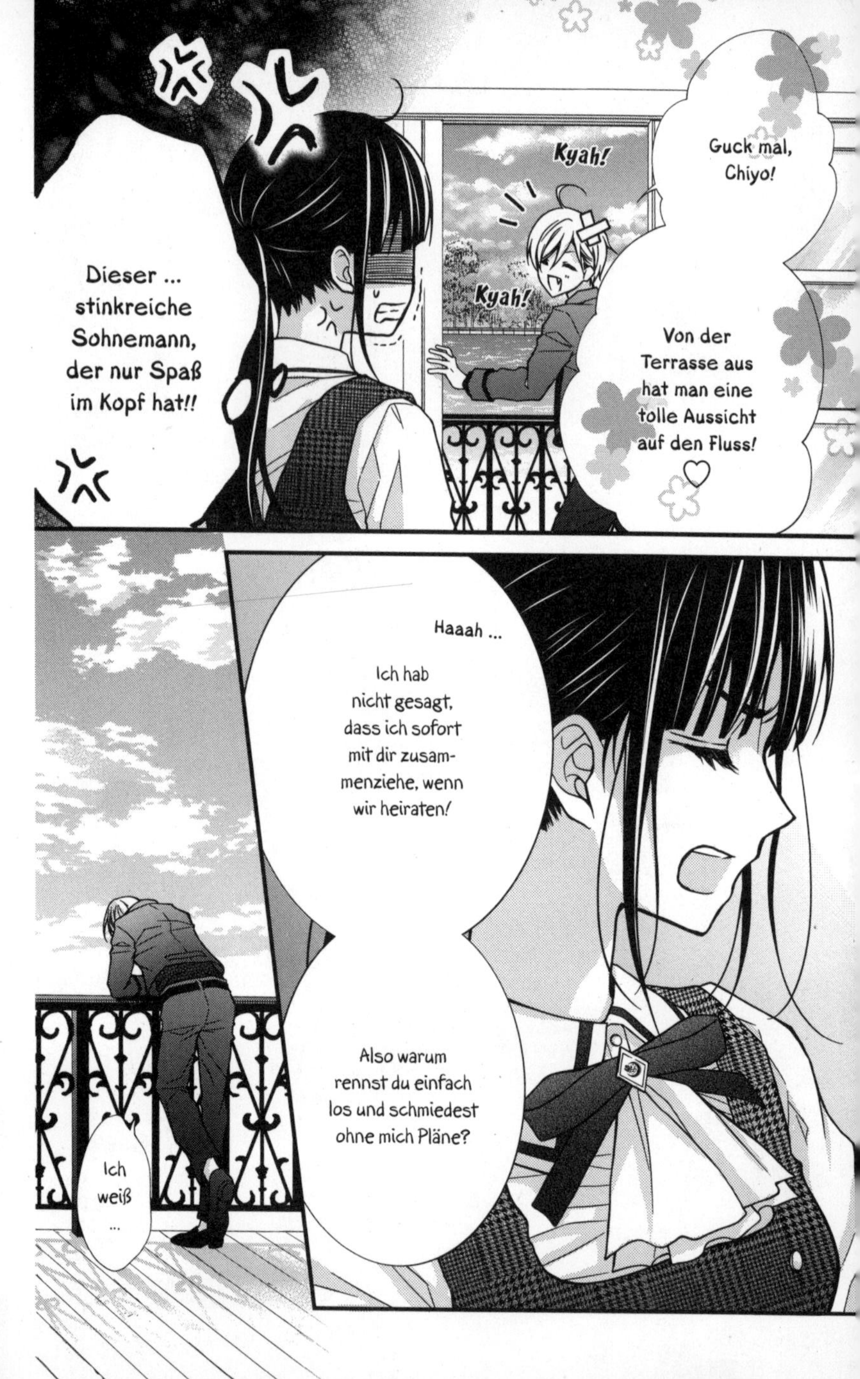
Guck mal, Chiyo!
Von der Terrasse aus hat man eine tolle Aussicht auf den Fluss! ♡
Kyah!
Kyah!
Dieser ... stinkreiche Sohnemann, der nur Spaß im Kopf hat!!
Haaah ...
Ich hab nicht gesagt, dass ich sofort mit dir zusammenziehe, wenn wir heiraten!
Also warum rennst du einfach los und schmiedest ohne mich Pläne?
Ich weiß ...

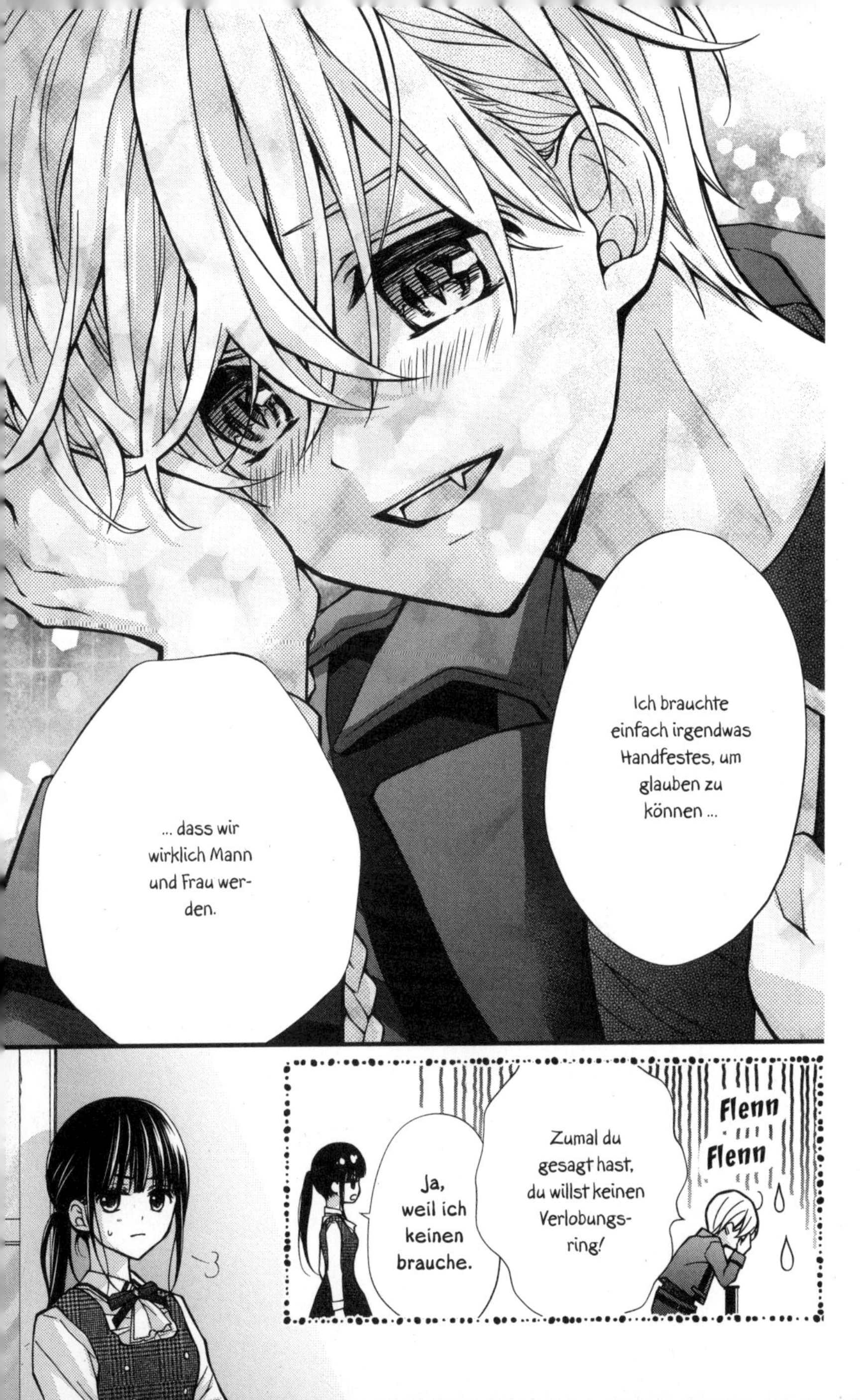

Ich brauchte einfach irgendwas Handfestes, um glauben zu können ...
... dass wir wirklich Mann und Frau wer-den.
Flenn
Flenn
Zumal du gesagt hast, du willst keinen Verlobungs-ring!
Ja, weil ich keinen brauche.

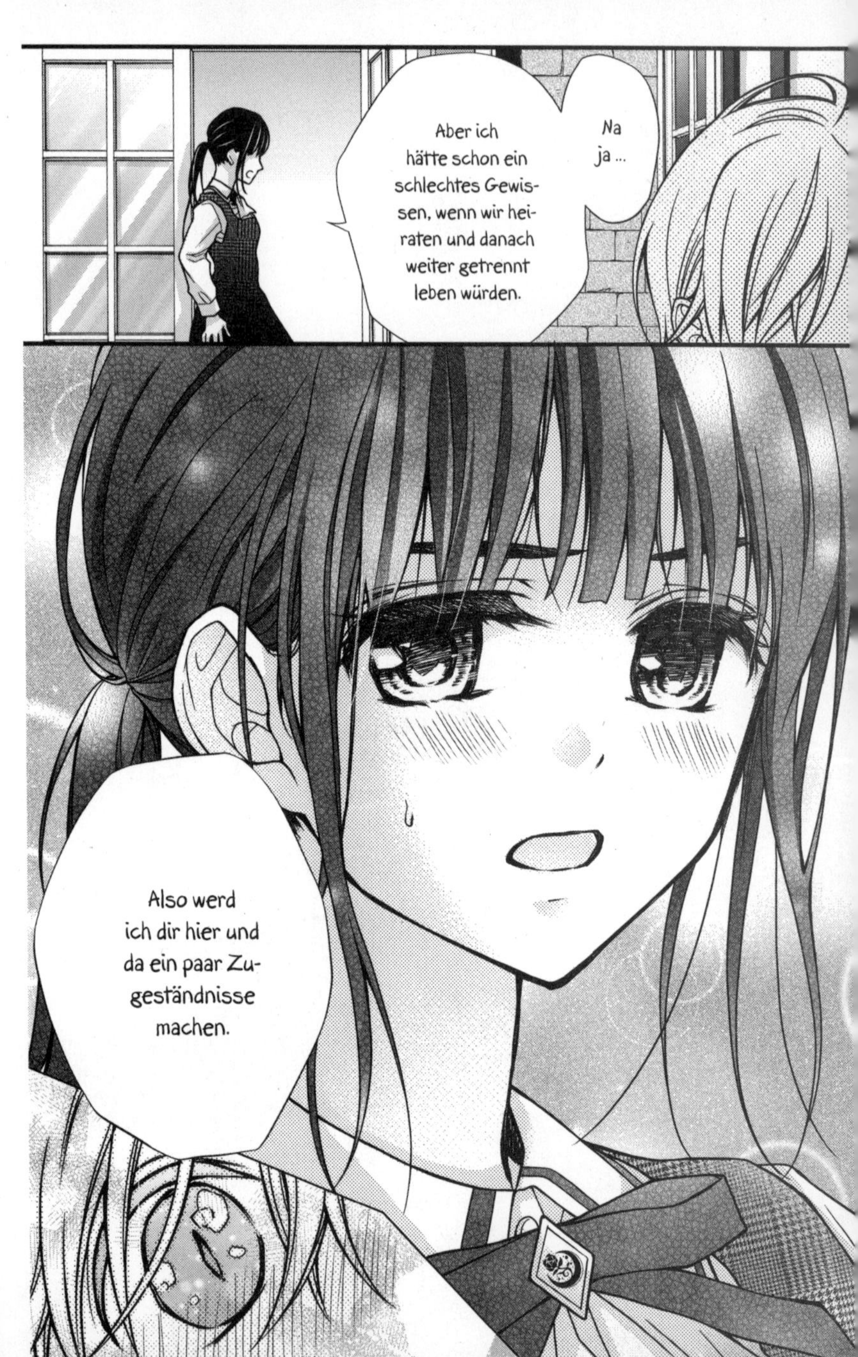
Na ja ...
Aber ich hätte schon ein schlechtes Gewissen, wenn wir heiraten und danach weiter getrennt leben würden.
Also werd ich dir hier und da ein paar Zugeständnisse machen.

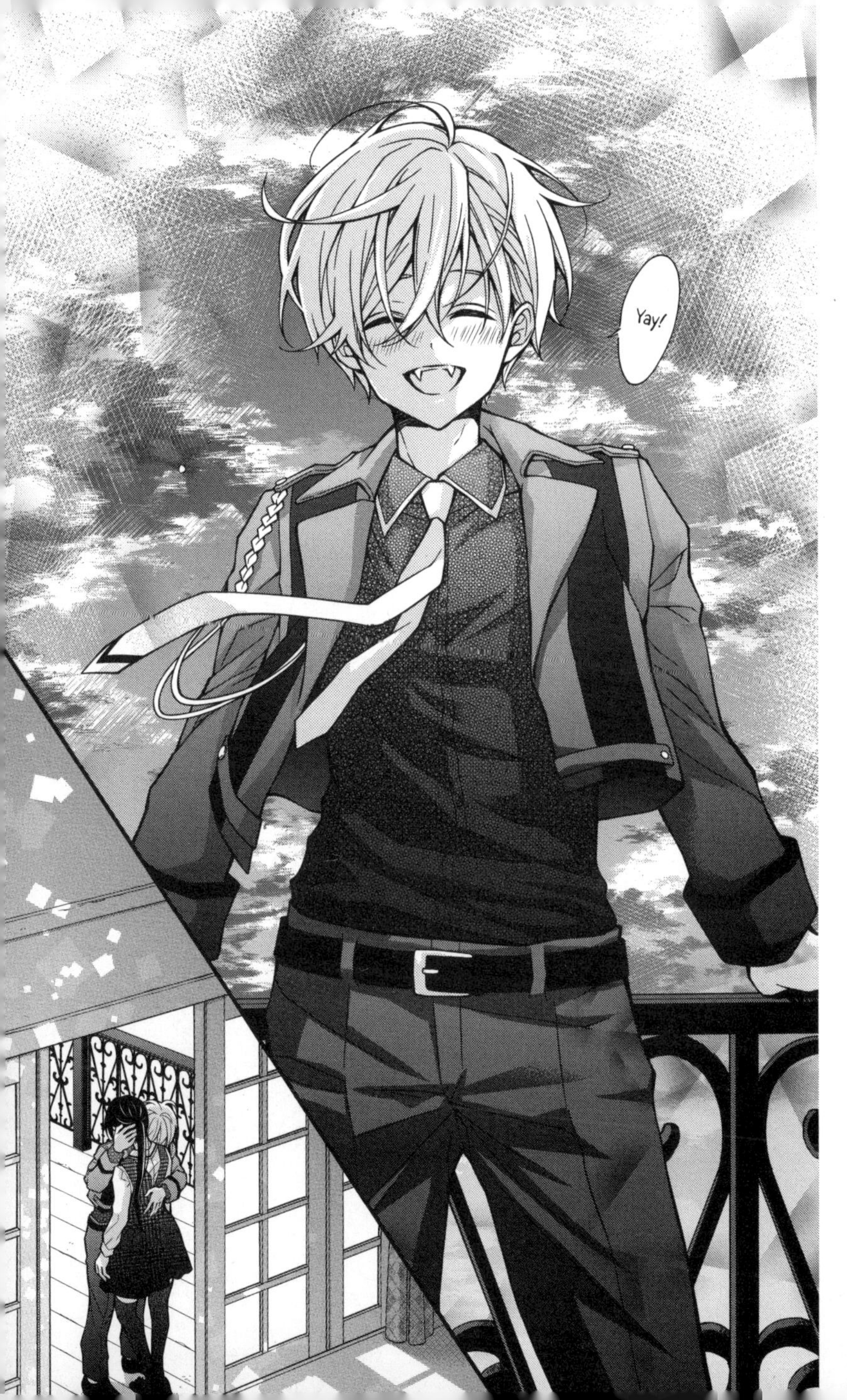
Yay!

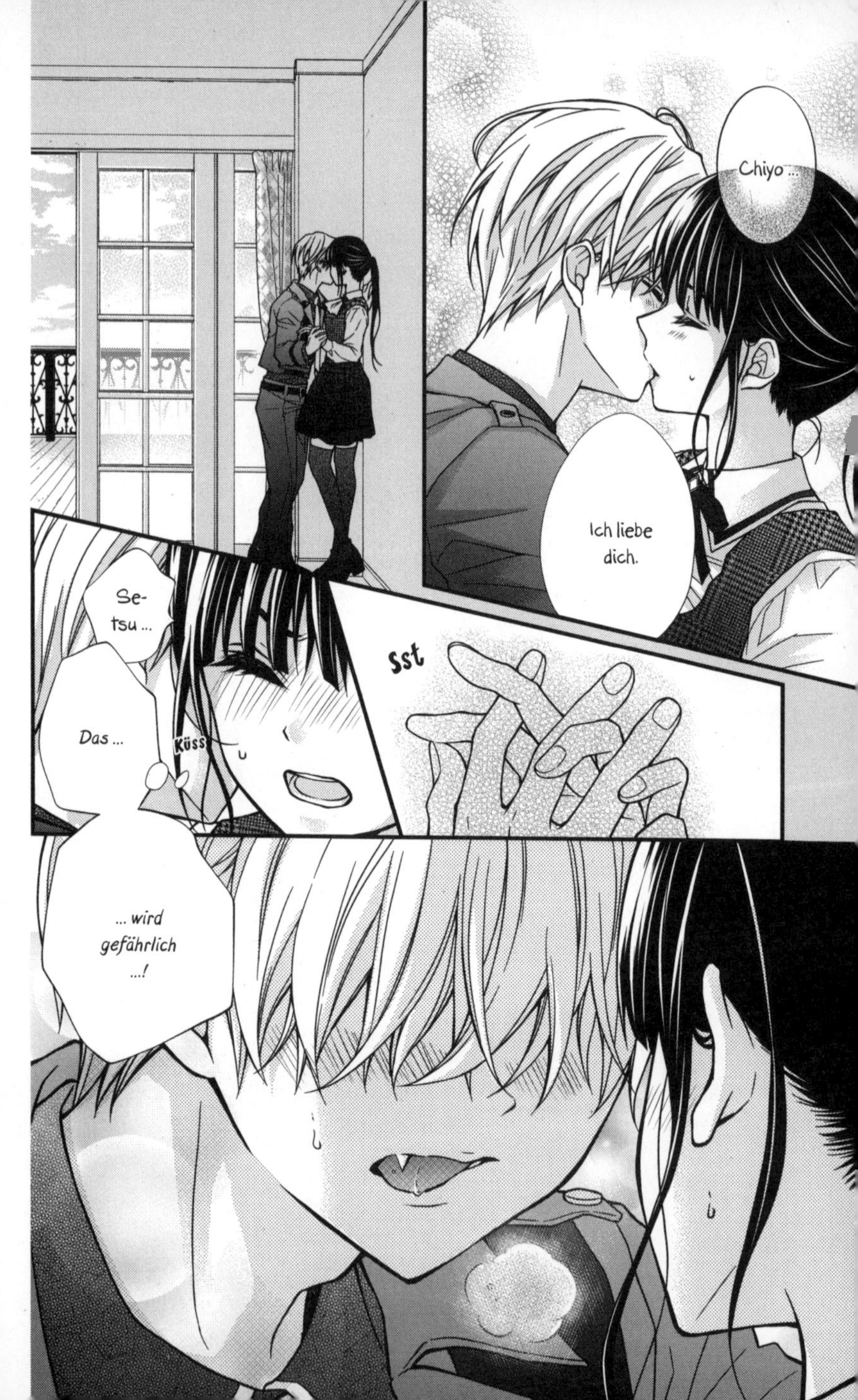
Chiyo ...
Ich liebe dich.
Sst
Se-tsu ...
Küss
Das ...
... wird gefährlich ...!

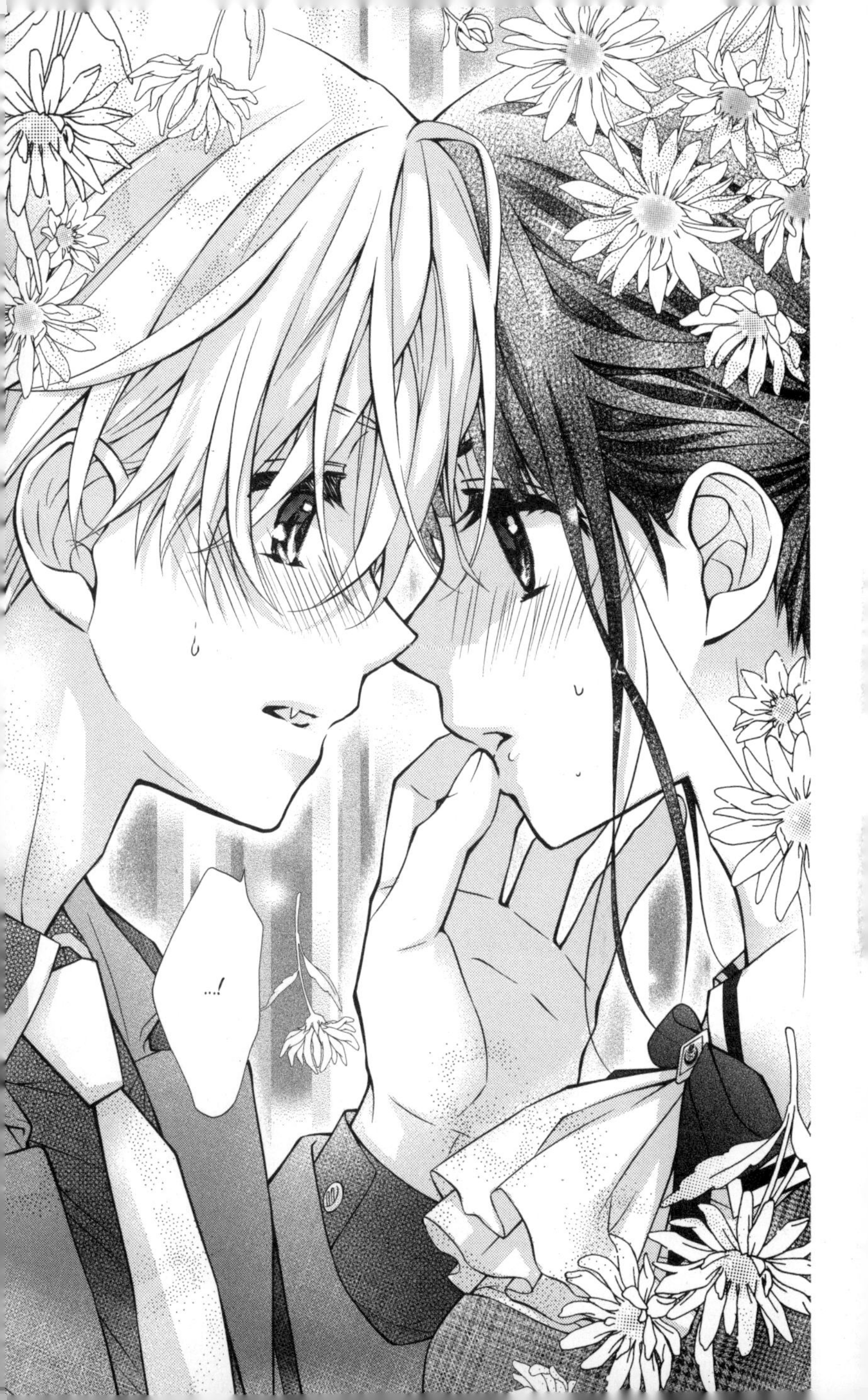

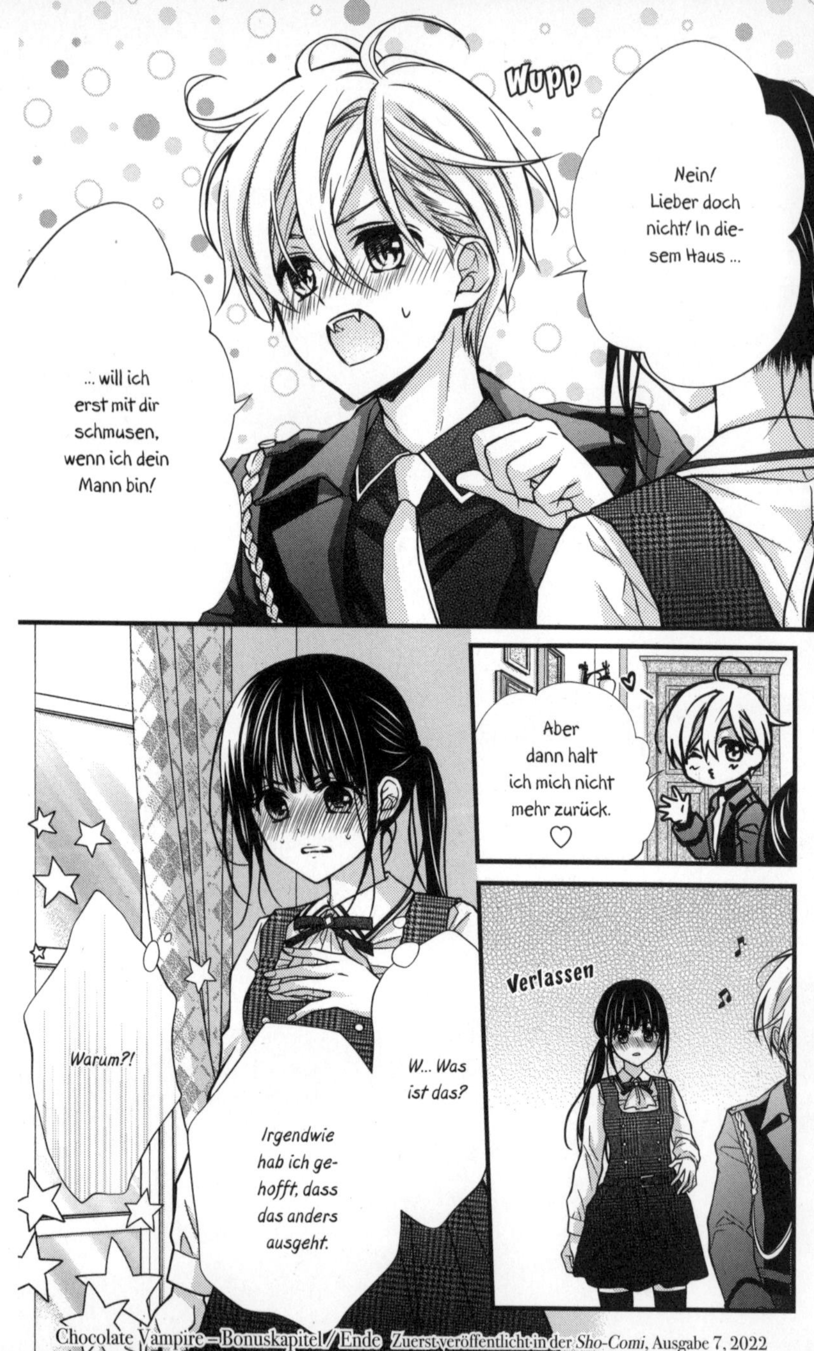

Chocolate Vampire – Bonuskapitel / Ende Zuerst veröffentlicht in der *Sho-Comi*, Ausgabe 7, 2022

MAGIC CIRCLE CHRONO CANON

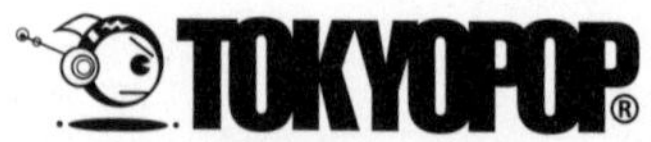

TOKYOPOP GmbH
Hamburg

TOKYOPOP
1. Auflage, 2024
Deutsche Ausgabe/German Edition

Aus dem Japanischen von Anne Klink

MAHOJIN CHRONOCANON Vol. 1
by Kyoko KUMAGAI

Original Japanese edition published by SHOGAKUKAN.
German translation rights in Germany, Austria, Liechtenstein and German speaking areas in Switzerland, Belgium, Italy and Luxembourg arranged with SHOGAKUKAN through VME PLB SAS.
Original cover design: Chie SATO + Bay Bridge Studio

Redaktion: Simone Meinecke
Lettering: Vibrant Publishing Studio
Herstellung: Mathias Neumeyer
Druck und buchbinderische Verarbeitung:
CPI – Clausen & Bosse GmbH, Leck
Printed in Germany

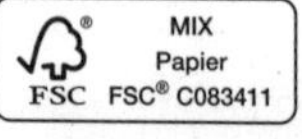

Wir achten auf die Umwelt.
Dieses Produkt besteht aus FSC®-zertifizierten und anderen kontrollierten Materialien.

ISBN 978-3-8420-9701-8

www.tokyopop.de

CHOCOLATE VAMPIRE

Kyoko Kumagai

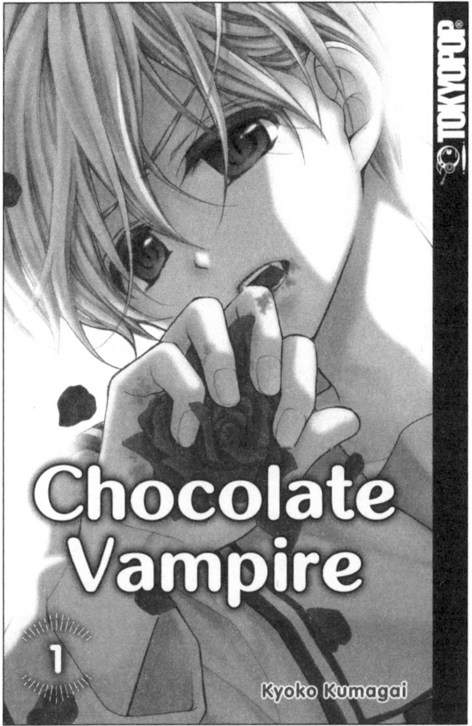

Der süße Geschmack deines Bluts ...

Als Kinder haben das Menschenmädchen Chiyo und der Vampir Setsu einen Blutspakt geschlossen, der sie aneinander bindet. Doch dann werden Chiyos Eltern von einem Vampir getötet. Seitdem hasst sie Vampire und will den Vertrag mit Setsu lösen. Dieser denkt jedoch gar nicht daran, seine »Beute« loszulassen. Schließlich muss Chiyo sich eingestehen, dass der Pakt mit Setsu auch einige Vorteile für sie bietet ...

STOPP!

Dies ist die letzte Seite des Buches!
Du willst dir doch nicht den Spaß verderben und das Ende zuerst lesen, oder?

Um die Geschichte unverfälscht und originalgetreu mitverfolgen zu können, musst du es wie die Japaner machen und von rechts nach links lesen. Deshalb schnell das Buch umdrehen und loslegen!

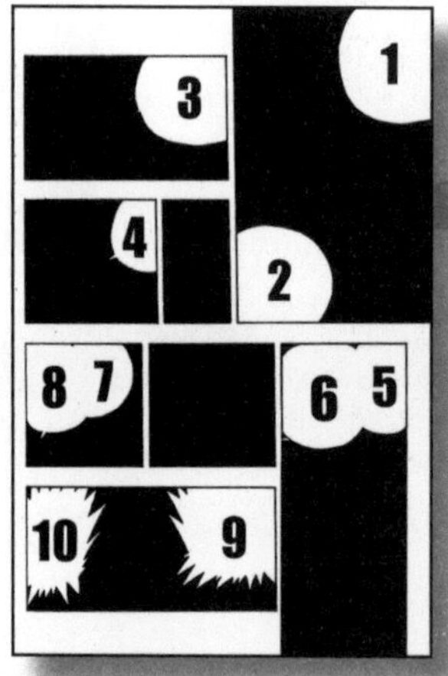

So geht's:

Wenn dies das erste Mal sein sollte, dass du einen Manga in den Händen hältst, kann dir die Grafik helfen, dich zurechtzufinden: Fang einfach oben rechts an zu lesen und arbeite dich nach unten links vor. Viel Spaß dabei wünscht dir TOKYOPOP®!